寿康宝鉴 全译

释印光 ◎ 编订
忆朴文化 ◎ 译注

线装书局

图书在版编目（CIP）数据

寿康宝鉴全译 / 释印光编订；忆朴文化译注. 北京：线装书局，2025. 6. -- ISBN 978-7-5120-6468-3

Ⅰ. D648-49

中国国家版本馆CIP数据核字第2025XN1735号

寿康宝鉴全译
SHOU KANG BAO JIAN QUAN YI

编　　订：	释印光
译　　注：	忆朴文化
责任编辑：	王志宇
出版发行：	线装书局

地址：北京市东城区建国门内大街18号恒基中心办公楼二座12层
电话：010-65186553（发行部）010-65186552（总编室）
网址：www.zgxzsj.com

经　　销：	新华书店
印　　制：	三河市腾飞印务有限公司
开　　本：	880mm×1230mm　1/32
印　　张：	9.25
字　　数：	198千字
版　　次：	2025年6月第1版第1次印刷
印　　数：	00001—50000册
定　　价：	38.00元

目录

序题

题辞一 …………………………………… 01
题辞二 …………………………………… 02
《寿康宝鉴》序 ………………………… 03
《不可录》重刻序 ……………………… 12
《不可录》敦伦理序 …………………… 16
《欲海回狂》普劝受持流通序 ………… 20
附　懿德堪钦（《扬州甘泉县志》）…… 26

警训

文帝训饬士子戒淫文 …………………… 28
戒淫圣训 ………………………………… 31
戒淫文 …………………………………… 33
戒淫格言 ………………………………… 36
邪淫十二害 ……………………………… 79
四觉观 …………………………………… 84
九想观 …………………………………… 87
劝戒十则 ………………………………… 90
戒之在色赋（以题为韵）……………… 93

事证

福善案 …………………………………… 98
祸淫案 …………………………………… 138
悔过案 …………………………………… 176
同善养生 ………………………………… 190

立誓

发誓持戒 …………………………………… 199
誓愿文式 …………………………………… 204
保身广嗣要义 ……………………………… 206
印光大师序 ………………………………… 215
辟自由结婚邪说 …………………………… 217

附录

劝毁淫书说 ………………………………… 224
收藏小说四害 ……………………………… 226
焚毁淫书十法 ……………………………… 228
《不可录》纪验 …………………………… 253
惜字近证 …………………………………… 258
跋 …………………………………………… 259
印光大师回向颂 …………………………… 261

求子

礼念观世音菩萨求子疏 …………………… 265
求子三要 …………………………………… 266

保身立命戒期及天地人忌

序文 ………………………………………… 273
保身立命戒期 ……………………………… 274
天地人忌 …………………………………… 289

序题

序题

题辞一

人未有不愿自己及与子孙悉皆长寿安乐者。若于色欲不知戒慎，则适得其反，诚可痛伤！故孔子曰："少之时，血气未定，戒之在色。"孟子曰："养心者，莫善于寡欲。其为人也寡欲，虽有不存焉者，寡矣；其为人也多欲，虽有存焉者，寡矣。"由是言之，人之死生存亡，系于色欲之能寡与否者，居其多半。

不慧绝无救世之力，颇存寿世之心，爰增辑刊布此书，以期自爱而并爱其子若孙者，得是编而详阅之，则利害之关，明若观火。内而戒勖子孙，外而戒勖同伦。又祈展（同辗）转流通，俾遍寰宇，庶一切同人，咸获寿康，是所馨香而祷祝者！

译文

没有人不希望自己以及后世子孙都健康长寿又幸福美满

的。如果在色欲这件事上不知忌讳和节制，那将适得其反，实在让人痛心！因此，孔子说："年少的时候，血气未定，最忌讳和要戒除的就是色欲。"孟子说："修养身心的方法，没有比少欲更好的了。那些少欲的人，虽然也有短命的，但很少；那些多欲的人，虽然也有长寿的，但也很少。"因此可以说，一个人的生死存亡，取决于能否节制淫欲心，这方面占了大半。

不慧（印光大师自己的谦称）实在没有拯救世间的能力，但却有一颗希望世间人健康长寿的心，于是增订并刊印流布此书，殷切期望那些自爱并爱自己子孙的人，得到此书并且能用心详细阅读，对淫欲的利害关系明若观火。对内能教诲子孙，对外能告诫并勉励身边志同道合的善友。另外，我还祈愿此书能够在世间广泛流通，遍及全世界，希望每一个人，都能获得健康长寿。这是我焚香祷告时发自内心的祈祷和祝福。

题辞二

人从色欲而生，故其习偏浓，一不戒慎，多致由色欲而死。古圣王以爱民之故，即夫妇房事，不惜令道人以木铎巡于道路，冀免悮（同误）送性命之虞。其慈爱为何如也？及至后世，不但国家政令不复提及，即父母与儿女，亦不提及，以致大多数少年，悮（同误）送性命。可哀孰甚！

不慧阅世数旬，见闻颇多，不禁悲伤，因募印此书。冀诸同伦，咸获寿康。所愿得此书者，各各详阅，展

（同辗）转流通，勿令徒费心思钱财，而毫无实益，则幸甚幸甚！

译文

人的身体是源于色欲而得，所以人与生俱来的淫习很重。对此稍不警醒节制，往往就导致许多人因纵欲而亡。古时候的圣王因为爱护子民的缘故，在夫妇不宜行房的日子，不惜花人力物力，派官员行走在街巷和道路，巡回敲响木铎（大铃），让百姓知道忌讳，以免人们因淫欲而白白送了性命。古圣先王慈悲爱民，是何等的深切呀！可是到了后世，不但国家政令不再提及，就连父母对儿女，也不再提及色欲的利害，致使很多青少年对色欲一无所知，断送了宝贵的生命。没有比这个更让人悲哀的了！

不慧（印光大师自己的谦称）经历世事几十年，所见到的、听到的由于淫欲而伤身丧命的事情太多了，不禁让人悲伤，因此募资印制此书，希望大众同胞，都能健康长寿。也希望能得到此书的人，用心仔细阅读，辗转流通，不要让善心人士白费钱财和心思，而毫无实益，那就太好了，太好了！

《寿康宝鉴》序

人未有不欲长寿康宁、子孙蕃衍、功业卓著、吉曜照临者；亦未有欲短折疾病、后嗣灭绝、家道倾颓、凶神莅止者。此举世人之常情，虽三尺孺子，莫不皆然。纵至愚之人，断无幸灾乐祸、厌福恶吉者。而好色贪淫之人，心之所期，与身之所行，适得其反。卒至所不欲者悉得，而所欲者悉莫由而得。可不哀哉？

彼纵情花柳，唯此是图者，姑勿论。即夫妇之伦，若一贪涸，必致丧身殒命。亦有并不过贪，但由不知忌讳（忌讳种种，详示书后，此不备书），冒昧从事，以致死亡者。殊堪怜愍（同悯）！

以故前贤辑《不可录》，备明色欲之害，其戒淫窒欲之格言、福善祸淫之证案、持戒之方法日期、忌讳之时处人事，不惮繁琐，缕析条陈，俾阅者知所警戒。其觉世救民之心，可谓恳切周挚矣！而印光复为增订，以名《寿康宝鉴》，复为募印广布者，盖以有痛于心而不容已也。

一弟子罗济同，四川人，年四十六岁，业船商于上海。其性情颇忠厚，深信佛法，与关䌷之等合办"净业社"。民国十二三年，常欲来山归（同皈）依，以事羁未果。十四年病膨胀数月，势极危险，中西医均无效。至八月十四，清理药帐（同账），为数甚巨，遂生气曰："我从此纵死，亦不再吃药矣！"其妻乃于佛前恳祷，愿终身吃素念佛，以祈夫愈。即日下午病转机，大泻淤水，不药而愈。

光于八月底来申，寓太平寺。九月初二，往净业社会关䌷之，济同在焉。虽身体尚未大健，而气色淳净光华，无与等者。见光喜曰："师父来矣！当在申归（同皈）依，不须上山也！"择于初八，与其妻至太平寺，同受三归（同皈）五戒。又请程雪楼、关䌷之、丁桂樵、欧阳石芝、余峙莲、任心白等诸居士，陪光吃饭。初十又请光至其家吃饭，且曰："师父即弟子等之父母，弟子等即师父之儿女也。"光曰："父母唯其疾之忧。汝病虽好，尚未复原，当慎重！"惜未明言所慎重者，谓房事也。

至月尽日，于功德林开监狱感化会，彼亦在会。众已散，有十余人留以吃饭，彼始来，与司帐（同账）者交代数语而去，其面貌直同死人。光知其犯房事所致，切悔当时只说"父母唯其疾之忧"，未曾说其所以然，以致复滨（同濒）于危也。欲修书切戒，以冗繁未果。九月（另一说为十月）初六至山，即寄一信，极陈利害，然已无可救药，不数日即死。死时关纲之邀诸居士皆来念佛。其得往生西方与否，未可知，当不至堕落耳。

夫以数月大病，由三宝加被，不药而愈。十余日间，气色光华，远胜常人。由不知慎重，悮（同误）犯房事而死。不但自戕其生，其孤（同辜）负三宝之慈恩也甚矣！光闻讣，心为之痛。念世之不知忌讳，冒昧从事，以致殒命者，其多无数，若不设法预为防护，殊失如来慈悲救苦之道。拟取《不可录》而增订之，排印广布，以期举世咸知忌讳，不致悮（同误）送性命。

一居士以母氏遗资一千六百元，拟印善书施送，光令尽数印《寿康宝鉴》以拯青年男女于未危。则以罗济同一人之死，令现在未来一切阅此书者，知所戒慎，并由展（同辗）转流通，展（同辗）转劝诫，庶可举世同享长寿康宁，而鳏寡孤独之苦况，日见其少。如是则由济同一人之死，令一切人各得寿康，济同之死，为有功德。仗此功德，回向往生，当必俯谢娑婆，高登极乐，为弥陀之弟子，作海众之良朋矣。

孟子曰："养心者，莫善于寡欲。其为人也寡欲，虽

序题

有不存焉者，寡矣。其为人也多欲，虽有存焉者，寡矣。"康健时尚宜节欲，况大病始愈乎？

十年前，一钜（同巨）商之子，学西医于东洋，考第一。以坐电车，未驻而跳，跌断一臂。彼系此种医生，随即治好。凡伤骨者，必须百数十日不近女色。彼臂好未久，以母寿回国，夜与妇宿，次日即死。此子颇聪明，尚将医人，何至此种忌讳，懵然不知？以俄顷之欢乐，殒至重之性命，可哀孰甚！

前年一商人，正走好运，先日生意，获六七百元，颇得意。次日由其妾处往其妻处。其妻喜极。时值五月，天甚热，开电扇，备盆澡，取冰水加蜜令饮。唯知解热得凉，不知彼行房事，不可受凉。未三句钟，腹痛而死。

是知世之由不知忌讳，冒昧从事，以至死亡者，初不知其有几千万亿也！

而古今来福最大者，莫过皇帝，福大寿亦当大。试详考之，十有八九皆不寿。岂非以欲事多，兼以不知忌讳，以自促其寿乎？而世之大聪明人，每多不寿，其殆懵懂于此而致然乎？光常谓世人十分之中，四分由色欲而死。四分虽不由色欲直接而死，因贪色欲亏损，受别种感触间接而死。其本乎命而死者，不过十分之一二而已。茫茫世界，芸芸人民，十有八九，由色欲死，可不哀哉？此光流通《寿康宝鉴》之所以也。

愿世之爱儿女者，以及为同胞作幸福、防祸患者，悉各发心印送，展（同辗）转流传，俾人各悉知忌讳，庶不至误送性命，及致得废疾而无所成就也。彼纵情花柳者，多由自无正见，被燕朋、淫书所误，以致陷身于欲海之中，莫之能出。若肯详阅，则深知利害。其所关于祖宗父母之荣宠羞辱，与自己身家之死生成败，并及子孙之贤否灭昌，明若观火。倘天良尚未全昧，能不触目惊心，努力痛戒乎？

将见从兹以后，各乐夫妇之天伦，不致贪欲损身，则齐眉偕老，既寿且康。而寡欲之人恒多子，而且其子必定体质强健，心志贞良，不但无自戕之过失，决可成荣亲之令器。此光之长时馨香以祷祝者！

愿阅者共表同心，随缘流布，则人民幸甚！国家幸甚！

民国十六年丁卯季春常惭愧僧 释印光 谨撰

译 文

没有人不希望自己健康长寿、生活安宁、子孙繁盛、事业有成、吉祥如意。同样，也没有人希望自己短命多病、后代断绝、家庭衰败、灾难连连。这是人之常情，即使是小孩子也不例外。纵然是最愚笨的人，也绝不会希望灾祸降临，厌恶幸福和吉祥。而那些好色贪淫的人，他们内心的期望和身体的行为却完全相反，最终得到的都是他们不想要的结果，而想要得到的却没办法得到，这难道不是悲哀吗？

那些纵情在花柳丛中，只贪求淫欲的人，姑且不说。即使是夫妻之间，一旦沉溺于房事，也必然会导致丧失性命。有的夫妇并不是特别贪恋，但由于不知道忌讳（忌讳有很多，详细说明在书后，这里不一一列举），冒昧行房，最终导致死亡，实在太值得怜悯同情了！

因此，前贤编了《不可录》一书，详细说明了色欲的危害，书中包含了戒除淫欲的格言、行善得福、作恶遭祸的例证，以及守戒的方法、日期，还有有关房事时间和处所的忌讳，不厌其烦地详细分析列举，让读者知道应该警惕的地方。先贤唤醒世人、救助民众的心意，可以说是至真至切啊！此外，我（印光法师）又对这本书进行了增订，命名为《寿康宝鉴》，再次募资印刷，希望能广泛流通。我之所以这样做，是缘于一件令我痛心而无法宽恕自己的往事。

有一个皈依弟子叫罗济同，是四川人，四十六岁，在上海做船商生意。他性格忠厚老实，深信佛法，和关絅之等人一起创办了"净业社"。民国十二三年，他一直想来普陀山皈依，但由于事务缠身，未能成行。民国十四年，他生病腹胀数月，情况非常危险，中西医都束手无策。到了八月十四日，他清算药费，因为数额巨大，于是生气地说："我从此即使是死，也不再吃药了！"其妾便在佛前恳切祈祷，发愿终身吃素念佛，以祈求丈夫痊愈。当天下午，他的病情就有了好转，大量排泄淤水，不药而愈。

我在八月底来到上海，住在太平寺。九月初二那天，去净业社看望关絅之，罗济同也在那里。虽然他的身体还没有完全康复，但是他的气色纯净光明，没有人能比得上。看到我，他高兴地说："师父既然来了，那我就在上海皈依，不需要上普陀山了！"于是日子选在初八那天，与其妾一同在太平寺受了三皈五戒。然后请了程雪楼、关絅之、丁桂樵、欧阳石芝、余峙莲、任心白等居士陪我吃饭。九月初十，又请我去他家吃饭，并说："师父就像弟子们的父母，弟子也就是师父的儿女呀！"我提醒他说道："父母最担心的就是子女的疾病，你的病虽然好了，但还没有完全恢复，应当慎重！"可惜我没有明确告诉他要慎重的是房事。

到了月底，我参加上海功德林召开的监狱感化会，罗济同也参加了。众人散去后，有十几个人留下来吃饭，他过来和管账的人交代了几句就走了，当时他的脸色看起来就像死人一样，我料定他是因为犯了房事导致旧病复发，非常后悔当时只提醒他父母最担心的是子女的疾病，并没有说明担忧的原因，导致他再次面临危险。我想写信告诫他戒房事，但因为事情冗繁没有写成。十月初六那天，我就回了普陀山，立即给他寄了一封信，详细陈述了利害，然而已经无法挽救，没几天他就死了。他死时，关䌹之邀请众居士给他念佛。他是否往生西方，不得而知，但至少不会堕落恶道。

罗济同大病数月，由于三宝的加持，不用药就痊愈，十几天的时间，就气色光华，远胜于常人。但由于不知慎重，误犯房事而死，不但害了自己的性命，也非常辜负三宝的慈恩啊！我听到讣告时，心里非常难过，想到世上还有不计其数的人因为不知忌讳，夫妻冒昧行房导致丧命。如果不及时设法预防，就失去了如来慈悲救苦的本意。我打算对《不可录》进行增补修订，排印成书，广泛流通，希望全世界的人都知道此种忌讳，不至于误送性命。

有一位居士，打算用他母亲的遗资一千六百元，印善书布施流通。我让他全部用来印《寿康宝鉴》，以救青年男女，防患于未然。如此，以罗济同一个人的死，让现在和未来所有能读到这本书的人，知道应该警惕慎重，并广泛流通，互相劝诫，才可以让举世之人都能享受长寿康宁，那么鳏寡孤独苦难的悲剧，便一天比一天少了。这样，用罗济同一个人的死，让所有人得到健康长寿，那么他的死也就有了功德。凭借这个功德，回向往生西方，他一定会俯谢娑婆，高登极乐，成为阿弥陀佛的弟子，作清净大海众的良朋了。

孟子说："修养身心，莫过于清心寡欲。那些欲望少的人，虽然也有不长寿的，但是很少；那些欲望多的人，虽然也有长寿的，但也很少。"健康的时候尚且就该节制欲望，何况是大病初愈呢？

十年前，一个富商的儿子，在日本学西医，考试第一。因为坐电车时，车没停稳就跳下来，摔断了一只胳膊。他自己就是治疗此类伤病的医生，很快就治好了。凡是伤筋动骨的人，必须百日内不近女色。他的手臂才好没多久，因为母亲做寿而回国，晚上和妻子同房，第二天就死了。这个人非常聪明，将来还要行医救人，怎么会对这种忌讳懵然不知呢？只因贪图短暂的快乐，便丧失了最宝贵的生命，真是太悲哀了！

前年，一个商人，正走好运，前一天生意赚了六七百元，非常得意。第二天，他从妾处去往妻处，妻子非常高兴。当时刚好是五毒月，天气很闷热，妻子给丈夫开了电扇，准备了澡盆，取冰水加蜂蜜给丈夫喝，妻子只知道用凉的可以消暑，却不知道丈夫行了房事，不能受凉。结果不到三个钟头，这个商人就因腹痛而死。

世间之人因为不知道忌讳，冒昧行房，导致死亡的人，实在不知道有几千万亿啊！

自古以来，福气最大的莫过于皇帝，福气大寿命也应当长，如果尝试详细考证，帝王十有八九都不长寿。难道不是因为纵欲房事过多，再加上不知忌讳，以至于折损了自己的寿命吗？而世上的大聪明人，大多都不长寿，不就是因为他们糊涂无知所导致的吗？我常说，世上的人，十分之中，有四分是因为色欲而死。另外四分虽然不是直接因为色欲而死，却是因贪溺色欲导致身体亏损，感染其他疾病间接而死。能够顺应天命而自然寿终的人，也不过是十分之一二而已。茫茫世界，芸芸众生，竟十有八九是因色欲而死，能不令人悲哀吗？这就是我流通《寿康宝鉴》的原因。

希望世上爱护儿女的人，以及为同胞谋求幸福、防范灾祸的人，都能发心印送这本书，辗转流通，让每个人都知道忌讳，不至于误送性命，或致残疾而无所成就。那些放纵情欲的人，多是因为自己缺乏正确的见解，被损友和淫书所误导，导致身陷欲海，无法自拔。如果他们愿意认真阅读这本书，就会深刻理解其中的利害，这些行为关系到父母祖宗的荣辱，以及自己的生死存亡和子孙的贤愚兴衰，明若观火。只要天良还没有完全丧失，怎么会不触目惊心，努力痛戒呢？

从此以后，每个人都能享受夫妻之间的天伦之乐，不会因为贪欲而损伤身体，都能白头偕老，健康长寿。另外，那些清心寡欲的人，往往多子多福，且他们的孩子一定体质强壮、心性善良，不仅不会自我伤害，反而会成为光宗耀祖的贤才。这是我常常馨香祈祷祝愿的！

希望读者都能同心协力，随缘流布，这样不仅是人民之幸！亦是国家之幸！

民国十六年丁卯季春常惭愧僧 释印光 谨撰

《不可录》重刻序

女色之祸,极其酷烈。自古至今,由兹亡国败家,殒身绝嗣者,何可胜数?即未至此,其闲颓其刚健之躯,昏其清明之志,以顶天履地、希圣希贤之姿,致成碌碌庸人,无所树立之辈者,又复何限?况乎逆天理、乱人伦,生为衣冠禽兽,死堕三途恶道者,又何能悉知之而悉见之耶?噫!女色之祸,一何酷烈至于此极也!由是诸圣诸贤,特垂悲愍(同悯)。或告之以法言,或劝之以巽语。直欲福善祸淫之理,举世咸知。而又徵(同征)诸事实,以为法戒。企知自爱者见之,当必怵然惊,憬然悟,遏人欲于横流,复天良于将灭。从兹一切同伦,悉享富寿康宁之福,永离贫病夭折之祸。此《不可录》所由辑也。

张瑞曾居士,欲重刻印施,命余作序,畅演窒欲要义。须知美色当前,欲心炽盛,法言巽语,因果报应,皆难断其爱心。若能作不净观,则一腔欲火,当下冰消矣。

吾秦长安子弟,多玩促织。有兄弟三人,年皆成童,于月夜捉促织于坟墓间。忽见一少妇,姿色绝伦,遂同往捉之。其妇变脸,七窍流血,舌拕(同拖)尺余,三人同时吓死。次日其家寻得,救活者一,方知其事。活者大病数月方愈。其家子孙,不许夜捉促织。夫此少妇,未变脸时,则爱入骨髓,非遂所欲则不可。及既变脸,则一吓至死,爱心便成乌有。然当其羣(同群)相追逐时,固未始无血与舌也。何含而藏之,则生爱心?流而拕(同拖)之,则生畏心?了此,则凡见一切天姿国色,皆当作七窍流血、舌拕（同拖）尺余之钓颈鬼想矣。又何至被色所迷，生不能尽其天年，死必至永堕恶道耶？

以故如来令贪欲重者，作"不净观"。观之久久，则尚能断惑证真，超凡入圣，岂止不犯邪淫，窒欲卫生而已？其女貌娇美，令人生爱心而行欲事者，不过外面一张薄皮，光华艳丽，为其所惑耳。若揭去此之薄皮，则不但皮里之物，不堪爱恋，即此薄皮，亦绝无可爱恋矣。再进而剖其身躯，则唯见脓血淋漓，骨肉纵横，脏腑屎尿，狼藉满地，臭秽腥臊，不忍见闻。校（同较）前少妇所变之相，其可畏惧厌恶，过百千倍。纵倾城倾国之绝世佳人，薄皮里面之物，有一不如是乎？人何唯观其外相，而不察其内容，爱其少分之美，遂不计其多分之恶乎？余愿世人，遗外相而察内容，厌多恶以弃少美。则同出欲海，共登觉岸矣。

又当淫欲炽盛，不能自制之时，但将女阴作毒蛇口，以己阳纳蛇口中想，则心神惊悸，毛骨悚然，无边热恼，当下清凉矣。此文窒欲之简便法也。

释印光 撰

译文

贪恋女色的祸害，极其酷烈。从古至今，因为沉溺于女色而导致国家灭亡、家庭破裂、丧失性命、断子绝孙的人，数不胜数。即使没有到如此严重的地步，也有人因为好色而颓废了强健的身体，昏愦了清明的志向。从顶天立地、仰慕圣贤的俊逸英姿，沦落为碌碌无为、一无所成的平庸之辈，又怎么知道还有多少呢？何况那些悖逆天理、扰乱人伦，生前如同衣冠禽兽,死后堕入恶道三途的人,又怎么能全部都知道和看到呢?噫!女色引起的祸殃,怎么酷烈到了如此地步呢?因此,历代的圣贤,因为慈悲和怜悯而特别垂示教诲。有些用正善的法语来告诫,有些用温和委婉的巽语来劝导,直接揭示了行善得福、邪淫遭殃的道理,使世人都知道。同时,圣贤又用各种具体的事例作为证明,引以为戒,希望那些知道自爱的人阅读后,能够触目惊心,幡然醒悟,从而遏制欲望的洪流,恢复即将被泯灭的天良。从此,一切大众,都能享受到富贵长寿、身心康宁的福分,永远远离贫穷多病、短命折福的祸殃。这就是《不可录》编辑成书的缘由。

张瑞曾居士想要重新刻印并广泛布施流通,他请我写序,详细阐述熄灭淫欲的要义。必须要明白,当美色出现在眼前时,淫欲心炽盛猛烈,不论是圣贤正善的法言,还是委婉的巽语,又或者因果报应,都很难立刻斩断人的贪爱之心。如果能够作"不净观"(即观想身体不净,身体中充满各种污秽),那么一腔的欲望烈火就能立刻冰消雪融了。

在我(印光大师)老家长安一带,年轻子弟大多喜欢在夜晚捕捉蟋蟀。有兄弟三人,都还是青少年,他们在一个月光明亮的夜晚,在坟墓之间捕捉蟋蟀。忽然间看到一个少妇,她的容貌极其美丽,三兄弟便一起去追她。顷刻间这个少妇变了脸,七窍流血,舌头伸出一尺多长,三兄弟同时被吓死过去。第二天,他们的家人才找到了他们,救活了一个,才知道了这件事。这个活下来的人病了几个月才好。从此,这家人再也不许子孙夜捉蟋蟀。这个少妇在未变脸之前,让人爱得深入骨髓,非得满足欲望不可。但等到对方忽然变脸,一下子就被吓死过去,原本的爱欲之心立刻化为乌有。然而，在三兄弟一起追逐少妇时，她并非七窍无血和口中无舌，为什么她将血和舌头藏起来时，就生爱欲之心？等七窍流血和舌头伸得很长时，则生起了恐怖心呢？理解了这一点，那么凡是见到任何天姿国色的人，就都能当作七窍流血、舌头拖得很长的吊颈鬼来看待。又如何会被外表的美色所迷惑，以致一生不能享尽天年，死后又永堕恶道呢？

因此，佛陀教导那些贪欲重的人，修习"不净观"。长时间练习，尚且能够帮助人破迷开悟，达到超凡入圣的境界，又岂止是不犯邪淫，减少欲望，保持身心健康而已呢？看到貌美娇艳的女子，不禁生起贪爱心而想行欲事的人，只不过是被表面一张光华艳丽的薄皮所迷惑而已。如果揭去这层美丽的"薄皮"，不但皮里面的东西不值得爱恋，就连那层薄皮，也绝没有丝毫值得爱恋之处。更进一步地剖开她们的身体，只看到脓血淋漓流淌，骨头和肉纵横交错，脏腑中充满了粪便和尿液，乱七八糟地散落在地上，散发出难以忍受的恶臭和腥味，让人不忍直视。与之前的那个少妇所变化出来的相貌相比，这种景象更令人恐惧和厌恶千百倍。纵使是倾国倾城的绝色佳人，那美丽薄皮下面的东西，不都是这样吗？人们为什么只看重外表的美丽，而不去观察内在的实质，因为贪爱她们极少部分的美，而不计较那大部分的秽恶腥臭吗？我希望世间的人们，能够放下对外表的痴迷，而看透内在的本质，厌离众多污秽而放弃极少的美。那就能够共同摆脱欲望的苦海，达到觉悟的彼岸了。

另外，当淫欲炽盛到无法自制的时候，可以想象女阴如同毒蛇的口。如果想到将自己的阳物放入毒蛇的口中，自然会胆战心惊，身上的汗毛立即竖起，脊梁骨顿时发冷，炽盛无尽的烦恼，瞬间就变得清凉。这也是一种熄灭淫欲最简单有效的方法。

释印光 撰

《不可录》敦伦理序

天为大父，地为大母。一切男女，皆天地之子女，皆吾之同胞。既是同胞，当尽友爱，保护扶持，以期各得其所。如是，则为天地之肖子，无忝所生矣。既能保护扶持天地之子女，则天地必常保护扶持于其人，令其福深寿永，诸凡如意也。倘或肆意横行，欺陵（同凌）天地之子女，则其折福减寿，灭门绝嗣，一气不来，永堕恶道，经百千劫，莫复人身者。乃自取其祸，非天地之不慈也。

余且勿论，即如妻女姊妹，人各共有。人若熟视己之妻女姊妹，己则愤心怒气，即欲殴击。何见人之妻女姊妹，稍有姿色，心即妄起淫念，意欲汙（同污）辱乎哉？夫同为天地之子女，是吾同胞，若于同胞起不正念，则是汙（同污）辱天地之子女，欺侮同胞。其人尚得自立于天地之间，而犹谓之为人乎？况夫妇之道，与乎三纲五常。男女居室，人之大伦。人之所以异于禽兽者，以其有人伦也。人若行蔑理乱伦之事，则是以人身行禽兽事。身虽为人，实则禽兽不如也。何也？以禽兽不知伦理，人知伦理。知伦理而复蔑伦理，斯居禽兽之下矣。

然一切众生，由淫欲生，故其习偏浓，须深隄（同堤）防。作亲，作怨，作不净想，庶可息（同熄）灭邪念，而淳全正念矣。"怨"与"不净"，前序已明。兹特约亲而为发挥，冀诸阅者，同敦天伦，毋怀恶念。

《四十二章经》示人见诸女云："想其老者如母，长者如姊，少者如妹，幼者如女。生度脱心，息（同熄）灭恶念。"《梵网经》云："一切男子是我父，一切女人是我母，我生生无不从之受生，当生孝顺心，慈悲心。"如是则尚保护扶持之不暇，何可以起恶劣心，而欲汙（同污）辱乎？

明有一生患淫，不能自制，问于王龙溪。龙溪曰："譬如有人谓汝曰，此中有名妓，汝可寒怖就之。汝从其言，则汝母女姊妹也，汝此时一片淫心，还息（同熄）否？"曰："息（同熄）矣。"龙溪曰："然则淫本是空，汝自认做真耳。"人果肯将一切女人，作母女姊妹视之，则不但淫欲恶念无由而生，而生死轮回，亦当由兹顿出矣。

《不可录》一书，法语巽言之训，福善祸淫之案，与夫戒忌之日期处所，一一毕示。其觉世醒迷之心，可谓诚且挚矣！维扬张瑞曾居士，利人心切，即为刻行，命光发挥窒欲之要，因以怨，以不净，而叙其大旨。继因其堂兄正勋逝世，拟以此功德，荐其灵识，俾罪障消灭，福智崇朗；出五浊之欲界，生九品之莲邦。因居士孝友之情，故复撰敦伦之序。祈见闻者，各详察焉，则幸甚幸甚！

释印光 谨撰

译 文

天是伟大的父亲，地是伟大的母亲。所有的男女都是天地的子女，都是我们的兄弟姐妹。既然都是兄弟姐妹，我们就应该互相爱护和支持，希望每个人都能得到所想要的幸福和安宁。人能这样做，就是天地的好孩子，也不辜负天地的生养大恩了。如果一个人能够爱护和支持天地的子女，那么天地必定永远保护和支持这样的人，使其能够福泽深厚，寿命长久，一切都顺心如意。如果一个人横行霸道，欺凌天地的子女，这样的人必定会折福损寿，甚至家破人亡，后代断绝，一命呜呼，永远堕入恶道，历经百千万劫，难以复得人身。这样的人就是自取其祸，自作自受，并非是天地的不仁慈啊！

　　其他的姑且不说，就拿自己的妻子、女儿、姐妹来说，每个人都有。如果别人不怀好意地盯着你的妻子、女儿、姐姐和妹妹看，你必定会心怀愤怒，恨不得立即揍对方一顿。但为什么我们看到别人的妻子、女儿、姐妹有点姿色，心里就妄自生起淫欲的念头，想要侮辱对方呢？她们同样都是天地的子女，是我的姐妹。如果对姐妹有不正当的想法，那就是侮辱天地的子女，欺辱姐妹了。这样的人，还怎么能在天地之间立足，而被称之为人呢？况且夫妇之道，关系到"三纲五常"。男女结婚后成为夫妇，是人伦关系中最重要的关系。人之所以不同于禽兽，就在于人有伦理关系。如果人做出蔑视天理，祸乱人伦的事情，那就是用人的身体去做禽兽的事情。虽然身体是人，但实际上连禽兽都不如。为什么呢？因为禽兽不懂伦理，而人懂伦理。懂伦理却又蔑视伦理，这样的人当然比禽兽还要低下。

　　然而，众生的生命，都是因淫欲而生，所以淫习与生俱来就偏浓，我们必须严加防范。如在淫欲心生起时，将对方作亲人想，作怨仇想，作不净观想，这样就可以消灭邪恶的淫念，而保持纯净的正念。怨仇想和不净观想，前面序文中已经解释过了。这里特别将"当作亲人想"一法加以阐发，希望各位读者，都能敦伦尽分，闲邪存诚，不要有恶念。

佛陀在《四十二章经》中，开示教导我们看到女性时，把老者想成母亲，长者想成姐姐，少者想成妹妹，幼者想成女儿，生起解脱烦恼的心，以此来熄灭炽热的淫欲之念。《梵网经》说："一切男子是我父，一切女人是我母，我生生无不从之受生，当生孝顺心、慈悲心。"能这样想，忙于保护并扶持她们都还来不及，怎么还会起恶劣的心，想要侮辱她们呢？

明朝有一个学生，沉溺于淫欲而无法自制，向王龙溪请教。王龙溪说："比如有人告诉你，这里有个名妓，你可以揭开帘帐同寝。你听从了对方的言语，发现帘帐里面的人，竟然是自己的母亲、女儿、姐妹。此时你那炽盛的淫欲之心，熄灭了没有呢？"他说："已熄灭了！"王龙溪又说："其实淫欲之念本来就是空的，只是你自己当真罢了。"如果人们真的能把所有的女性看作自己的母亲、女儿、姐妹，那么不仅淫欲恶念不会生起，而且生死轮回，也可以由此立刻解脱出离。

《不可录》这本书，包含了法语昇言的训示，有行善得福、作恶遭祸的案例，以及房事戒忌的日期与处所等，一一详示。先贤想唤醒世人迷惑昏愦的慈悲心，可以说是既诚恳而又真挚啊！扬州的张瑞曾居士，利人心切，决定刻印并流通这本书，他请我阐述遏制淫欲的要领。因此，我以"怨仇观"和"不净观"来叙述戒淫的大意主旨。又因为他堂兄张正勋去世，他打算用这本书的功德，来超度堂兄的灵魂，希望消除兄长的罪障，使其福智增长，脱离出五浊的欲界，往

序题

生到西方九品的极乐邦。出于对张瑞曾居士孝顺父母、友爱兄弟之情，我又写了这篇敦伦之序。祈祷所有看到和听到的人，各个详细阅读、思考，那样我就非常高兴了！

释印光 谨撰

《欲海回狂》普劝受持流通序

天下有极惨极烈、至大至深之祸，动辄丧身殒命，而人多乐于从事，以身殉之，虽死不悔者，其唯女色乎？彼狂徒纵情欲事，探花折柳，窃玉偷香，灭理乱伦，败家辱祖，恶名播于乡里，毒气遗于子孙，生不尽其天年，死永堕于恶道者，姑置勿论。即夫妇之伦，傥（同倘）一沉湎，由兹而死者，何可胜数？本图快乐，卒致死亡。鳏寡苦况，实多自取，岂全属命应尔哉。

彼昵情床笫者，已属自取其殃。亦有素不狎昵，但以不知忌讳（忌讳，《寿康宝鉴》详言之，俱宜购阅），冒昧从事，致遭死亡者，亦复甚多。故《礼记·月令》，有振铎布告，令戒"容止"之政（"容止"，即"动静"，谓房事也）。古圣王爱民之忱，可谓无微不至矣！

吾常谓世间人民，十分之中，由色欲直接而死者，有其四分；间接而死者，亦有四分。以由色欲亏损，受别种感触而死。此诸死者，无不推之于命。岂知贪色者之死，皆非其命。本乎命者，乃居心清贞，不贪欲事之人。彼贪色者，皆自戕其生，何可谓之为命乎？至若依命而生，命尽而死者，不过一二分耳。由是知天下多半皆枉死之人。此祸之烈，世无有二，可不哀哉！可不畏哉！

亦有不费一钱，不劳微力，而能成至高之德行，享至大之安乐，遗子孙以无穷之福荫，俾来生得贞良之眷属者，其唯戒淫乎？

夫妇正淫，前已略说利害，今且不论。至于邪淫之事，无廉无耻，极秽极恶，乃以人身，行畜生事。是以艳女来奔，妖姬献媚，君子视为莫大之祸殃而拒之，必致福曜照临，皇天眷佑；小人视为莫大之幸福而纳之，必致灾星莅止，鬼神诛戮。君子则因祸而得福，小人则因祸而加祸。故曰："祸福无门，唯人自召。"世人苟于女色关头，不能彻底看破，则是以至高之德行，至大之安乐，以及子孙无穷之福荫，来生贞良之眷属，断送于俄顷之欢娱也。哀哉！

安士先生《欲海回狂》一书，分门别类，缕析条陈，以雅俗同观之笔，述劝诫俱挚之文。于古今不淫获福，犯淫致祸之事，原原委委，详悉备书。大声疾呼，不遗余力；暮鼓晨钟，发人深省。直欲使举世同伦，咸享福乐，各尽天年而后已。

须知其书，虽为戒淫而设，其义与道，则举凡经国治世，修身齐家，穷理尽性，了生脱死之法，悉皆圆具（同俱）。若善为领会，神而明之，则左右逢源，触目是道。其忧世救民之心，可谓至深切矣！

是以印光于民国七年，特刊《安士全书》板于扬州藏经院。八年，又刻《欲海回狂》《万善先资》二种单行本。十年，又募印缩小本《安士全书》。拟印数十万，徧（同遍）布全国，但以人微德薄，无由感通，只得四万而已。而中华书局私印出售者，亦近二万。杭州汉口，俱皆仿排，所印之数，当亦不少。

兹有江苏太仓吴紫翔居士，念世祸之目亟，彼新学派，提倡废伦废节，专主自由爱恋，如决江隄（同堤），任其横流，俾一班青年男女，同陷于无底欲海漩渡（同旋涡）之中。遂发心广印《欲海回狂》，施送各社会，以期挽回狂澜。然众志成城，众擎易举。恳祈海内仁人君子，大发救世之心，量力印送，并劝有缘，普遍流通。

又祈父诲其子，兄勉其弟，师诫其徒，友告其侣，俾得人人知其祸害，立志如山，守身如玉，不但不犯邪淫，即夫妇正淫，亦知撙节。将见鳏寡孤独，从兹日少，富寿康宁，人各悉得。身家由兹清吉，国界于以安宁。秽德转为懿德，灾殃变作祯祥。毕竟不费一钱，不劳微力，而得此美满之效果。仁人君子，谅皆当仁不让而乐为之也！

爰述大义，以贡同仁！

民国十六年，释印光 撰

译 文

天底下有一种极惨极烈、至大至深的祸害，动辄让人丧失性命，但很多人却乐于去做这件事，不惜牺牲自己的生命，至死不悔，不正是女色吗？那些极度放纵情欲的狂徒，沉溺于寻花问柳，窃玉偷香，泯灭天理良心，扰乱伦常纲纪，败坏家庭门风，辱没祖宗先人，恶名在乡里传播，流毒遗留给子孙，活着的时候不能享尽天年，死后还要永堕恶道，这些都姑且不论。即使是夫妻之间，一旦沉溺于淫欲，因此而死的人，又怎么能数得清呢？本是为图快乐，最终却导致死亡。那些鳏夫寡妇的凄惨状况，其实很多都是咎由自取，怎么能尽数归咎于命运呢？

那些沉溺于情爱、贪恋床笫之欢的人，已经算是自找灾祸了。也有一些人，平时并不贪恋情欲，但由于不知道忌讳（关于忌讳，《寿康宝鉴》中有详细说明，大家都应该购买阅读），冒昧行事，导致死亡的人也有很多。因此，《礼记·月令》中提到，用振动木铎来发布公告，告诉人们注意戒"容止"的政令（"容止"指房事）。古代圣王爱护百姓的深切之情，可以说是无微不至啊！

我常常说，世间的人，十分之中，因为色欲直接而死的人，有四成；间接而死的人，也有四成。因为色欲会导致身体亏损，感染其他疾病而导致死亡。这些死亡的人，无一不是推咎于命运的。哪里知道贪图美色的人身亡，并非是因为他寿命将终而死。真正能够寿终正寝的人，乃是那些心地清净贞洁、不贪淫事的人。那些贪爱色欲的人，都是自己残害自己的生命，怎么可以说是命该如此呢？至于那些顺命而生、命尽而死的人，不过是一二分罢了。由此可知，天下大多数都是枉死之人。这种祸害的惨烈，世上没有第二种了。怎么能不悲哀！怎么能不畏惧！

世上也有不需花一分钱，不需费一点力，就能够成就最高的德行，享受最大的安乐，给子孙留下无穷的福泽，使来生得到忠贞善良的伴侣的法门，难道不就只有戒淫才能如此吗？

对于夫妻之间的正淫，前面已经略说它的利害关系，这里不再论说。至于邪淫一事，让人丧失廉耻，极其污秽，极其罪恶，实际上是用人的身体去做畜生的事情。因此，假如有美女主动投怀送抱，或者妖艳的女子献媚时，品行高尚的人会将其视为巨大的灾难而拒绝，这必定会福星高照，获得上天的眷顾；而品行低劣的人则会将其视为巨大的幸福而接纳，必定会招致灾难临头，惨遭鬼神的诛罚。君子因祸患而得到福禄，小人则因祸患而更加倒霉。所以说："祸福无门，唯人自召。"如果世人在面对女色诱惑的关头，不能彻底看破，那么就是将自己最高尚的德行、最大的安乐，以及子孙后代无穷的福荫，还有来世贞节良善的伴侣，断送在顷刻间的欢愉之中。真是可悲啊！

周安士先生《欲海回狂》一书，分门别类，条分缕析，用雅俗共赏的文笔，写下了充满真挚的劝诫文章。书中详细记载了从古至今，那些因为不淫而获得福报、贪淫而招致灾祸的事例，原原本本记录了事情的起始，都详尽无遗地写在了书中。周安士先生在书中大声疾呼，竭尽全力地劝告，犹如晨钟暮鼓，让人深思反省。只不过是希望举世的人们，人人都能享受到幸福和快乐，享尽天年而后已。

必须知道《欲海回狂》一书，虽然是为戒除淫欲而写，但它包含的意义和道理，实际涵盖了治国安邦，修身齐家，透彻真理天命，了生脱死的方法，全部都圆融俱足。如果能善悟并领会书中的教导，通达而明了其中的奥妙之道，就能够左右逢源，触目是道。周安士先生担忧世道和救助民众的心，真是至深至切了！

因此，我在民国七年时，特别在扬州藏经院刊刻《安士全书》的刻板。到了民国八年，又刊刻了《欲海回狂》和《万善先资》两种单行本。民国十年，又募集资金，刊印了缩小版的《安士全书》，原本计划印刷十万册，让这本书遍布全国，但由于个人力量和德行微薄，未能如愿，最终只印刷了四万册。此外，中华书局私下印刷并出售的版本，也有近两万册。杭州、汉口等地也都仿照排版，所印刷的数量，应该也不少了。

现有江苏太仓的吴紫翔居士，他痛念世间的灾祸日益严重，而那些新学派，公然提倡废除传统的伦理道德和贞节观念，并且专门主张自由恋爱，这就像决堤的江水，任其横流泛滥，致使许许多多的青年男女，共同陷入了深不见底的欲望旋涡之中。因此，他发心广泛印刷《欲海回狂》，并布施给社会各界人士，希望能够挽回这种残酷的局面。如果大家众志成城，同心协力，事情就很容易办成。因此，我诚恳地祈求天下的仁人志士，大发拯救世运的大慈悲心，根据各自的能力出资印送这本书，并劝告有缘的人，一同广泛流通。

又祈求天下的父亲要教导好儿子，兄长要勉励弟弟，老师要告诫学生，朋友之间要相互劝诫，使每个人都知道淫欲的祸害，立下如高山一样坚定的志向，守护身体像玉石一样纯洁。不但不犯邪淫，即使是夫妻之间的正淫，也要节制。这样，社会上那些老而丧妻的鳏者、老而丧夫的寡者、年幼时丧失父母的孤者以及老年时丧子的独者，从此以后一天比一天少；富贵长寿、健康安宁，人人都能各得其所。身家因此而清净吉祥，国家也会因此安定和平。不良的德行转变为美好的德行，灾殃转变为吉祥。毕竟不花一分钱，也不费一点力，就能获得这样美满的结果。仁慈的君子们，想必都会当仁不让且乐于去做这样的事情！

于是叙述以上要义，以敬告各位同仁！

民国十六年，释印光 撰

附 懿德堪钦（《扬州甘泉县志》）

元秦昭，扬州人，弱冠游京师，已登舟矣。其友邓某，持酒送行，正饮间，忽抬一绝色女子至，邓令拜昭，曰："此女系仆与某部某大人所买之妾，乘君之便，祈为带去。"昭再三不肯，邓作色曰："君何如此其固执也？即不能自持，此女即归于君，不过二千五百缗钱耳。"昭不得已，许之。时天已热，蚊虫甚多，女苦无帐，昭令同寝己帐中。由内河经数十日至京，以女交店主娘，自持书访其人。因问："君来曾带家眷否？"昭曰："只我一人。"其人勃然愠现于面，然以邓某之书，勉令接女至家。至夜，方知女未破身。其人惭感不已，次日即驰书报邓，盛称昭德。随往拜昭，谓曰："阁下真盛德君子也！千古少有！昨日吾甚疑之，盖以小人之腹，测君子之心耳！惭感无既。"

【批】 秦昭之心，若非了无人欲，浑全天理，与此绝色女子，日同食，夜同寝，经数十日之久，能无情欲乎哉？秦昭固为盛德君子，此女亦属贞洁淑媛。懿德贞心，令人景仰。因附于此，用广流通。

民国十六年丁卯，释印光 识

译 文

元朝时期，有一个叫秦昭的扬州人。年轻时去京城游学，已经登船，准备出发了。他的朋友邓某拿着酒来为他送

寿康宝鉴

行。正在喝酒的时候，忽然有人带来一位样貌绝佳的女子。邓某让女子拜见秦昭，并说："这个女子是我为某部某大人所买的妾，趁君之便，劳烦你帮我带她去京城。"秦昭再三推辞。邓某变了脸色生气地说："你为什么如此固执呢？要是路上把持不住，此女就归你了，不过值二千五百缗钱罢了。"秦昭不得已，只好答应对方。当时天气已经很热，蚊虫特别多，女子因为没有蚊帐而感到苦恼。秦昭就让女子和他一起睡在自己的蚊帐里。通过内河航行数十天就到达了京城，秦昭把女子交给了旅店的老板娘照管，自己拿着书信去找那位大人。大人问秦昭："你来京是否带了家眷？"秦昭回答说："唯有我一人。"大人脸上立刻露出了不高兴的神色，看到邓某的书信，才勉强让人把女子接到家里。晚上，此人才知道女子还未破身，心里顿时惭愧不已。第二天，便急忙写信给邓某，大加称赞秦昭的德行。随后亲自去拜访秦昭，对他说："您真是品德高尚的人啊！从古至今，实在罕见。昨天我还非常怀疑您，是我以小人之心，度君子之腹啊！真是无尽的惭愧和感激！"

【批】 秦昭的内心如果不是完全没有欲望，只存一片天理，与这位样貌绝佳的女子，日日同食，夜夜同寝，经过数十天之久，怎么可能没有情欲呢？秦昭确实是一位德行深厚的君子，这位女子也可谓是品行坚贞的淑女。他们的美德和贞心，令人敬仰。因此附在这里，广泛传播。

民国十六年丁卯，释印光 识

警训

寿康宝鉴

文帝训饬士子戒淫文

文帝曰:"天道祸淫,其报甚速。人之不畏,梦梦无知。苟行检之不修,即灾殃之立至。嗟尔有众,听予训言。"

惟"惠迪吉",自古云然;"不善降殃",昔人明戒。《春秋》之淫乱,皆败国而亡家。《风》《雅》之刺讥,尽鹑奔而鹊逐。故逆理乃自戕其性,而贪淫即自夺其名。人事一乖,天心尽怒。桂香上苑,非洁己者难邀;杏宴天恩,岂污名者可得?

予莅文衡,尝垂教示。奈士子止贪半晌之欢,罔惜终身之计。淫人人淫,交手为市。业报惨酷,洗心者谁?

吾于二八试闱,每多临时去取。一笔勾削,只缘窥彼邻妻;数字增加,端为拒兹室女。欲闻平地之雷,莫起寸心之火。终年潦倒,岂负学苦文高?一世迍邅,悉是踰闲败节。士人不察于所由,反或怨天而恨地。

植来黄甲，只在心田。衣尔紫袍，总由阴骘。棘闱满地皆神，文院三场有鬼。惜哉字字珠玑，忽遇灯煤落卷。怅矣篇篇锦绣，无端墨迹污文。此时予实主持，孰谓苍天无眼？榜发三元，为有惊神之德。莲开并蒂，旋闻坠蕊之凶。倘能持正而不邪，自尔名归而禄得。

特颁新谕，咸使闻知！（现虽无科甲，然折福折寿，固无二也。切勿作冒昧想，谓今不同昔，纵然有犯，不至为功名之礙（同碍），而任意所为也。至祷！）

译　文

文昌帝君说："天道降祸于好色贪淫之人，它的报应非常快。人们往往不知畏惧，就像在梦中一样，糊涂无知。如果人的行为不检点，那么灾祸会立刻降临。你们所有的读书人，一定要听我几句劝告。"

只有顺应天道，行善积德，才能获得吉祥，这是自古以来的道理；"不善的行为，必然遭受祸殃"，这是前人明确的警告。《春秋》中那些邪淫乱伦的诸侯大夫，最后都导致了国家的灭亡和家庭的破败；《风》《雅》中讽刺和讥评那些荒淫无耻的人，连禽兽都不如。因此，违背天理就是自我残害；而贪图淫乱，就是自毁名声。人的行为一旦违背正道，上天就会震怒。桂花飘香的皇家园林，不是洁身自好的人很难受到邀请而得以游览；天子为新科贵人在杏园所办的宴会，又岂是名声污秽者所能享受？

我负责掌管读书人的功名，曾经对此事作过教诲训示。奈何读书人只贪图一时的快乐，而不顾及一生的前途。奸淫别人的妻女，自己的妻女也必被他人奸淫，就像市场上的交易一样。这种恶行的报应特别惨烈，但真正能够洗心改过的人又有几个呢？

我在春秋两季科举考试的时候，经常会根据读书人的行为，在最后关头临时决定各自的功名。那些原本可以考中却被一笔削去功名的人，只是因为偷窥了他人的妻子；而有些本不在录取之列的人，只因为拒绝私奔的少女而被增补录取。想要金榜题名，心中就不要起一丝邪淫的欲火。那些落榜而终身潦倒的人，并不是不够努力和没有学问，他们之所以遭遇不幸，就是因为贪淫好色而违背了道德，败坏了品行。这些读书人不去反思穷困潦倒的原因，心中反而怨天恨地，愤愤不平。

想要培植黄甲（甲科进士及第者的名单，用黄纸书写，此即考取功名）的关键，就在于对心田的耕耘；而那些能穿上紫袍（官爵三品及以上所穿官服颜色，即指高官厚禄）的人，都是因为他们积累了阴德。科举场里三场都有神明，监察着考试的三个阶段。真是可惜啊！考卷上每字每句都像珍珠一样珍贵，却突然因为灯灰落到卷子上而毁于一旦；多么令人惆怅啊！每篇文章都像锦绣一样华美，却无缘无故被墨迹弄脏了。这个时候，实际上是我在主持公道，谁说老天没有长眼睛呢？高登金榜前三名的人，都是因为有震惊天地，感动神明的大阴德；本来应该莲开并蒂（譬喻祥瑞，暗指可以高中功名），却突然听到花瓣坠落的不祥消息（因行为不端功名被削除）。如果能够坚守正道而不犯邪淫，自然能够实至名归，福禄相随。

我特别颁布了新的教谕，希望所有读书人都能听到并了解这些道理！（虽然现在没有了科举考试，但是好色贪淫必然折损福报和寿命,此理永恒不变。因此,千万不要有侥幸的想法,不要以为现在的社会和过去不同,即使犯了错,也不会影响功名和前程,从而胡作非为。至诚恭敬地祈祷,希望大家记住这些!)

戒淫圣训

文帝垂训曰:吾奉金阙至尊之命,于每月寅、卯日,按行酆都地狱,考定天下有罪人民事实。见夫黑籍如山,皆是世人一生孽案。其间作恶多端,惟淫恶之报,天律最严。

奸人妻女,玷人闺门,在地狱中受苦五百劫,方得脱生。为骡为马,又五百劫,乃复人身,为娼为优。

设谋造计,奸宿寡妇、尼僧,败人操履,在地狱中受苦八百劫,方得脱生。为羊为豕,供人宰杀。又八百劫,乃复人身,为瞽为哑。

以卑乱尊,以长乱幼,败坏纲常,在地狱中受苦一千五百劫,方得脱生。为蛇为鼠,又一千五百劫,方得人身。或在母胎中死,或在孩抱中亡,毕竟不享天年。

更有造作淫书,坏人心术,死入无间地狱,直至其书灭尽,因其书而作恶者罪报皆空,方得脱生。

淫书之为害,不可胜数。常有名闺淑媛,识字知文,或绿窗昼静,或青灯夜阑,展卷视之,魂摇魄荡,不禁欲火之焚,遽成奔窃之行,致节妇失节,贞女丧贞。更有聪明子弟,秀而有文,一见此书,遂起欲想,或手淫而不制，或目挑而苟从。小则斲（zhuó，同斫）丧元阳，少年夭折；大则渎乱伦纪，不齿士林。若夫巧作传奇，当场演出，教习嬖童，备示淫态，乱人清操，不可胜数。职其根由，皆淫书所致。

奈何士子以夙世之慧根，握七寸之斑管，不思有功于世，积福于身，徒造无穷之孽，干上帝之怒，自蹈于冰渊火坑而不恤，深可悲也！

译　文

文昌帝君垂示训诫说：我奉天庭玉皇大帝的命令，在每个月的寅日和卯日巡察酆都的各个地狱，考核审定天下有罪之人的犯罪事实。我看到记录世人罪行的黑籍堆积如山，这都是世人一生中所犯下的罪孽案件。在众多的罪行中，唯独淫乱的报应，天律惩罚最为严酷。

奸淫他人妻女、玷污他人闺女名节的人，在地狱中要受五百劫的苦报，才能出离地狱，然后转生为骡，或者为马，再经过五百劫，才能再次转生为人，沦落为娼妓。

凡是用阴谋诡计诱骗奸淫寡妇或尼僧，败坏人家贞操的人，在地狱中要受八百劫的苦报，才能脱离地狱，转生为猪，或者为羊，专门供人宰杀；再经过八百劫，才能转生为人，但会成为盲人或哑巴。

以卑贱凌辱尊贵，长辈淫乱晚辈，破坏社会伦理纲常的人，在地狱中要受苦一千五百劫，才能脱离地狱，转生为蛇，或者为鼠；再经过一千五百劫，才能再次转生为人，但可能会在母胎中死亡，或在孩童时期夭折，终究不能享受天年。

更有那些制作淫秽书籍、坏人心术的人，死后会堕入无间地狱，直到他们所写的这些书消失殆尽，并且因此书而作恶之人的罪报都已受尽，这些淫秽媒介的作者，才能脱离地狱，得到转生的机会。

淫秽图书的危害是数不清的。常常有些识字通文的名门淑女，有时在白天的绿窗下，有时在夜晚的青灯旁，翻阅这些书籍，结果心神不宁，无法抑制欲望的烈火，最终做出了与人私奔、偷情的行为，导致原本守节的妇人失去了节操，贞良的女子失去了贞节。更有一些天资聪颖，才华出众的学子，一旦看到这些书，就会起色欲的念头，有的会手淫而无法自制，有的眉来眼去而挑逗异性，苟且行事。小则损害身体的精气，年纪轻轻就夭折丧命；大则使人伦混乱，纲纪败坏，为广大读书人所鄙视。如果有人巧妙地编写传奇故事，公开表演，教坏了小孩子，展示各种淫欲丑态，惑乱他人的清白，也是数不清的，归根结底，都是因为淫秽书籍所导致的。

奈何那些读书人，有着多生多世辛苦修来的智慧根本，手握七寸的笔杆，不想着如何为世界做出贡献，积累自身的福报，反而造作下无边无际的罪孽，招致上天的震怒，不惜使自己陷入冰渊或火坑之中，这真是太可悲了！

戒淫文

盖闻业海茫茫，难断无如色欲；尘寰扰扰，易犯惟有邪淫。拔山盖世之英雄，坐此亡身丧国；绣口锦心之才士，因兹败节堕名。今昔同揆，贤愚共辙。况乃嚣风日炽，古道沦亡。轻狂小子，固耽红粉之场；慧业文人，亦效青衫之湿。言室欲而欲念愈滋，听戒淫而淫机倍旺。遇娇姿于道左，目注千翻；逢丽色于闺帘，肠回百折。总是心为形役，识被情牵。残容俗妪，偶然簪草簪花，随作西施之想；陋质村氁，设或带香带麝，顿忘东妇之形。

岂知天地难容，神人震怒？或毁他节行，而妻女酬偿；或汙（同污）彼声名，而子孙受报。绝嗣之坟墓，无非轻薄狂生；妓女之祖宗，尽是贪花浪子。当富则玉楼削籍，应贵则金榜除名。笞、杖、徒、流、大辟，生遭五等之诛；地狱、饿鬼、畜生，没受三途之罪。从前恩爱，到此成空；昔日雄心，而今何在？

普劝青年烈士，黄卷名流，发觉悟之心，破色魔之障。芙蓉白面，须知带肉骷髅；美貌红妆，不过蒙衣漏厕。纵对如玉如花之貌，皆存若姊若母之心。未犯淫邪者，宜防失足；曾行恶事者，务即回头。更祈展（同辗）转流通，迭相化导。必使在在齐归觉路，人人共出迷津。

译文

听说在茫茫的业海中，没有比色欲更难断除的了；在纷扰的尘世中，最容易犯的唯有邪淫。即使是力拔山河的盖世英雄，也会因为沉迷色欲而丧身亡国；纵然是才华横溢的文人才子，一旦染上邪淫必然败坏节操，名声扫地。从过去到现在，此理始终不变；不论贤者还是愚人，没有谁会例外。更何况现在浮躁的社会风气，愈演愈烈，传统的道德观念逐渐丧失。不仅年少轻狂的年轻人耽染于红粉场所，就连有点慧根的才子佳人也效仿那些风流韵事。当人们谈论遏制欲望时，欲望反而更加强烈；当人们听到戒淫的劝告时，淫欲之心反而更加旺盛。在路边遇到美丽的女子，目光便不由自主紧紧跟随；恰巧看到帘中的丽色佳人，内心更是难以平静。这都是因为人心被外在事物所役使，心识被尘情所牵随。即使是容貌丑陋的老妇人，偶然打扮一番，也会让人觉得像西施一样的美；即使是丑陋的村妇，一旦涂脂抹粉，也会让人忘记她原本的丑陋。

哪知道这样的邪淫之心，天地难容，人神震怒。有的人破坏了他人的节操，而由自己的妻女来偿还；有的人玷污了他人的名声，而自己的子孙受到报应。那些无人祭祀的坟墓，葬的无非都是些轻薄狂妄的人；那些妓女的祖先，尽是些贪淫好色的风流浪子。本应富贵的人，却因为好色而被神明削除福禄；本应金榜题名的人，却因为好色而被除名。活着的时候遭受鞭打、杖击、劳役、流放、死刑等五种惩罚；死后堕入地狱、饿鬼、畜生三途恶道，受种种痛苦。从前的恩爱，到此都成了空谈；昔日的雄心壮志，如今又在哪里呢？

因此，我普遍奉劝天下青年志士，政界名流，要发起觉悟的心，破除色欲的障碍。即使是如花似玉的美貌，那薄皮之下不过是血肉骷髅；再好的妆容美貌，也不过是盖着衣服的粪桶。纵使面对如花似玉的美貌，也要存着像对待自己母亲、姐妹一样的心，那些未犯邪淫的人，应该警惕以防失足；那些曾做过恶事的人，务必要立即回头。我更希望这份教诲能够辗转流通，广泛传播，人们能互相劝导。务必要让每个人都能走上觉悟的道路，人人都能脱离迷惑的苦海。

戒淫格言

1. 张三丰真人

三丰张真人曰：人生天地间，禀五行之秀，具刚正之气。夫夫妇妇，人道之常。越礼乱伦，等诸禽兽。淫邪之行，志士所当力戒也。夫天下蠢然者莫如物，乃雎鸠定偶而不相乱，哀雁孤鸣而不成行。人不如鸟，负此人名，逊物之灵矣！

奈此蚩蚩之氓，不解色即是空，同于幻泡；犹美红颜绿鬓，恩爱缠绵。岂知人同此心，反观皆可自悟。尔等于淫人妇女时，当即自思，设此时吾妇被人淫，枕畔戏笑，曲尽绸缪，吾介于其旁，见此种情形，当必心中如刺，眼内如火，奋击追杀，刻不容缓。何至淫人妇女，忘却回想，遽尔牵帷，自鸣得意乎？此时天地鬼神，临之在上，质之在傍（同旁），其怨怒犹是，欲杀割犹是。有不瞋目切齿，谋为报应者乎？灾祸之起，至不旋踵。兴言及此，能不寒心！

又况舍身利剑，碎首邻阶。阳台之梦未终，而泉台之扃已掩。青磷碧血，皆红粉之变为之。美人原是胭脂虎，岂不信哉？即不至此，而淫人妻者，强者鸣之当道，弱者隐恨终身。宗族含不解之羞，夫妇绝百年之好。死生莫测，变态多端。或阴图报复，或暗地伤惭。祖父本无大咎，附会者即猜为极恶。至若夫若子若孙，世玷清名。移人骨肉，乱我宗祧。纵身登仕籍，名誉彰闻，终必遗臭无穷。既不齿于人伦，亦永传为话柄。是杀人之惨毒，止及一身；而无刃之锋芒，不啻杀人数世也！

总之，淫念根于好色，欲绝淫根，先严色戒。一好色即好淫，则己身不正。而对此柔姿媚骨，不能自制，必多为彼所制。由是徇私情，废孝友，父母、兄弟弃置不顾。舍此一好之外，懵然无知矣。由是妻妾子女，失所防闲，任其秽乱闺闱，默为报应，亦必懵然无知矣。

且夫好淫者，子孙必至夭折，后嗣必不蕃昌。何则？我之子孙，我之精神种之。今以有限精神，供无穷花柳，譬诸以斧伐木，脂液既竭，实必消脱。一己之精神，尚涣散而不积，又安望集于子身？则所生单弱，在所必然。至业已单弱，而父母之淫根不绝，禀气受形，大率都肖。再传而后，薄之又薄，弱之又弱，覆宗绝祀，适得其常。淫祸之烈，可胜言哉！

呜呼！人寿几何，百年一瞬。纵不顾名节，不惜身命，未有不念及子孙，谋及宗祀者。苟一计及，方追悔不暇，有何娱乐，尚思逞欲耶？至于尼僧孀寡、仆妇青衣、娼家妓馆，名分所关，身家所系，尤易明察，无庸多赘。

是在有志者，清净为基，存诚为用，坚忍为守，决烈为志，存之以不动，养之以湛如。举凡诱人入阱，一切诲淫之书，付彼烈火，为天下苍生造福。狎淫之友，摈（同摒）不与通。易吾好色之心，殚精会神，图为有益。将见何名不立？何利不收？而五福之休，毕集于我躬矣！是为劝。

译文

张三丰真人说：人生于天地之间，禀承五行之精华，具有刚正的气质。夫守夫道，妇守妇道，这是伦常之道。逾越礼节、祸乱伦理，如同禽兽。邪淫的行为，每一个有志之士都应当全力戒除。天地间最愚笨的莫过于动物，但雎鸠（一种水鸟）一旦确定配偶就从一而终；失去配偶的雁，独自孤鸣而不会再择偶。如果人连这些动物都不如，那就辜负了"人"这个名称，配不上"万物之灵"的尊称了啊！

奈何那些愚昧无知的人，不理解色即是空，如同泡沫幻影，尤为爱慕红颜美貌，恩爱缠绵。其实人心都是一样的，一旦反思就可以自我觉悟。当人在淫乱别人的妻女时，应当这样想，如果此时我的妻子被别人淫乱，在床边戏笑，尽情亲昵，而我却在旁边看到这种情景，心里一定像被针刺一样痛苦，眼中尽是愤怒之火，立刻奋起击杀，片刻都等不了。为何到你淫乱别人的妻女时，就忘记了反思观想而轻率地拉上帷幕，还自鸣得意呢？这时候天地鬼神，降临巡视监察，宛如在你旁边，怒目直视着你，他们同样满怀愤怒，同样想要割你的肉，扒你的皮，将你杀之而后快。哪有不怒目切齿，想方设法惩戒无耻之徒的呢？灾祸的发生，转眼即至。说到这里，能不让人寒心吗？

更有甚者为色欲而舍弃性命于利剑之下，撞碎头颅于台阶之旁。沉溺在荒淫无度的大梦中不醒，而地府的大门已经关闭，死后化为碧血鬼火，皆是色欲所造成的恶果。美人原本是抹了胭脂的老虎，怎么能不相信呢？即使没有到丧命地步，淫乱他人妻子，她的家人中，强者会到官府鸣冤，弱者只能含恨终身。家族因此遭受无法洗刷的羞辱，夫妻之间也会断绝百年的恩情。生死难以预料,祸患变化多端。被侮辱的一方,有的背地里伺机报复,有的暗自神伤。其祖父辈,即使本身没有大错,但那些牵强附会的人也会猜测他做了极恶之事。以至于影响到子子孙孙,玷污了世代的清白名声。女子若是怀了别人的孩子,也扰乱了自家的宗嗣,纵使将来孩子能够身登官场,名声显赫,最终也必遗臭无穷,不仅被人看不起,也会永远传为话柄。因此,杀人的残忍只伤害到一人一身,而邪淫这把无形而锋芒的利剑,所造成的伤害,无异于杀人数代了!

总之,淫欲的根源在于好色。想要彻底断绝淫根,首先要严格戒除对美色的贪恋。一旦好色,就沉迷于淫欲,人的行为就会因此不端正。面对那些温柔妩媚的人,就无法自我控制,必然会被美色和淫欲所控制。由此,为了私情,荒废了孝道和友爱的情义,乃至于弃父母兄弟于不顾,除了好色之外,其他的事情都变得一无所知。因此,对自己的妻子儿女也失去了应有的防范与管教,任由她们做出秽乱的行为,这就是报应。贪淫者对这一切必定懵然无知。

况且那些贪爱淫欲的人,子孙必定夭折,后代也不会兴旺。为什么呢?因为自己的子孙,是由自己的精气神所孕育。现在用有限的精气神,供给无尽的美色,譬如我们用斧头砍树一样,树液一旦耗尽,树木必然会枯死。一个人的精气神,尚且已经涣散而没有累积,又怎么能期望它集中在子女身上呢?因此,所生的子女体弱多病,是必然的结果。出生后体弱也就罢了,父母贪爱淫欲的根本不能断绝,禀受着父母的先天之气而化现其形,所生的子女,无论是气质还是形态,大多都会和父母很相似,遗留了父母贪淫的根脉。再往后传，精气神薄之又薄，越来越弱，最终导致断子绝孙、家族灭绝，这就是自食其果。邪淫导致的祸害如此惨烈，怎么能说得完呢？

唉！人的寿命有多长呢？即使是一百年，不过就是弹指间而已。纵然不顾自己的名声节操，不爱惜自己的生命，也不会不考虑子孙后代，不会不顾及宗族祭祀。如果一旦考虑到这些，就会后悔莫及，还有什么乐趣可言，哪还有心思去追求淫欲呢？至于尼僧寡妇、仆人婢女、娼家妓院，这些都涉及一个人的名节和身家性命，尤其需要明察，这里不需要再多说了。

因此，有志气的人，应以清净为根基，以心怀坦诚为体用，以坚忍为操守，以刚毅为志向，保持内心如如不动，涵养自身的浩然正气。凡是引诱人落入陷阱的淫欲媒介、一切宣扬淫欲的书籍，应该将它们投入烈火中烧毁，为天下的苍生造福。对于那些淫乱下流的朋友，断绝与他们的交往。改变自己好色的心，集中精神，做一些有益于大众的事情。倘能如此，还怕名声不能树立、利益不能获得吗？而五福（长寿、富贵、康宁、好德、善终）的吉兆，就会聚集于人一身了。这就是我的劝诫。

2. 汪舟次

汪舟次曰：诸恶业中，唯色易犯；败德取祸，亦莫过此。常即"万恶淫为首"一语思之，世间恶业无穷，何至以淫为最？

盖淫念一生，诸念皆起。邪缘未凑，生幻妄心；勾引无计，生机械心；少有阻碍，生嗔恨心；欲情颠倒，生贪著心；美人之有，生妒毒心；夺人之爱，生杀害心。廉耻丧尽，伦理俱亏。种种恶业，从此而起。种种善愿，从此而消。故曰"万恶淫为首"。

夫一动淫心，未必实有其事，已积恶造业如此。况显蹈明行，罔知顾忌者乎？世有忠厚善人，而身后不昌；才士文人，而终身潦倒者。其病皆由于此。今欲断除此病，当自起念时截断病根。太上不言私美色，而言"见他色美，起心私之"，盖止一起心，而罪已不可逃矣。

杀人者止及一身，淫人者毒其数世。不独伊夫闺门不肃，终身难以对人。即上而公姑，下而子女，莫不耻悬眉睫，痛入心脾。更有夫怒而杀其妻，父怒而鸩其女，甚至因是而斩人子息，绝人宗祧。亦念片时娱乐，所得几何，而将良家妻女，无端诱入火坑？无论冥报彰彰，而此心抑何太忍！

孀居苦节，本是一点贞心，鬼神钦敬。今乃眉来眼去，致她此心一动，不复自持，从前苦节，一时尽丧。罪大恶极，莫此为甚。至于破残闺秀，无论丑声扬播，人所共弃；即或有人娶去，往往败露逐还，父母含羞，兄弟负耻。因而气忿（同愤）陨（同殒）命者有之，抑郁伤身者有之。人亦何憾于彼，而必为此害人害己之事哉？

妇女何知远大？或因一时之爱慕，而愿结鸾俦。或因年少之无知，而感怀麕（jūn）诱。可怜无瑕白璧，顿受尘翳。后虽终身抱悔，而此日之淫污莫涤。更有一朝被染，而毕生之廉耻皆忘。兴言及此，实为寒心。是以古之君子，虽彼揽袂相邀，牵帏相就，当不禁严庄拒绝，回娥眉胥溺之狂澜；婉转开陈，示锦帐回头之道岸。倘能收拾芳心，保全贞性，则数世之阴灵，皆被仁人之厚泽矣！

至若婢女、仆妇，尤易行奸。不知此辈，本属良民，不过因难投充，以贫自鬻。奈何既役其身，又乱其性耶？况家政不肃，家道不和，大都由此。或妒妻鞭挞以伤生，或悍仆反唇以噬主，或父子不知而聚麀，或兄弟交迷而荐寝。甚者以骨肉胞胎，沦为贱媵，后人无知，误行亵狎，名为主婢之分，阴有兄妹之戚。伤风败俗，所不忍言

又有假随喜之行踪，诱空门之艳质，敢污佛地，败坏清修。此与寻常淫恶，定加百倍！

更有别种狂痴，渔猎男色，外借朋友之名，阴图夫妇之好。彼既见鄙于众人，我亦不齿于正士。等而下之，狎优童，昵俊仆。心因欲乱，内外不分。我既引水入墙，彼必乘风纵火，其间盖有不可知者。

他如寄兴青楼，自谓风流雅事。不知淫娼贱质，百种温存，无非陷人钩饵。一入其中，极聪明人亦被迷惑，遂至乱其心志，废其正业，破家荡产，流入匪类。况遇尸瘵之妇，疮毒之妓，延染及身，脱眉去鼻，痛楚难堪。岂惟不齿于亲朋，抑且见憎于妻子。即良医疗治，获全性命，而毒气内伤，多致不能生育。纵有生育，而先天毒盛，往往发为异疮恶痘，以致夭折，因此覆宗绝祀，嗟何及哉！

译 文

汪舟次说：所有的恶业中，唯有色欲是最容易犯的。它破坏道德，招致灾祸，没有比这更严重的了。常常将"万恶淫为首"这句话仔细思考，世间的恶业无穷无尽，为何淫乱会被视为最严重的呢？

这是因为当淫欲的念头一生，其他恶念会随之而起。在邪缘还未聚合时，会生幻妄的企图心。无法将对方勾引到手，会生阴谋诡计心；遇到一点阻碍，就会生嗔恨心；沉溺于情欲，容易使人迷惑颠倒，生贪婪执着心；羡慕别人拥有美妻，生忌妒心；夺人所爱，会生杀害心。廉耻和道德都丧尽了，伦常和天理都亏损了。各种各样的恶行都是从淫乱而生起，而各种各样的善念善行也会因此而消失。因此说"万恶淫为首"。

人一旦动了淫欲的念头，未必真做了邪淫之事，就已经造作了如此多的罪业。更何况明目张胆，而毫无顾忌的人呢？世上有些忠厚善良的人，他们的后代并不兴旺；有些才华横溢的文人，却一生穷困潦倒，他们问题的根源都在于此。现在如果想要断除这种毛病，当从淫欲的念头刚生起时就斩断病根。太上老君不说"私美色"，而说"见他色美，起心私之"，可见只要淫心一动，罪过就已经无法逃了。

杀人，只害及一人，而奸淫妇女，却毒害别人几代人。不仅仅女子的丈夫要背负"闺门不肃"的恶名，一生都难以见人；就连上一辈的公婆，下一辈的子女，没有不蒙受羞耻的，脸面无光，痛入心脾。更有甚者，丈夫因为愤怒而杀害妻子，父亲因为愤怒而毒杀女儿，甚至因此而断人子嗣，绝人宗脉。只是贪恋一时的欢愉，能得到什么呢？而且将良家妇女，无端诱入火坑。且不说死后的报应昭著不爽，只说现在这颗存心，怎么这般残忍呢？

　　坚守节操的寡妇，本是出于一颗坚定的贞心，鬼神都钦佩和尊敬。如今你对她眉来眼去，导致她心中动摇，不能自持。那么她之前所苦守的节操，一时尽丧。罪大恶极，没有比这更严重的了。至于破坏年轻女子的贞节，不仅会让她们臭名远扬，而且会被人所唾弃，即使有人愿意娶她们，往往也会因为事情败露而被退婚。这会让她们的父母感到羞愧，兄弟感到耻辱，甚至会导致父母或兄弟因羞愤难当而丧命，或者因抑郁寡欢而伤身病亡。人家有什么事情对不起你吗？非要做这种害人害己的事情呢？

　　很多妇女哪里知道什么是长远和重大的事情呢？有的因为一时的爱慕之情，就愿意与人结成夫妻。有的因为年轻无知，被引诱上当。可怜的是，这些原本纯洁无瑕的白璧，突然间就蒙上了污秽，后来虽然一生后悔，而一时所受的玷污却无法洗清。更有甚者，一旦被玷污，一生的廉耻心早已抛之脑后，索性破罐子破摔。说到这些，实在是让人感到心寒啊！因此，古代的仁人君子，即使面对佳人拉着衣袖主动邀请，拉开帷帐以身相就，无不是义正辞严地拒绝，努力挽回这些沦陷在欲望狂澜中的女子，委婉地开导她们，指明从欲海中回头是岸的道路。倘若她们能够收起欲念，保全贞节，那么她祖上几代人的阴灵，都会受到仁人君子的厚德恩泽了！

　　至于那些婢女和仆妇，最容易成为奸淫的对象。岂不知这些人，原本也是良家妇女，不过因为生活困难，不得已才投靠他人。因为贫穷而自卖其身。怎么可以既使唤她们劳动，又要淫乱她们的身心呢？更何况，家规家教不严，家道不和，很大程度上就是这个原因。有的女仆因主家妻子忌妒而遭受鞭打，伤身害命，有的女仆凶悍蛮横地反噬主人；有的父子不知情而共淫一女；有的兄弟不知情而同宿一妇。更严重的是，这些女仆怀孕之后，所生子女与主家本是骨肉同胞，却沦落为低贱的婢女，后人不知情，误行奸淫，名义上是主仆之分，实际上却有兄弟姐妹的血缘关系，这种行为伤风败俗，实在不忍心再说了。

又有一些人，假装随喜功德，趁机混入寺院，引诱佛门中的尼僧，竟敢玷污佛教圣地，破坏尼僧的清净修行。这种行为与平常的邪淫相比，其罪过要严重百倍！

还有另一种狂痴之人，同性相恋，贪爱男色，对外以朋友的名义，暗地里却如同夫妇。双方都被众人所鄙视，也不会听从正人君子的教化。还有比这更卑贱的，邪淫男童，调戏俊仆，心神因淫欲而混乱，分不清内外界限。将祸水引入家门当中，这些人必定会趁机放纵淫欲，做出不可预知的丑事。

至于那些常常纵情青楼妓院的人，自以为是风流雅事。岂不知卖淫卖娼的妓女，以下贱之身给你百般的温柔，无非都是诱惑你堕落的手段和诱饵罢了。一旦沾染其中，极其聪明的人也会被迷惑，导致心志混乱，荒废正业，最终倾家荡产，家破人亡，沦为不法之徒。更何况遇到患有尸瘆、疮毒等严重疾病的妓女，等到身体感染疾病时，眉毛脱落、鼻子溃烂，身体遭受难以忍受的痛苦。不仅会遭受亲朋好友的耻笑，还会受到妻子和孩子的厌恶。即使得到了良医的治疗，保住了性命，但毒气侵入五脏六腑，很多人因此失去了生育能力。纵使能够生育，由于先天的毒素太盛，孩子往往会患

警训

有奇怪的疮病、恶痘，导致孩子夭折。因此，宗族后继无人，断子绝孙，到那时再后悔就来不及了！

3. 颜光衷

颜光衷曰：少年欲心，何所不至？譬如口腹嗜味，愈纵愈狂。力自箴制，则味淡将去矣。又有肆邪说以鼓其欲，曰："好色非慧性男子不能。"吁！鹑之奔奔求偶，狐之绥绥求媚，彼非其慧性哉？任我之欲而无礼，则禽兽何殊焉？且少年才士，染指良家，则阴谴杀祸可惧。恃财嫖荡，则耗家恶疾可虞。渔猎男色，则辱人败行可耻。何如渐忍渐戒，可以省些肠断，积些阴德乎？有倡此蛊惑人者，罪应与此同科。

由来纵欲导淫，莫甚于市井。聚谈则无非闺阃（kǔn），结伴则浪迹花街。无心偶盼，辄谓多情；中道相逢，便矜奇遇。以窃玉偷香为趣事，视败伦伤化若寻常。相扇成风，毫无顾忌。不知心无二用，花柳情深，必至抛荒生理。由是求利者资本渐消，帮人者生涯难保。且恶因日积，罪孽日深。显则倾家荡产，市中之拮据徒劳；阴则削禄减年，命里之荣华尽丧。大则父母无依，肝肠暗裂；小则身名顿隳（huī），流落堪嗟。甚至败露触凶，而七尺之躯，顷刻作刀头之鬼。奈何彰彰淫祸，动曰迂谈，而甘心流为匪类哉？

世人好于后生小子前，语及淫亵，以为笑乐。彼年少无知，乌知利害？闻此欲念跃跃。由是凿其未破之真，竭其未充之髓，以致奄奄成疾，甚至夭亡。终身祸患，实由旁人之鼓舞始也。夫不能正言规戒，已非益友，况又从而导之？拔舌地狱，当为此等人设！

昔人谓阅淫书有五害：妨正业害一，耗精神害二，乱心志害三，或友人借看则害友人，或子孙窃视则害子孙。谈淫秽有三罪：扬人丑，伤己德，亵天地神明。若能以身率物，或逢人观看稗史，谈及香闺，当援引贞淫果报，晓劝一切；或广座危言，或密室苦口；无畏揶揄，无避迂腐。婉转劝导，则千百人中，必有受其益者。

近日淫词小说，街坊赁卖者甚众。凡淫秽难堪之语，不可形于齿颊者，公然笔之于书。即就其尤雅者，亦无非偷会私期、败名丧节之事，后来反得显贵团圆，将中冓之丑，说得毫无足怪。无知闺女，遂误认为佳人才子之事，由此丧贞失节，玷辱家风，万年难洗。至于开小儿未萌之窦，启村夫羡慕之心，种种祸害，不可殚述。更有春宫淫画，尤属导淫之阶。

此皆流毒人心之甚者也。居显位、有言职者，诚能严行禁止，搜刻板而尽毁之，其有裨于风化，岂浅鲜哉！

译文

颜光衷说：如果年轻人随心所欲，任由淫欲心发展，那什么事情做不出来？就像人的口腹之欲，人都贪求各种美味的食物，越是放纵，口腹之欲就越是强烈。如果能极力自我克制，那么口味将变得清淡，时间久了，贪吃心就放下了。然而，又有人传播歪理邪说以鼓动他人放纵欲望，说："好色这件事，不是聪慧的男子就做不了。"唉！鹌鹑为了寻找配偶而四处奔跑，狐狸为了吸引异性而摇尾献媚，它们难道也是有聪明智慧吗？如果放纵自己的欲望而不顾礼节，那人和禽兽有什么区别呢？况且，年少有为之士如果侵犯了良家妇女，那么冥冥之中就会受到惩罚，招致杀生之祸，种种后果十分严重。如果仗着家有财富而嫖娼放荡，则会导致家庭破败和恶疾缠身的忧患。如果追求同性恋，则是侮辱他人，败坏德行，实在太可耻了。为何不逐渐忍耐，循序渐进地戒除淫欲，可以免受很多悲痛，多积累些阴德呢？那些提倡纵欲来蛊惑人心的人，他们的罪过和邪淫者相同。

自古以来，放纵欲望和诱导淫乱，没有比市井小人更厉害的了。这些人聚在一起，无非都是谈论男女私情的事；结伴玩乐，往往都是浪荡于花街柳巷。有女子无心看他一眼，便觉得人家对他多情；在路上偶然与异性相遇，就吹嘘是奇福艳遇。把偷情当作趣事，把伤风败俗看作平常。相互影响成为一种风气，毫无顾忌。不知道心无二用，一旦沉迷于男女之情，必然会荒废自己赖以生存的事业。因此，那些经商的人资本逐渐耗损，那些务工的人生活难以为继。而且恶行日积月累，罪孽越来越深。能看到的报应是倾家荡产，生意失利，生活拮据，徒劳无功；看不到的报应则是削减福禄和寿命，命中注定的荣华富贵全部丧失。严重则父母无依无靠，内心极度痛苦；轻微的话，个人名声地位瞬间崩塌，流落街头，令人叹息。甚至因为事情败露而遭遇凶险，堂堂七尺男儿之身，瞬间化为刀下之鬼。为什么淫祸如此惨烈，昭著不爽，却还有人动辄便说这是迂腐之谈，而甘心沦落为社会败类呢？

世人喜欢在年轻人面前，谈论淫秽的话题，认为这是一种玩笑话。年轻人年幼无知，怎么知道这其中的利害关系呢？听了这些话后，他们的淫欲心被激发，心中迫不及待想要尝试。因此，凿破了血气未定的童贞，枯竭了尚未充实的精髓，导致身体衰弱，疾病不断，甚至夭折死亡。人一生的祸患，实际上在听旁人谈论下流笑话的煽动和鼓舞中就萌发了。对于这件事，如果不能用正善言语来规劝年轻人，已经不是一个益友了，更何况还诱导他们走向错误的道路呢？那万劫难出的拔舌地狱，正是专门为这类人所准备的！

前人说阅读淫秽书籍有五种危害：第一害是妨碍正当的事业；第二会消耗人的精气神；第三是扰乱人的心志；第四，如果朋友借去看，就会害了朋友；第五，如果子孙偷偷看了，就会害及子孙。谈论淫秽内容有三种罪过：第一，宣扬别人的丑事；第二，损害自己的德行；第三，亵渎天地神明。如果能够以身作则，或者遇到别人阅读低俗野史小说，谈论男女之事，应当引用贞洁和淫乱的因果报应，来劝导他们，或者在大庭广众之下直言相告，或者在私下里苦口婆心地劝导，不害怕被嘲笑，不怕被人认为是迂腐，要婉转地劝导，那么在千百人中，必定会有因此而受益的人。

最近，市面上出租和售卖淫秽小说的情况非常广泛。凡是难以启齿、不堪入耳的淫言秽语，竟被公然地写进书中。即便是其中看似文雅的作品，也不过是描述偷情私会、败坏名声和节操的事情，淫乱者后来却能得到显赫的地位和圆满的结局，使得男女丑事被说得冠冕堂皇，不足为怪。无知的少女就会误认为这是才子佳人之间的事情，因此而失去贞节，玷污了家风，千万年也难以洗清。至于这些淫书，污染幼年未成熟的心智，助长激发百姓羡慕艳遇的妄念，造成种种祸害，难以详尽叙述。更有春宫图等淫画，更是诱导淫乱的阶梯。

以上这些都是严重毒害世间、人心的东西。那些身居高位，负有谏议职责的官员，如果能够严格禁止这些淫秽书刊，搜查并销毁所有刻板，那么将大大有利于改善社会风气，功德不小啊！

4. 乐圃朱善

乐圃朱善曰：闺房之乐，本非邪淫。妻妾之欢，虽无伤碍，然而乐不可极，欲不可纵。欲纵成患，乐极生悲，古人已言之矣。人之精力有限，淫欲无穷，以有限之精力，资无穷之淫欲，无怪乎年方少而寿遽（jù）夭，人未老而力先衰也。况人之一身，上承父母，下抚妻子。大之有功名富贵之期，小之有产业家私之受，关系非（同匪）浅。乃皆付之不问，而贪一时之宴乐，不顾日后之忧危，是诚何心哉？且寡欲者必多男，贪淫者每无后。盖精力衰薄，养育难成，遂至子息单微，甚而后嗣灭绝。是其为祸，可殚述哉！

译 文

乐圃朱善说：夫妻之间的房事，并不是邪淫的行为。和妻妾之间的房事，虽然无伤大碍，但是快乐不可以过度，欲望也不可以放纵。过度放纵欲望必然成为祸患，乐极生悲，古人早已说清楚了。人的精力是有限的，而淫欲是无穷的，用有限的精力去满足无穷的淫欲，难怪有人年纪轻轻就突然夭亡，还没到老年就已经体力衰退了。更何况一个人的身体，上要继承父母的血脉，下要抚养妻子和孩子。大到有功名富贵的期望，小到有家务产业的责任，关系匪浅。如果对这些一概不管不问，只贪图一时的享乐，不顾将来的忧虑和危险，这存的到底什么心呢？而且，欲望少的人往往子孙兴旺，而贪淫的人常常没有后代。这是因为精力衰微薄弱，难以成功生育孩子，即使有孩子，也必定体弱，以致子嗣稀少，甚至断绝后代。这样的祸害，能说得完吗？

5. 周思敏

周思敏曰：人生天地间，圣贤豪杰，惟其所为。然须有十分精神，方做得十分事业。苟不知节欲，以保守精神，虽有绝大志量，神昏力倦，未有不半途而废者。

欲火焚烧，精髓易竭，遂至窒其聪明，短其思虑。有用之人，不数年而废为无用，而且渐成痨瘵（láo zhài）之疾。盖不必常近女色，只此独居时展（同辗）转一念，遂足丧其生而有余。故孙真人云："莫教引动虚阳发，精竭容枯百病侵。"盖谓此也。

色是少年第一关，此关打不过，任他高才绝学，都无受用。盖万事以身为本，血肉之躯所以能长有者，曰精，曰气，曰血。血为阴，气为阳，阴阳之凝结者为精。精含乎骨髓，上通髓海，下贯尾闾，人身之至宝也。故天一之水不竭，则耳目聪明，肢体强健。如水之润物，而百物皆毓。又如油之养灯，油不竭，则灯不灭。故先儒以心肾相交为"既济"。盖心，君火也。火性炎上，常乘未定之血气，炽为淫思。君火一动，则肝肾之相火皆动，肾水遭铄，泄于外而竭于内矣。男子十六而精通，古者必三十而后娶。盖以坚其筋骨，保其元气。且血气稍定，亦不至如少年之自耗也。近世子弟，婚期过早，筋骨未坚，元神耗散。未娶而先拔其本根，既婚而益伐其萌蘖（niè），不数年而精血消亡，奄奄不振，虽具人形，旋登鬼箓（lù）。此固子弟之不才，亦由父兄之失教。今为立三大则，曰：勤职业以劳其心，别男女以杜其渐，慎交游以绝其诱。如此则内外交修，德业日进，而父兄之道尽矣。

欲戒淫行，必自戒淫念始。淫念起，则淫行随之矣。然则何以制之？曰邪友不宜近，邪地不宜入，邪书不宜看，邪话不宜听。盖邪友一近，则益友日疏，自然渐染引诱，渐入下流，放僻邪侈，无不为已。邪地一入，则正念难持，自然技痒心热，把持不定，游移俄顷，悔恨终身。言念及此，可不戒诸？至邪书、邪话，不过文人游戏，闲汉谑（xuè）谈。彼欲编成一事，自然说得美好团圆。要皆捏造虚诬，岂可信为真实？若以为偶触无妨，焉能动我，则潜滋暗长，有隐受其害而不知者。总之，守身之法，宁可过为防闲，不可稍自宽纵。宁可人笑迂板，不可自命圆通。苟非致严于平日，能保无失于临时哉？

译 文

周思敏说：人生活在天地之间，无论是圣贤君子还是英雄豪杰，他们之所以能成就，都在于他们的所作所为。然而，人必须要有十分充沛的精力，才能完成十分的事业。如果不知道节制欲望，以保持精力充沛，即使有伟大的志向和抱负，但精神昏沉、体力不支，也没有不半途而废的。

淫欲炽盛的烈火，会将人的精髓焚烧枯竭，就会导致聪明智慧被遏制，思考能力下降。有用的人可能在短短几年间就变成毫无用处的废人，而且逐渐感染肺痨之病。即使你不常近女色，只是独处时，涌动一念淫欲之心，就足以让一个人丧身殒命。因此，孙思邈真人说："不要动发淫欲的念头，它会耗损人的阳气，精髓一旦耗尽，容貌枯槁，各种疾病就会趁机侵袭。"说的就是这个道理。

色欲是年轻人的第一道难关，这一关过不了，不管他多么才华横溢，多么知识渊博，都无法有大作为。因为成就任何事业的基础是身体，血肉之躯之所以能长久存世，是因为依靠精、气、血的支撑。血属于阴性，气属于阳性，阴阳结合凝结的产物就是精。精藏于骨髓之中，上通脑髓，下至尾骨，是人体最宝贵的东西。因此，只要生命之水（指精）不枯竭，就能耳聪目明，身体强健。就像水滋润万物，万物都能生长；又像油滋养灯，只要油不尽，灯就不会熄灭。所以古圣先贤以心肾相交为"既济卦"，象征阴阳调和。心是君主之火，火的特点就是向上燃烧，常常趁着少年血气未定，引发强烈的淫欲之火。君火一旦妄动，肝肾的相火也会跟着动，肾水向外泄漏耗损，内部逐渐枯竭。男子十六岁精水才通，但古人一定要等到三十岁才结婚，目的是使筋骨更加坚固，保护元气。一旦血气稳定，也不至于像少年时那样受到致命的损耗。现在的年轻人结婚太早了，筋骨还未坚固，元气已经耗散。尚未娶妻就耗损了生命的根本，等到婚后又砍掉了刚发出的新芽。不出数年时间，精血耗损殆尽，精神萎靡不振，虽然还有人形，但名字已经登记在鬼簿上了。这固然是年轻人自己不争气，也是因为父兄没有教导的过失。现在提出三大原则：一是勤奋工作以劳其心，二是强调男女有别以防微杜渐，三是谨慎交友以杜绝种种诱惑。这样不仅内外兼修，德行和事业每天都在进步，而且也尽到了父兄的责任。

想要戒除淫乱的行为，必须先从戒除淫念开始。只要淫念产生，淫乱的行为必定随之而来。那么，该如何控制淫欲的念头呢？答案是：不可以接近不正当的朋友，不可以去不正当的地方，不可以阅读不正当的书籍，不可以听不正当的谈话。因为一旦接近了不正当的朋友，正直的朋友就会日渐疏远，自然被邪友影响和诱导，渐渐沦为下流之徒，肆意为非作歹，为所欲为。一旦进入不正当的地方，正念就难以保持，人自然心痒难耐，蠢蠢欲动，无法控制自己，稍一犹豫，贪图一时的快乐，就造成了终身的悔恨。说到这里，难道不应该引以为戒吗？至于不正当的书籍和言语，不过是文人们的游戏，游手好闲之人的玩笑罢了。他们为了编造故事，自然编得美好而圆满，但其实是虚构捏造的，怎么能相信它们是真实的呢？如果认为偶尔接触一下无关紧要，怎么可能动摇我的心？那淫欲的念头就会悄无声息地滋长，有些人甚至在不知不觉中就受到了伤害，还没有察觉。总之，守护身心的方法，宁可过于谨慎，也不要有侥幸纵容的想法。宁可让别人嘲笑过于古板，也不要自认为圆通无碍。如果不在平日里严加防范，怎么能确保在关键时刻不会失足呢？

6. 赵鸿宝

赵鸿宝曰：色欲一节，说得硬，拿不定。一念稍疏，陷溺难返；念念坚忍，当境忽移。惟于平日，对先哲于简编，置格言于座右，清心寡欲，胸中于礼法、因果，确信不疑，偶动邪念，当下痛除，如此则当境自能猛省。至于男女之际，务远嫌于瓜李。虽系至亲至厚，定须内外分明。一言一笑不苟，妄心自然不萌动矣。此正本清源之法也。

凡人最易失足，只在艳冶当前，勃然难制之一刻。试思闭目不窥，坐怀不乱，不过片念能持，而可以登大魁，致显位，光祖考，福子孙。较之半世青灯黄卷，与他途积德累功者，事半功倍。又何苦以俄顷欢娱，弃盖世之功名，博终身之荼毒哉？倘操守不严，纵情任意，彼粉白黛绿，转眼成空。而由此夺算，由此减禄，由此杀身，且命该富贵者注贫贱，应有子者罚无嗣，妻女有淫佚报，子孙受困穷报。种种恶业，不一而足。噫！悔已晚矣！

今人平居，不知谨饬。或对子女而夫妇嬉笑，或畜媵（yìng）妾而涂敷脂粉，或纵妻出外游观，或奴婢犯奸不禁。种种不肃，何以齐家？若寡欲清心，笑言不苟，内外有别，防闲有法，则闺门之内，雍肃如宾，有不令人爱敬者哉？

警训

译 文

赵鸿宝说：关于戒除色欲一事，说着容易，但要做到却很难。只要一念稍微疏忽，就会陷溺其中而难以回头。唯有心中念念坚定忍耐，无论什么样的境界现前时，始终不会动摇。唯有在平时的生活当中，常常读诵古圣先贤的教诲，将那些修身戒淫的格言警句摘录出来，用作座右铭，随时警醒自己，清心寡欲，心存礼法而不敢有丝毫邪念，心存因果而不敢有丝毫侥幸，深信不疑，即使偶尔动了邪念，当下痛除，这样在面对诱人的邪缘时，自然能猛然醒悟。至于男女之间，务必要保持适当的距离，避免遭受怀疑。虽然有最亲近和最深厚的亲属关系，但必须心存男女有别的概念，内外分明，一言一行都不能随便，邪思妄念自然就不会萌发了，这就是正本清源。

人最容易失足的时候，就是美色当前，欲望强烈到难以自制的那一刻。试想一下，若能如同君子般闭目不窥美色，坐怀不乱，只需片刻间把淫欲之念克制住，便能因此获得功名，高居显赫的地位，光大祖宗之德，福及后世子孙。比起那些半生苦读诗书，通过其他途径积功累德的人来说，效果要好得多，真是事半功倍。又何苦为贪恋短暂的快乐，而放弃盖世的功名，招致终身的毒害呢？如果操守不严，放纵情欲，粉白绿黛的佳人不过是一场梦，终究是过眼云烟。而因此折寿削禄，甚至杀身丧命。并且本该富贵的命，被罚为贫贱，应该有子孙的被罚为绝嗣，妻女有淫佚报，子孙受贫穷苦楚报，种种恶业，不一而足。唉！到那时后悔也晚了！

现在的人，在日常生活中，言语行为都不知道谨慎。有的在子女面前，夫妇之间嬉笑打闹，有的畜养小妾并任她妖艳打扮，有的放任妻子外出游玩观赏，有的奴婢犯奸淫而不加以禁止。种种不严肃的行为，怎么能够管理好家庭呢？如果能够清心寡欲，不嬉笑打闹，内外分明（强调男女有别），有适当的防范措施，家庭之中，夫妻相敬如宾，怎能不令人肃然起敬呢？

7. 姚庭若

姚庭若曰：今人一身不淫，只了得一身事业。何如一劝十、十劝百、百劝千万，并流布后世无穷，同证善果乎？犹如布种然，一升落地，报以石计。种无穷，生亦无穷，但须勤布，莫使田荒。又如传灯然（同燃），一灯然（同燃），千灯皆然（同燃）；灯无量，光亦无量。但自我传，莫自我灭。人特未肯实心苦劝耳。倘谓劝人而人不应，是犹布种而种不生，传灯而灯不明也，有是理哉？

王大契问莲池大师："弟子自看师《戒杀文》，遂持长斋。惟是色心炽盛，不能灭除。乞师方便教诲，使观欲乐，一如杀生之惨。"答云："杀是苦事，故言惨易。欲是乐事，故言惨难。今为一喻：明明安毒药于恶食中，是杀之惨也；暗暗安毒药于美食中，是欲之惨也。智者思之。"

凡人见美色起邪心，种种恶心都生，恶心生而良心死矣。惟于邪念勃发，不可遏抑之时，思一"死"字，或思己身患难疾苦事，则必淡然而止。否则思此女死后，腐肉朽骨，臭不可近，眼前色相，无非幻境，则必憬然悟。否则思吾爱此女，而毁其名节，即秽同粪土；全其名节，斯珍如珠玉；便当矜之恤之，成全之；愈爱而愈不忍污。如是则必肃然敬。否则思吾图片刻之欢娱，而折功名，削富贵，夺纪算，遭杀害，斩嗣续，败声名，皆由于此，如是则必猛然省。即不然，则思羞恶之心，人皆有之。女子失节，只因一时之迷，追见恶于父母兄弟，见弃于舅姑丈夫，见笑于邻里亲族。每致悔不可追，含怨殒命。更或苟合堕胎，母子俱毙。冥冥中怨魂，岂肯相舍？如是则必瞿然惊。又不然，则思女子背夫外交，夫且忍负，很（同狠）毒甚矣，更何论乎外人！便当作豺狼看，作蛇蝎看，作勾魂鬼使看，作前生怨家看。如是则必惕然戒。视人之女，要想如己女之恶人犯；视人之妻，要想如己妻之怕人污。人当动念之始，深自警惕曰：我淫人之妻女，设我之妻女亦被人淫，奈何？对面一想，则此心自然冰灭，此降火最速之药。且犯人之女，己女未有不为人犯者；污人之妻，己妻未有不为人污者。不必证之于古，历观近时报应，天道真不差累黍。看已受报应的淫人，个个如是；便知未受报应的淫人，也是个个如是。古诗云："劝君莫借风流债，借得快来还得快。家中自有代还人，你要赖时他不赖。"旨哉斯言，唤醒梦梦不少！

译 文

姚庭若说：如果一个人一生不淫，只能算完成了自己的事业。怎么比得上一个人劝十个人，十个人劝一百个人，一百个人再劝成千上万的人，并且将这种戒淫的善书嘉言流传到后世，让世人都能同证善果呢？这就像播种一样，一升种子撒到地里，收获的果实能有一石（古代容量单位，一石约等于六十千克），如果播下无穷的种子，那收获的果实也是无穷无尽。但是必须勤于播种，不要让田地荒芜。又比如像传灯一样，一盏点燃的灯，可以点燃千百盏灯，点燃的灯无量，散发的光明也无量，但一定要从我这里传递下去，不要让它在我这里熄灭。只是人们往往不肯真心苦劝他人啊。如果认为真心劝人而人不回应，这就像播种而种子不发芽，传递点燃的灯火而灯火不明亮，哪有这样的道理呢？

王大契问莲池大师："弟子自从看了师父的《戒杀文》后，于是就持斋吃素了。只是色欲心还很强烈，无法消除。请求师父慈悲教诲，使我明白淫欲之乐如同杀生害命一样惨痛。"大师回答说："杀生时被杀的生命充满痛苦和恐惧，所以说杀生的惨状很容易察觉。而对于在行淫的人而言，他们感到的却是快乐，所以说要看清纵欲的惨烈是很难的事。现在给你做个比喻：如果明目张胆地把毒药放在粗劣的食物中，人会厌恶而不吃，这好比是杀生的惨状；如果悄无声息地把毒药放在美味的食物中，贪爱美食的人必定会在不知不觉间中毒，这好比是淫欲之乐的惨烈。有智慧的人应该好好思考这个问题！"

世人看到美色生起邪淫之心时，种种恶念都会随之产生，恶心一生，良心就死了。只有在邪念突发、无法遏制的那一刻，想想一个"死"字，或者想想自己身患重病、痛苦急难之事，那么欲望必会淡然而止。如果欲望依旧炽盛，那就想想这个女人死后，肉体腐烂，骨头朽坏，臭气熏天，那么眼前的美色，无非是幻境，则必定会幡然醒悟。如果还不行，再想我爱这个女人，却毁了她的名节，那她就会像肮脏的粪土一样为人们所不齿，如果保全她的名节，那她就像珍珠美玉一样珍贵，于是就怜惜她，帮助她，成全她，越是爱她就越不忍心玷污她，这样想就必定会对她肃然起敬了。否则，想想自己为了图一时的欢愉，却折损功名，削减财富地位，减短寿命，遭受杀害，断子绝孙，败坏名声，都是由此导致，能这样观想必定会猛然醒悟。再若不然，就想想羞耻之心，人人都有，女子失去贞节，只是因为一时的迷惑，等到被父母兄弟厌恶，被公婆丈夫抛弃，被邻里亲戚嘲笑。那时后悔早已无法挽回，有些女子因此含恨而死。更有甚者，苟合怀孕被迫堕胎，母子都因此丧命。冥冥中的怨魂，怎么会轻易放过你？这样一想必定会惊慌失措而淫心顿时熄灭。再不然，想想这个女子背着丈夫与外人鬼混，连自己丈夫都可以背叛，她的心也太狠毒了，更何况是对外人呢？应当把这样的人当作豺狼看，当作蛇蝎看，当作勾魂的鬼差看，当作前世的怨家仇人看，这样观想人必定会提高警惕，不犯邪淫。看待别人的女儿，要当成自己的女儿一样怕被恶人侵犯。看待别人的妻子，要当成自己的妻子一样怕被人玷污。人应当在邪念开始妄动时，就深深地自我警惕：淫乱别人的妻女，假设我的妻女也被别人淫乱，是什么心情呢？反过来想一想，淫念自然就被遏灭了，这是熄灭欲火最快的良药。而且，侵犯别人的女儿，自己的女儿没有不被别人侵犯的。玷污别人的妻子，自己的妻子没有不被别人玷污的。种种报应，不必验证于古代，只要留心近来周围的报应，天道真是不差分毫。看看那些已经受到报应的淫乱之人，个个都是这样，便知还没有受到报应的淫乱者，也个个都会是这样。古诗说："劝君莫借风流债，借得快来还得快。家中自有代还人，你要赖时他不赖。"这番话真说到了关键，唤醒了多少梦中的迷人！

8. 吴泽云

吴泽云曰：人自赋气成形而后，最重者莫如生命。然未能养生，安知保命？既知保命，即能养生，此不易之理也。乃近世人心不古，风俗浇漓，其最足戕（qiāng）

贼人之生命者，要惟色为巨。色犹刃也，蹈之则伤；色犹鸩也，饮之则毙。虽男女居室，为人伦所不废，苟不知制情止义，其中亦有杀身之虞。而人顾甘之如饴，漫无节制者何哉？盖由道德之心先亡，而邪淫之念遂因缘而起。当其年少气盛，留恋狎邪，尝以有用之精神，消磨于妇人女子之手，而不之惜。甚至钻穴踰（同逾）墙，视为韵事。宿娼挟妓，自诩风流。甚或对妻孥（nú）而诲淫，向闺房而谑笑。因斯门风败坏，伦纪丧亡。中蒸新台，贻羞内外。然彼犹以为乐，而不以为苦焉。迨至陷溺已深，精枯髓竭，志气因之堕落，耳目因之瞆聋，形骸因之瘠尫（jí wāng），人格因之卑下。而一切虚弱瘫痪之病，又复乘隙而丛生。以致一身无穷之事业，绝大之希望，均消归于乌有。卒之命殒中年，名登鬼箓。且或死不得所，而害及子孙者，要皆未节色欲之过也。其真以生命为儿戏哉！

人于钱财，锱铢计较，百计营求，量入为出，犹恐不继。有浪用不节者，指为败子。夫财乃外至之物，犹珍重若此。若精液之可贵，非特钱财也。淫欲之所伤，非特锱铢也。财尽则穷，精尽则死。而乃恣意纵欲，毫不知惜，一旦精竭髓枯，水干火炽，医药罔效，悔之晚矣。苏东坡云："伤生之事非一，而好色者必死。"人之一身，神以御气，气以化精。精神充实，百骸强壮，足以有为。若淫欲无度，则精竭气耗，神不守舍。疾病夭亡，职此之由。可不慎欤？

身体发肤，受之父母，不敢毁伤，孝之始也。夫"毁伤"云者，岂戕手折足之谓哉？有如嘉树初生，发荣滋长之际，必戒勿翦伐，朝培夕护，然后可冀其成荫。人当成童婉娈（luán）之日，筋力未充，血气未定，而先丧真元，以致形体枯羸，菁华销铄，百病丛生。父母相对惊惶，束手无措。此姑无论阴骘所关，减龄削算。即奈何以自作之孽，贻二亲以无涯之隐痛？古之人一跬步不敢忘父母，以其遗体行殆，况玷其清白乎？其为不孝，孰大于是！

轻薄少年，至亲友家，辄窥内室，或倾耳窃听。道逢佳丽，停趾凝瞩，尾缀其后，访其氏族，甚至以所见与同侪肆口嘲评。试问此何心也？蘧伯玉不以冥冥堕行，司马温公生平无一事不可对人言。而于白昼之时，众人属（同瞩）目之地，傲然出之，恬不为怪！轻薄如此，尚不入端人正士之目，而谓不干鬼神之怒者乎？交游中有此等辈，早宜斥绝，不可与一日居也。

译　文

吴泽云说：人自从禀受天地之气有了身体之后，最宝贵的莫过于生命本身。然而，如果不懂得养生，怎么能知道保命呢？既然知道了保命的方法，当然就能养生，这是不变的道理。由于近世的人心不像古人那么淳朴，世风日下，其中最能残害人生命的，就是色欲了。色欲就像锋利的刀刃，一旦触碰就会受伤；色欲就像毒酒，喝下就会毙命。虽然夫妇同房，为人伦所允许，但如果不知道节制情欲和遵守道义，其中必有杀身的隐患。而人们却不顾一切，甘之如饴，毫无节制地放纵欲望，为什么呢？这是由于道德之心先丧失了，邪淫之念随后而生。当人年轻气盛时，沉迷于纵欲嫖娼，常常将宝贵的精力消耗于妇人女子之手，不珍惜自己的精气神。甚至有的人把钻洞翻墙去偷情的行为认为是风流韵事；将嫖娼宿妓，自夸为风流。更有甚者，有些人当着妻子和孩子的面就谈论淫秽的事情，和女性亲戚朋友开下流的玩笑。因此家庭风气败坏，伦理道德丧失，家中翁媳乱伦，内外蒙羞，但是这些人还以此为乐，不认为是苦啊。等到陷溺已深，精髓耗损枯竭，志气也因此消沉堕落，耳目因此昏聩，身体因此而日益枯槁，人格因此卑劣低下，一切虚弱瘫痪等疾病，趁虚而入，百病丛生。最终导致一生无穷的事业和大好的希望，都化为乌有。随之命丧中年，名字被列入鬼籍，甚至死无葬身之地，遗害殃及子孙，这都是因为没有节制色欲的罪过。这些人真是把生命当作儿戏啊！

　　人们对钱财锱铢必较，千方百计地谋求，量入为出，仍然担心不够用。如果有挥霍无度、不节俭的人，会被指责为败家子。钱财毕竟是身外之物，人们尚且如此珍重。而肾精的宝贵，非钱财所能相比。因淫欲而造成身心的伤害，也不仅仅是损失一点钱财那么简单。钱财用尽就贫穷了，而精气耗尽人就死了。然而，人们却恣意放纵欲望，丝毫不懂得珍惜，一旦精髓耗损枯竭，肾水干涸而欲火炽盛，医药也无济于事，后悔也来不及了。苏东坡说："伤害性命的事情不止一种，但好色的人必死无疑。"人的身体，精神驾驭着气血，气血又转化为精神。精气神饱满充实，身体才能强壮，就能有所作为。如果淫欲无度，那么精髓枯竭，气血耗尽，魂不守舍，疾病丛生，短命早死。这都是由淫欲一事引起的，怎么能不谨慎呢？

　　身体发肤，受之父母，不敢毁伤，孝之始也。所谓毁伤，岂只是指伤手断脚呢？就像一棵刚刚生长的小树，在它正是茂盛成长的时候，必须避免砍伐，经过朝夕的培育和保护，然后它才有望长成参天大树，绿树成荫。人在青少年时期，筋骨尚未充实，血气还没有稳定，如果先丧失了真元，就会导致身体羸弱，精华耗损，百病丛生。父母泪眼相对，惊慌却束手无策。姑且先不说关系到阴德，折损寿命，怎么能忍心自作罪孽，给父母双亲带来无尽的痛楚呢？古人每走一小步都不敢忘记父母，因为身体是父母赐予的，所以不敢去做危险的事，更何况是玷污其清白呢？这种不孝的事情，还有比这更大的吗？

轻浮的年轻人，到了亲戚朋友家，就会窥视内室，或者侧耳窃听。在路上遇到美丽的女子，就会停下脚步凝视，甚至尾随其后，打听她的姓名和家庭信息，甚至将自己所见与同伴肆无忌惮地评论嘲笑。试问这是存的什么心呢？蘧伯玉即使在别人看不见的地方也不会做出不端的行为，司马光一生没有一件事是不能对人说的。而这些人在光天化日之下，众目睽睽之地，公然做出这种行为，却恬不知耻。如此轻浮，尚且连正人君子都无法忍视，神明又怎么能不愤怒呢？如果日常交往中有这样的人，应该早点断绝关系，一天都不能与他们相处。

9. 毕忠告

毕忠告曰：方今世界之愈形黑暗污浊，青年子女之益多败节丧身者，推其故，皆发端于淫书淫画之流毒也。窃观近年新出版之艳情淫书淫画（每出一书，不知害了几百千人。在著作者，往往自圆其说，谓揭破黑幕，不知反酿导淫之法。历来悬禁淫书，有阳奉阴违，暗中出售者，实堪浩叹），不知凡几，层出不穷，触目皆是。少年子女，见报端所载之目录告白，已五花八门，说得形容尽致，意动购阅，不免同伴传观，致使目醉心迷，神魂颠倒。胆怯者不敢轻于尝试，然身体已无形受耗折矣。胆泼而意不自持者，若一失足，小则失业失学，耗精耗神（人身三宝，精、气、神是也。若此则根本已丧，废病随之，哪得长命乎？）；大则倾家丧命，绝嗣断宗。当此之时，悔已无及。沪上黑暗淫风，甚于他埠。试观藏垢纳污，引人入阱之地，到处皆是。耳濡目染，平日之志定自重者，尚不免受损友之怂恿失足也。吾故曰：淫书淫画，实杀人之利刃。惟愿青年子弟、闺阁少女，遇此等淫书，撕毁勿阅。遇此等损友，摈（同摒）弃勿面。尚望互相警戒，勿蹈无形之杀人危机也！

我今九顿首于出版界、著作界之前曰："谁无子弟，谁无妻女，而忍令其入黑暗，陷死亡，断宗绝嗣乎？"我又九顿首于各校长、各家长、各号经理之前曰："务各随时严行稽察，循循劝导，使各青年子女，出黑暗，免死亡也。"而其源则仍在于出版界、著作界之好行其德也。倘采及刍荛（chú ráo），竟毁版而绝笔焉，吾知其子弟妻女，必为共和国之大伟人、大阃（kǔn）范也。倘谓淫书中寓有恶果报，阅者自能警惕。试问何册淫书，不寓果报之说，何以只见阅者之沈（同沉）沦陷溺乎？

我又拜手稽首于作艳情之著作家、绘淫画之美术家之前曰："椽（chuán）笔辉辉，何求不得？何苦自留污点，自累盛名？引社会于黑暗，陷人民于死亡，所博者

警训

只蝇头之微利耳。"阴骘因果之说，虽为时流所罕言。然《五经》《四书》，古今通人，各皆发挥提倡，岂以时流不信，遂致无有乎哉？恶业之中，淫恶为最。生前暗中获种种折福折寿、灭子绝孙之报应，死后灵魂必永受痛苦。凡我同胞，能不触目惊心耶？

敬求沪上慈善长者，如不以鄙言为谬，开会集议，妥筹劝导之法。不独造福一方，而德风所被，人各景（同影）从，则天下同胞，咸受恩泽。不禁馨香百叩祷之！

译 文

毕忠告说：当今世界情形越来越黑暗和污浊，败坏节操、丧失性命的青少年越来越多，究其原因，都是淫书淫画的毒害所致。观察近年来新出版的淫书淫画（每出版一书，不知害了多少人。那些作者往往自圆其说，声称是在揭露黑幕，却不知道反而助长了淫秽之风。历来都有公布禁止淫秽书籍的法令，有人却阳奉阴违，暗地里偷偷出售，实在令人痛心），不知道有多少，层出不穷，随处可见。年轻人看到报纸上刊登的图书目录简介，已经是五花八门，描述得淋漓尽致，使人心动想要购阅。买回以后，免不了同伴间相互传看，导致更多的人心醉神迷，神魂颠倒。胆小的人不敢轻易尝试，但身体已经在无形中受到消耗折损。胆大而意志无法自持的人，一旦失足，小则失业失学，耗尽精气神（人身的三宝就是精、气、神，如果这个根本已经丧失，疾病就会随之而来，哪里还能长命呢）。大则倾家荡产，丧失性命，断子绝孙。到了这个时候，后悔已无济于事。上海的地下淫风,比其他地方更为严重。试观那些藏污纳垢、引人落入陷阱的情色场所,到处都是。耳濡目染,即使平日志向坚定且自重的人,也难免受到损友的怂恿而失足。因此我说:淫书淫画,实在是杀人于无形的利刃。希望青年男子和闺中少女们遇到这样的淫书,立即撕毁,不要阅读;遇到这样的损友,果断摒弃,不要见面。还希望大家相互警惕,不要触碰这杀人于无形的危机啊!

我今天要在出版界和著作界的同仁面前九顿首(磕头),我想说:"谁家没有孩子,谁家没有妻女,怎么忍心让他们跌落黑暗之中,深陷死亡的绝境,而断子绝孙呢?"我又向各位校长、家长、书店经理九顿首,我想说:"请各位务必要随时严格检查,耐心劝导,使这些青年子女,从黑暗的祸殃中解脱出来,避免死亡。"然而,杜绝淫秽书画的源头,还在于出版界和著作界推行高尚的职业道德。倘若你们能够采纳我这些浅陋的建议,销毁刻板而绝笔,我相信你们的子孙后代,必定能成为共和国的伟大人物,你们的妻女必定能成为女德的好榜样。如果说淫书中寓含了善恶因果的报应,能使读者引起警惕,那么请问哪本淫书不寓含善恶果报之说,为什么只见到读者沉沦堕落呢?

我又向创作色情作品的作家和绘制淫秽图画的美术家稽首,我想说:"你们才华横溢,笔下生辉,还有什么得不到吗?何苦要自留污点,自毁名声呢?引导社会走向黑暗,使人民陷入死亡,所获得的只是蝇头小利啊!"阴骘获福和因果报应的理论,虽然时节潮流很少提及,然而"四书五经",古今智慧通达之人,个个都宣扬提倡。怎么能因为现在的人不信,就认为没有了呢?所有恶业当中,淫欲的恶行最为严重。生前无形中已遭受种种折福折寿、灭子绝孙的报应，死后灵魂必受永久的痛苦。我们所有的同胞，怎么能不触目惊心呢？

我恭敬地恳求上海地区的慈善长者，如果不认为我的话语有错误，那么请召开大会，集思广益，妥善筹划劝导的方法。不仅仅是造福一方，只要是道德之风所传播到的地方，人人景仰而效仿，那么普天之下的同胞，都能受到各位长者的恩泽，不禁馨香百拜，为此祈祷和祝愿！

10. 黄孝直

黄孝直曰：《论语》云："少之时，血气未定，戒之在色。"圣人之于色，无时而不戒也。《礼》，庶人非五十无子，不娶妾。其不二色可知。男子三十而娶，其不杂色可知。诸侯不娶境内，其不夺人之妻可知。先王以分、至日闭关，其清心寡欲可知。乃孔子概不之及，特提出"少之时，血气未定，戒之在色"一语，诚重之也，抑畏之也。盖人之方少，犹草木之始萌也，百虫之在蛰也。草木当始萌之日，而即摧其芽，未有不枯槁者。百虫当藏蛰之会，而忽发其扃，未有不死亡者。圣人提醒少年，使其力制色心，悚然自爱，以保养柔嫩之躯。少年时能于此色欲一关，把得牢，截得断，他年元神不亏，气塞两间。立朝之日，精神得以运其经济，作掀天事业。真人品，真学问，皆由于此。即使不成大器，亦必克尽其天年，不致死于非命。此少年所当猛省也！

父母爱子甚切，自幼无不管教，惟至色欲伤身大事，则多不甚明切训诲。推原其故，盖因未婚时，以为子弟知识未开，不可明言。及既娶后，又以子弟已壮，兼碍媳面，不便尽言。不知子弟年轻，阅历未深，凡古今好色必死之事，未经目覩（同睹）亲见，不甚相信。又不能详读远色戒淫之书，兼听匪友荒唐之语，每将房事，视为乐境，遂至伤身毙命。因以绝后者，不可胜数，良可叹息而堕泪也！为父母者，须于子弟十四五岁时，先于暗中，察其动静，省其嗜好。如知识已开，则于易换衣裤时，密为周视，察有遗精斑渍，急须援引古训，与之明言，详告以好色必死之理，引证以好色已死之人，令子弟自知畏惧，即能保养精神。及既娶后，尤须不惮烦碎，婉为开导，父勉其子，婆勉其媳，急须将远色戒淫各书，为媳讲解，令媳私下规劝其夫。万不可懒于一时，碍于情面，而遗终身之痛也！

　　淫祸最大，不只邪缘，即妻妾欲事稍过，或独寝心想欲事，皆足致疾丧身，不可不戒。道书有曰："人生欲念不兴，则精气舒布五脏，荣卫百脉。及欲念一起，欲火炽然，翕（xī）撮五脏，精髓流溢，从命门宣泄而出。即尚未泄出，而欲心既动，如以烈火烧锅内之水，立见消竭，未几则水干而锅炸矣！"此欲念尤足伤身之实据也。吾愿世人有病自疗，唯在正其心而主于敬耳。

　　少年新婚之日，欲念正盛。若不为之节，往往种死根而促其茂龄，此甚可痛也。昔有一士，婚后赴试，觉孤枕为苦，未毕遽归。一日走百余里，二鼓抵家。其父怒曰："是必在郡生事，惧祸逃归者。"命缚而置诸空仓，疾呼觅杖，曰："明日当痛笞之！"明日，父徐起释之，亦弗问也。其子初归，兴甚浓，突遭斥辱，惴惴终

警训

夕，既释，终莫喻父意。时有一友，与之偕归，翌日死矣。盖以百里行房而精脱也，始悟父缚之之故。古称事亲者视于无形，听于无声。抑知父母之爱子，乃真有视听于形声之外者乎！噫！家室犹然，而况履蹈危机！风露侵逼于外，惊恐交战于中，更有什伯于是者。人子知此，体亲之心以为心，则寿康可得矣。

译 文

黄孝直说：《论语》中提到："年轻的时候，血气未定，最为戒慎的在于色欲。"圣贤对于色欲的问题，无时无刻不警惕戒除。《礼记》中提到，普通人除非到了五十岁还没有子嗣，否则不会娶妾。由此可知，古人不主张娶二房。男子三十岁才娶妻，古人不贪色欲可想而知。诸侯不娶自己本国的女子，诸侯不夺人之妻也可想而知。古代的君王在春分、秋分、夏至、冬至的时候要斋戒清修，其清心寡欲也可想而知。可是，孔子对这些一概不提，却特别强调了"少之时，血气未定，戒之在色"这句话，可见他非常重视这个问题，也非常担心这个问题。因为人年少时，犹如草木刚开始萌芽，就像百虫在蛰伏冬眠中。当草木刚开始萌芽时，就摧残它的新芽，草木没有不枯萎的；在百虫应当蛰伏冬眠的时候，忽然挖掘它的洞穴，没有不死亡的。圣人提醒年轻人，要遏制色欲，警醒自爱，以保养柔弱的身体。少年时能够在色欲这一关把得牢、截得断，将来元气没有亏损，正气凛然于天地之间。能为社会国家做贡献时，才有足够的精神用来经世济民，干一番轰轰烈烈的事业。真正的人品、真正的学问，都是得益于少年时戒色。即使不能成大器，也必定能够尽享天年，不致死于非命，这是少年人应当深刻反省的问题！

父母疼爱子女之情非常深切，从小没有不严加管教的，唯独在色欲伤身害命这件大事上，大多数父母往往不会明确训诲。追根溯源，可能因为在孩子未婚之时，父母认为孩子年幼，不懂得这些事情，不便明说。等到孩子结婚娶妻后，又觉得孩子已经成年，再加上碍于儿媳的面子，又不方便详细说明。却不知道孩子太年轻，阅历不深，对于古今好色必死的事情没有亲眼目睹，不太相信。又不能详细阅读关于远离色欲、戒除淫乱的书籍，同时又听损友的荒唐言论，常常将房事看作快乐的事情，结果导致伤身毙命。因此而断绝后代的人，不可胜数，实在令人叹息而落泪呀！为人父母的人，必须在孩子十四五岁时，先暗中观察他们的行为，了解他们的喜好。如果发现孩子进入青春发育期，就要在孩子换洗衣裤时，暗中仔细检查，一旦发现有遗精的痕迹，必须马上引用古圣先贤的训诫，明确告诉他们，好色必死的道理，引用好色已死之人的事例作为证明，让孩子自知畏惧，从而能够保养精神。等到孩子结婚娶妻后，更要不厌其烦，婉转地进行引导，父亲劝勉儿子，婆婆劝勉儿媳，必须急迫地将远离色欲、戒除淫乱的书籍，为儿媳讲解，让儿媳私下里规劝其丈夫。千万不要因为一时的懒惰，碍于情面，而留下终身的遗憾和痛苦啊！

淫祸最大，不仅仅是邪淫，即使是和妻妾之间，房事稍微过度，或者独寝时心中想着色欲之事，都足以导致疾病丛生，丧失生命，不可不戒。道家的书籍中说："如果淫欲的念头不兴起，那么精气就会舒散分布于五脏中，血气周流全身脉络。一旦淫欲心生起，欲火炽盛，聚合五脏，精髓流失，从命门宣泄出去。即使还没有泄出，由于淫心已动，犹如用烈火烧锅内的水，水立刻就会耗散，不久蒸发而干，最后连锅也炸裂了！"这就是欲念能够伤害身体的实证。我希望世人有病可以自我治疗，而治疗的关键在于端正心念和保持对天地万物的敬畏。

年轻人在新婚燕尔之时，欲念正盛。如果不加以节制，往往会埋下死亡的祸根，从而缩短了大好年华，这真是令人痛心啊！过去，有一个书生，新婚不久就去应试，觉得孤枕难眠，考试还没开榜就急忙回家。一天走百余里路，半夜二更到家。他的父亲愤怒地说："你一定是在城里惹了祸事，害怕祸殃才逃回家的。"于是令人把他绑起来关到仓库里，并急忙让人找棍棒，大声说："明天定当以家法痛打你！"第二天，他父亲很晚才起床，然后便释放了他，没有责罚，也没有说什么。这个书生刚回家时，欲念甚浓，突然遭到父亲严厉的斥责，整晚都惴惴不安，等到被释放后，始终不明白父亲的用意。当时有一个和他一起赴考，一同返家的朋友，第二天就死了，因为步行一百多里路后行房，导致精脱而死。这时书生才明白父亲绑他的缘故。古人说侍奉父母要在无形中观察，在无声中倾听父母的需要。哪里知道父母对子女的爱，真是在形声之外的倾听和观察啊！唉！在家中尚且让父母如此操心，何况在外时要面临那么多危机！子女在外有风霜雨露的侵袭，父母内心常常处在惊恐交织之中，子女在外引发父母的忧心比在家中要严重十倍百倍。为人子女如果能理解这一点，以体会父母的心为自己的心，那么长寿和健康就可以得到了。

11. 黄书云

黄书云云：邪淫者，凡属他人之妻女，我以邪心犯之者皆是。即己之妻室，而犯之非其时（经期、孕月、产后、乳哺时、疾病中、斋戒日），非其地（非交合之处所），或于其身有生死之关系，或于其日犯人神之禁忌，或于其体失交合之正理，或于其日属神圣之诞期，皆邪淫也。至于娼妓，以宿世恶业，致堕此中，宜生怜悯。乃反幸其下贱，恣行淫秽，其损德招报，诚堪畏惧！若犯幼童，奸处女，乱寡妇，汙（同污）尼僧，是乃禽兽所不为，人神所同嫉，天律所不容者，尤为罪大恶极！所当惕然省，悚然畏，戒慎自持，战兢勿犯者也。又或交及禽兽，乱至伦常，此为口之所不忍言，乃成事之所竟或有。嗟乎！人心之坏，至于此极！岂止沦于禽兽，殃及子孙耶！

《感应篇》以"见他色美，起心私之"为有罪。起心犹不可，况见诸实事，习为故常者乎？夫古人有献女不纳者，而我乃百计以图之；古人有昏夜拒奔者，而我乃强逼以污之；古人有舍金还妾者，而我乃多方以挑之；古人有措资嫁婢者，而我乃恃势以奸之；古人有赎贱为良者，而我乃乘危以胁之；古人有捐金完人夫妇者，而我乃离间以夺之；古人有出财助人嫁娶者，而我乃阴险以破之。隐之为闺阁之羞，显之系全家之辱。小之亦终身之恨，大之成性命之忧。生则负疚于神明，而无以对其丈夫、父母、儿女；死则沈（同沉）沦于恶道，而相连以入于地狱、饿鬼、畜生。我之罪诚不可逃，而彼之怨终未能解，驯至生生世世，久为业缘，子子孙孙，受

警训

其惨报。顷刻之欢娱有限，多生之罪累无穷。总由妄认空花，遂沈（同沉）欲海。风流孽债，何忍结之？须是识得破，忍得过；若是忍不过，仍是识不破耳。故见人妻女，当作自家眷属想：其长者视如母，壮者视如姊，少者视如妹如女。则淫心便无由而起矣。

《华严经》曰："菩萨于自妻常自知足。"自己之闺房，淫欲过度犹不可，而敢乱他人妻女乎？《速报录》云："我不淫人妇，人不淫我妻。"《冥律》云："奸人女者，得绝嗣报。奸人妻者，得子孙淫泆报。"古今罪案，见于《戒淫宝训》《感应》《阴骘》诸书注案者多矣，可不畏乎？须知色相本空，娇姿如幻，画瓶盛粪，锦袋藏刀。每当暗室闲居，莫生妄想；即使邪缘凑合，勿丧良心。惟以慧力照之，正念持之。当念自心之良知，炯炯然其在我也；虚空之鬼神，森森然其鉴我也；头上之三台、北斗，赫赫然其临我也；家中之灶神，身上之三尸，凛凛然其伺我也。天堂之福乐，一转瞬而可登；地狱之苦轮，一失足而将入。临崖勒马，苦海回头，于万难自持之时，存一万不可犯之想。《文昌帝君遏欲文》《钟离祖师戒淫歌》，当熟读而力守之。勿造隐昧之业，勿为败德之行。勿以娼优为贱人，而弗加怜悯；勿以仆婢为卑下，而不与保全。勿以淫奔为自来，而失身蹈火；勿以妻妾为家饭，而纵欲伤生。勿忘长幼之名分，而紊纲常；勿污尼僧之净行，而触神怒。勿紊人禽之界，而与毛羽为缘；勿于仇怨之家，而以闺门泄忿（同愤）。勿看淫词艳曲，以启邪心；勿谈美色淫声，以惑人意。除自犯外，凡引诱良家子弟淫荡，及好谈闺闱，编作淫书，摸（同摹）写淫画，以启人情窦者，为教人邪淫。见闻人欲犯淫，而欢喜赞成者，与自犯同。

《楞严经》曰："十方如来，色目行淫，同名欲火。菩萨见欲，如避火坑。""若不断淫，修禅定者，如蒸沙石，欲其成饭，经百千劫，只名热沙。"若刻实论之，即不必实有其事，而苟有一念之私，已犯万恶之首。盖恒性降自维皇，元命赋自父母。见美色而起淫心，则客感夺其恒性之主，维皇所降者，便亵渎一次，即大不忠也（忠从中心，不欺之谓；自欺欺天，故为不忠）。外诱摇其元命之根，父母所赋者，即亏损一次，即大不孝也。盖以性不离命，命不离性，动一次淫欲，便耗一次理气，即丢一次性命，即犯一次首恶矣。噫！红颜之白圭未玷，而青年之黑籍已增。故君子先以正心清其源，次以寡欲养其德。何敢恣情纵欲，悖天蔑理，驯至折福减禄，短寿贻殃也乎？

《华严经》曰："邪淫之罪，亦令众生堕三恶道。若生人中，得二种果报，一者妻不贞良，二者得不随意眷属。"语曰："世上无如人欲险，几人能不误平生。"可哀也夫！

译　文

黄书云说：所谓邪淫，凡是属于他人的妻女，我用邪心去侵犯都是邪淫。即使是自己的妻子，如果在不适当的时候（如经期、孕期、产后、哺乳期、疾病中、斋戒日），不适当的地点（非交合之场所），或者对方身体有生死攸关的情况时，或者在触犯人神禁忌的日子，或者夫妻同房违背正理，或者在神明与圣贤的诞期行房，都算是邪淫的行为啊。至于娼妓，由于宿世的恶业而堕落为妓女，应当心生怜悯，有人却因为她们低贱，放纵淫行，这种行为损害德行，招致报应，后果太令人畏惧啊！如果侵犯幼童、奸污处女、淫乱寡妇、玷污尼僧，这些行为连禽兽都不会做，人神共愤，天理不容，实在罪大恶极！应当猛然反省，深知畏惧，戒慎自持，战战兢兢，不可触犯。还有与禽兽交合，紊乱伦理纲常，这种令人难以启齿的事，竟然有人真的做了。唉！人心败坏到了极点，岂止是沦为衣冠禽兽，还会祸及子孙后代啊！

　　《太上感应篇》以"见他色美，起心私之"为有罪。起心动念尚且不可以，更何况是实有其事，甚至习以为常呢？古人拒绝接纳他人献送的女子，而我却千方百计图谋女色；古人在夜晚拒绝私奔而来的女子，而我却强行逼迫以玷污对方；古人有舍弃金钱归还他人妻妾的，而我却想方设法挑逗他人妻妾；古人有出资帮助婢女出嫁的，而我却依仗权势奸淫婢女；古人有出钱赎回妓女让她改过从良的，而我却趁人之危胁迫她；古人有捐金来保全他人夫妇的，而我却挑拨离间，企图夺人所爱；古人有出资帮助他人嫁娶的，而我却用阴谋诡计破坏他人婚姻。邪淫的行为即使隐藏起来，也是闺门的羞耻，传扬出去，那就是全家的耻辱。小则成为终身的悔恨，大则成为性命的隐患。活着的时候愧对神明，无法面对其丈夫、父母、儿女；死后则要沉沦于恶道，相继堕落在地狱、饿鬼、畜生三恶道中。我的罪过诚然无法逃脱，而她的怨恨始终无法化解，便导致生生世世，长久成为恶缘而纠缠不休，连累子子孙孙，承受凄惨的报应。短暂的欢娱是有限的，而多生的罪孽却是无穷的。这都是因为把虚妄的镜花水月当作真实，沉溺于色欲的苦海中。风流的孽债，怎能忍心去结呢？必须要看得破，忍得过。若是忍不过，那还是因为看不破。因此，见到别人的妻女，要当作自己的眷属来看待：年长者就看作母亲，年壮者就当作姐姐，年少者就当作妹妹或者当作女儿，那么淫欲之心就无从生起了。

《华严经》中说："菩萨于自妻常自知足。"即使与自己的妻室，淫欲尚且不可以过度，怎还敢淫乱他人的妻女呢？《速报录》中说："我不淫人妇，人不淫我妻。"《冥律》中说："奸人女者，得绝嗣报。奸人妻者，得子孙淫泆报。"古往今来的邪淫罪案，在《戒淫宝训》《太上感应篇》《文昌帝君阴骘文》等善书的注释案例中太多了，怎么能不畏惧呢？必须知道色相本空，娇艳的身姿如同幻象，艳妆美女不过是装满粪便的精致花瓶、藏着利刃的锦绣皮囊而已。每当在暗室中独处时，莫生淫念妄想，即使有邪缘凑巧聚合，不要丧失良心。要用智慧的力量去观照，保持正念。当念及自己心中的良知，时刻明察并警戒着我；虚空中的鬼神，森严恐怖地鉴察着我；头上的三台北斗神君，显赫威严地俯视着我；家中的灶神，身上的三尸神，正气凛然地探察着我。充满幸福和快乐的天堂，转眼之间就可以荣登；而痛苦轮回的地狱，一失足就马上堕落。悬崖勒马，苦海回头，在最难自我控制的时候，心存一万种绝对不可犯邪淫的想法。《文昌帝君遏欲文》《钟离祖师戒淫歌》，应当熟读并努力遵守。不要造蒙昧良心的罪业，不要做败坏道德的丑行。不要因为娼妓和优伶地位低下，就不加怜悯；不要因为仆人和婢女地位卑微，就不加保全；不要因为淫奔主动投怀送抱，就自甘堕入色欲的火坑；不要因为是妻妾关系，就纵欲伤身。不要忘记长幼的名分，而紊乱纲常；不要玷污尼僧的清净修行，而触怒神

警训

明；不要紊乱人与禽兽的界限，而与禽兽滥交；不要因为怨家私仇，就以男女之事来发泄愤怒；不要阅读淫词艳曲，以激发邪念；不要谈论美色淫声，以蛊惑人心。除了自己犯邪淫之外，凡是引诱良家子弟发生淫乱，以及喜欢谈论闺房隐私，编写淫秽书籍，描绘淫秽图画，以诱发人情欲的，都是在教唆他人邪淫。看到或听到他人想要犯邪淫，而欢喜赞叹的人，与自己犯邪淫的罪过一样。

《楞严经》中说："十方如来，色目行淫，同名欲火。菩萨见欲，如避火坑。""若不断淫，修禅定者，如蒸沙石，欲其成饭，经百千劫，只名热沙。"从实相上来说，不必真有其事，只要心里动一个邪淫的念头，就已触犯了万恶之首。人的本性来自天命，生命来自父母。见到美色而生起淫心，那么因色而起的淫心就会压倒本性成为主人，天命所赋予的本性就被亵渎了一次，这就是大不忠（忠从中心，不欺称为忠。自欺欺人欺天，就是不忠）。外界的诱惑动摇了生命的根本，父母所赋予的生命就亏损了一次，这就是大不孝。因为性与命不可分，命与性也不可离，每动一次淫欲的念头，便耗损一次理气，丢一次性命，即犯一次万恶之首了。唉！美女的清白之身还没有被玷污，而青年的罪恶记录已经增加了。因此，君子修身首先要端正心念，正本清源，然后以寡欲培养德行。怎么敢恣情纵欲，悖逆天理，以至于折损福分，削减功禄，缩短寿命，招致祸殃呢？

《华严经》说："邪淫之罪，亦令众生堕三恶道。若生人中，得二种果报，一者妻不贞良，二者得不随意眷属。"朱熹说："世上没有比人的色欲更危险的了，又有几个人能不被它耽误终身呢。"真是悲哀啊！

邪淫十二害

冒起宗注《感应篇》"见他色美，起心私之"二句云：见他人妻女之美貌，便起了奸邪的私心，这个念头一起，虽无实事，已难逃鬼神的祸罚。盖万恶淫为首，愚人不知利害，作此罪孽。今试讲种种祸害，指醒迷途。

一害天伦。男女各有配偶，这是天定的伦。乱了他（指婢女、仆妇），不要讲到他们情义乖离；他的伦，我去乱了，便与禽兽披毛带尾是无别的。戴帽穿衣，岂可做此事乎？

一害人节。妇女一生大事，只重"节"字。乱了他，使他失节，瓦破岂能再完？

一害名声。凭你机密，无人不知，臭声远播，供人传笑。就是他的亲戚，也是面觉无颜。

一害门风。羞辱他父母公婆，羞辱他丈夫，及兄弟姊妹，羞辱他子女孙媳。一门中耻挂眉额，痛缠心骨，实是杀他三代了。

一害性命。或妇女因受气致死，或其夫愤死，或夫杀妻，或父杀女，或妇杀夫，或夫杀奸人，或奸人被众打死，或婢女因妬（同妒）妻致死。

一害风俗。邻里中有这廉耻丧尽、人面兽心的人，愚人看了榜样，朋比为奸，最足伤风败俗。这种恶习，定遭劫数。

这六样害，是害人的。

一害心术。淫念一生，种种恶念都生，如幻妄心、贪恋心、机心、妒（同妒）心，牵缠不住，意恶最重。

一害阴骘。骘是定说，上天冥冥中有安定人的道理，就是本善的性，做人的胎元。今乱了常道，败德丧行，伤天理，灭良心，斲（zhuó，同斫）削了阴骘的理，便要堕入地狱、畜生的恶道。

一害名利。《感应篇》说，三台、北斗、三尸、灶神，随身察过。哪有夜深人静，上天不知的理？历看果报，如李登犯了，削去状元、宰相。宜兴木客某犯了，黑虎衔他头去。命该富贵，也要削尽。况福分浅薄，狼狈何堪！

一害寿命。鬼神削夺人寿，淫恶为最。况且欲火焚烧，精神竭，骨髓枯，又或惊恐死、痨瘵死、恶疮死。好色必死，早年短折。

一害祖父。祖父相传的血脉，抛在那里，这最是忤逆路头，并一生的福分削尽。从此败家声，绝祭祀，阴间祖先当作馁鬼了，能不恨极？

一害妻子。佛经说："无有子息，乱人妻故。妻女淫乱，乱人室女故。"把妻女去还债，又绝了后嗣。这不但看书上的果报，试看故世的淫人，个个这样。便知未故世的淫人，也是个个这样的。

这六样害，是害己的。

以上十二害，都从格言因果中来，更兼目观（同睹）时事。望我同志，豫（同预）把祸患认清，庶不临时迷昧。前贤说："这一关要忍，要坚忍，要很（同狠）忍。"又说："常想病时、死日，邪念便消。"又说："早夜点香一炷，静坐半时，使心猿意马，渐渐调伏。"依这三说，更把十二害，日日看看，时时想想，便是戒邪淫的良法。况如唐皋、罗伦、谢迁、王华的科甲，只因力拒奔女。赵秉忠、周旋、冯京的贵显，只因其父不犯邪淫。片刻间关系祸福，岂不极大！这"他"字，包括婢女、仆妇在内。昔文帝重降《阴骘文》说："香帏私婢，绣榻憩奴，俱膺必诛之律。"人同一体，都是不该犯的。

要知善人终身不贰色，视老如母，视长如姊，视少如妹，视幼如女。他来就你，终要力拒。守定了远邪十法：一清心地，二守规矩，三敬天神，四养精神，五勿目看，六戒谈秽，七烧淫书，八省房事，九勿晚起，十劝共戒。前人有戒邪淫单式刻送，内说："每领一单，劝十人，写名签押，具（同俱）疏神前，共誓戒淫。"这法最好，单式也是易做的。

译　文

明朝的冒起宗在注解《太上感应篇》中"见他色美，起心私之"这两句时说：看到别人的妻子或女儿的美貌，便起了奸淫的私心，这个念头一旦产生，虽然没有实事，已难逃鬼神的祸罚。因为万恶淫为首，愚蠢的人不知道其中的利害关系，犯下邪淫的罪孽。今天在此讲述邪淫的十二种祸害，使人能迷途知返。

一害天伦：男女各自都有配偶，这是天定的伦常关系。淫乱他人，不仅仅让人家夫妻之间情义分离；他人的妻子，我去淫乱了，便与那披毛带尾的禽兽没有区别了。人会穿衣戴帽知道羞耻，怎能做这样的事呢？

二害人节：妇女一生中的大事，只重一个"节"字，淫乱妇女，使她丧失贞节，就像破碎的瓦片，怎能再恢复完整呢？

三害名声：即使你行事隐秘，丑事也会人尽皆知，臭名远扬，被人耻笑。即使是她的亲戚，也会感到脸上无光。

四害门风：羞辱她的父母和公婆，羞辱她的丈夫以及她的兄弟姐妹，羞辱她的子女和孙媳。全家老小的耻辱挂在眉头，痛苦缠心，实际上是毁了她三代人的尊严。

五害性命：有的妇女因受气而死，有些妇女的丈夫气愤而死，有的丈夫杀害妻子，有的父亲杀害女儿，有的妻子杀害丈夫，有的丈夫杀害奸夫，有的奸夫被众人打死，有的婢女因为妻子忌妒而致死。

六害风俗：邻里之中有这样廉耻丧尽、人面兽心的人，愚昧的人看了就会当成榜样，拉帮结派做坏事，最伤害社会风气和败坏道德。这种恶习，一定会遭到劫数报应。

以上六种害处，都是害人的。

七害心术：淫念一旦产生，各种恶念就会随之而生，比如幻想心、贪婪心、算计心、忌妒心等，人心被这些念头缠缚不休，人的心术和意念越来越坏，污染心地最严重。

八害阴骘：骘是安定之意，上天冥冥之中自有安定人身心的道理，就是本善的天性，作为人的根本。现在扰乱了伦常之道，败坏了德行，伤害了天理，泯灭了良心，损伤了阴骘的理，便要堕入地狱、畜生的恶道。

九害名利：《太上感应篇》中提到，三台、北斗、三尸、灶神等神明会随时鉴察人的过错。哪有夜深人静时作恶，上天不知道的道理呢？看看历史中的因果报应，比如李登因为犯了邪淫，被削去了状元的功名，剥夺了宰相的厚禄。宜兴的木材商人犯了邪淫，被黑虎衔走了头颅。命中注定富贵，也会被剥损殆尽。更何况那些福分浅薄的人，必然更加狼狈不堪！

十害寿命：鬼神削减人的寿命，以淫恶为最严重。更何况欲火焚烧，使人精神衰竭，骨髓枯竭，还可能因为惊恐、痨病、恶疮等原因而死亡。总之，好色的人必死，往往夭折短命。

十一害祖父：祖父相传的血脉，抛弃在那里，不能继承，这是最忤逆不孝的事，并且一生的福分会因此被削尽。从此败坏家族名声，断子绝孙，使得阴间的祖先没有后代的祭祀而成为馁鬼，能不痛恨到极点吗？

十二害妻子：佛经上说："无有子息，乱人妻故。妻女淫乱，乱人室女故。"若犯邪淫，用自己的妻女去还债，又断绝了后嗣。这不只是在书上看到的果报，就看看那些沉迷于淫欲而去世的人，个个都是这样的下场。便可知那些还未去世并沉迷于色欲的人，个个也会是同样的下场。

这六种害处，都是害自己的。

以上邪淫的十二种害处，都是从经典格言和因果报应中摘录而来，再加上我亲眼所见的实事，希望各位同仁，能够预先认清这些祸患，不至于面临色欲而一时迷失。前贤说："这一关要忍，要坚忍，要狠忍。"又说："常想想大病的时候，死亡的时候，淫欲邪念便消了。"又说："早晚各点一炷香，静坐半小时，使心猿意马的心慢慢得到调伏。"按照这三种说法，再加上十二害，天天看看，时时想想，这就是戒除邪淫的好方法。况且像唐皋、罗伦、谢迁、王华这些人能高中状元，只是因为坚决拒绝投怀送抱的女子。赵秉忠、周旋、冯京这些人能够显贵，只是因为他们的父亲不犯邪淫。片刻之间就关系到人生祸福，岂不是极为重大之事？这一个"他"字，包括婢女、仆妇在内。从前文昌帝君重降《阴骘文》说："在香艳的闺帏中与婢女私通，在华美的绣榻上与奴仆苟合，这些都犯了必杀的天律。"他人与我同为一体，都是不该触犯的。

要知道，善人终身不娶二房。视年老者如母亲，视年长者如姐姐，视年少者如妹妹，视年幼者如女儿。即使女子主动接近你，始终要严加拒绝。坚守远离邪淫的十种方法：一清心地，二守规矩，三敬天神，四养精神，五勿目看，六戒谈秽，七烧淫书，八省房事，九勿晚起，十劝共戒。从前的人有刻送戒邪淫单，里面提到："每个人领取一单，劝十个人，在单上签名画押，具疏神前，共同发誓戒除邪淫。"这个方法最好，单子也很容易制作。

四觉观

四觉观（此观成时，深知彼我同具陋质，是为随境除贪方便门）

凡夫淫欲念，世世常迁徙。宿生为女时，见男便欢喜。今世得为男，又爱女人体。随在觉其污，爱从何处起？

睡起生觉第一

默想清晨睡起，两眼朦胧，未经盥漱，此时满口粘腻，舌黄堆积，甚是污秽。当念绝世娇姿，纵具樱桃美口，而脂粉未傅之先，其态亦当尔尔。

醉后生觉第二

默想饮酒过度，五内翻腾，未久忽然大呕，尽吐腹中未消之物，饿犬嗅之，摇尾而退。当念佳人细酌，玉女轻餐，而杯盘狼藉之时，腹内亦当尔尔。

病时生觉第三

默想卧病以后，面目黧黑，形容枯槁，又或疮痛腐溃，脓血交流，臭不可近。当念国色芳容，纵或年华少艾，而疾苦缠身之日，形状亦当尔尔。

见厕生觉第四

默想通衢大厕，屎尿停积，白蛆青蝇，处处缭绕。当念千娇百媚之姿，任彼香汤浴体，龙麝熏身，而饮食消融之后，所化亦当尔尔。

译文

四觉观（此观修成时，才会明白男女的身体实际上都是陋质，这是随境消除贪淫的方便法门）

凡夫俗子的淫欲之心，生生世世都在迁变轮转。前世为女性时，见到男性就感到欢喜。今世成为男性，又贪爱女性的身体。如果能随时随地觉察肉身的肮脏，爱欲又从哪里产生呢？

睡起生觉第一

默想清晨刚睡醒的时候，两眼蒙眬，还没有洗脸漱口，这时满口黏稠，舌苔黄浊堆积，非常污秽。应当观想绝世的美女，纵使她拥有樱桃美口，但未涂胭脂水粉之前，她的本质也是这样的。

醉后生觉第二

默想饮酒过度，五脏六腑都在翻腾，不久就会突然大呕，将肚子里未消化的食物全部吐出，饥饿的狗嗅到气味，也会摇着尾巴走开。应当观想与佳人把酒细酌、文雅进餐，等到杯盘狼藉的时候，她们腹中的情况也是这样的。

病时生觉第三

默想人生病卧床后，面色变得黝黑，容貌憔悴，甚至有的疮痈腐烂溃败，脓血交流，恶臭的味道让人难以接近。应当观想国色天香的美人，纵使是正值青春年华的少女，但在病苦缠身的时候，她的面容形态也是这样的。

见厕生觉第四

默想大路上的公共厕所，屎尿堆积，白色的蛆虫和青色的苍蝇到处盘旋。应当观想千娇百媚的美女，任凭她用香汤沐浴身体，用龙涎香和麝香熏身，但在饮食消化后，所排泄出的东西也是这样的。

九想观

（此观成时，方悟身后无量凄惨，是为返终绝爱方便门）

人想死亡日，欲火顿清凉。愚人若闻此，愁眉叹不祥。究竟百年后，同入烬毁场。菩萨九想观，苦海大津梁。

新死想第一

静观初死之人，正直仰卧，寒气彻骨，一无所知。当念我贪财恋色之身，将来亦必如是。

青瘀想第二

静观未敛骸尸，一日至七日，黑气腾溢，转成青紫，甚可畏惧。当念我如花美貌之身，将来亦必如是。

脓血想第三

静观死人初烂，肉腐成脓，势将溃下，肠胃消糜。当念我风流俊雅之身，将来亦必如是。

绛汁想第四

静观腐烂之尸，停积既久，黄水流出，臭不可闻。当念我肌肤香洁之身，将来亦必如是。

虫啖想第五

静观积久腐尸，遍体生虫，处处钻啮，骨节之内，皆如蜂窠（kē）。当念我鸾俦凤侣之身，将来亦必如是。

筋缠想第六

静观腐尸，皮肉钻尽，只有筋连在骨，如绳束薪，得以不散。当念我偷香窃玉之身，将来亦必如是。

骨散想第七

静观死尸，筋已烂坏，骨节纵横，不在一处。当念我崇高富贵之身，将来亦必如是。

烧焦想第八

静观死尸，被火所烧，焦缩在地，或熟或生，不堪目击。当念我文章盖世之身，将来或亦如是。

枯骨想第九

静观破冢弃骨，日暴（同曝）雨淋，其色转白，或复黄朽，人兽践踏。当念我韶光易迈之身，将来亦必如是。

译 文

九想观（此观修成时，才会醒悟人死后是无尽的凄惨，这是断绝爱欲的方便法门）

人观想死亡的时候，炽热的欲火顿时清凉。愚蠢的人若听到死亡，往往愁容满面，认为不吉利。但百年之后，所有人都会化为灰烬。菩萨的九想观，是苦海中济度众生的大桥梁。

新死想第一　静静地观察刚刚死去的人，挺直地仰卧，寒气彻骨，完全失去知觉。应当想到我这贪财好色之身，将来死时也必定是如此。

青瘀想第二 静静地观察尚未入殓的尸体，从第一天到第七天，黑气腾溢上升，转变成青紫色，非常可怕。应当想我这貌美如花之身，将来死后也必定是如此。

脓血想第三 静静地观察死人开始腐烂，肉体逐渐腐化成脓水，顺势溃流而下，肠胃消融糜烂。应当想我这风流倜傥之身，将来也必定是如此。

绛汁想第四 静静地观察腐烂的尸体，停放的时间久了，黄水流出，臭不可闻。应当想到我这肌肤香洁之身，将来也必定是如此。

虫啖想第五 静静地观察停放时间很久且已腐烂的尸体，遍体生虫，到处钻啃，骨节之中，就好像蜂巢一样。应当想到我这男欢女爱之身，将来也必定是如此。

筋缠想第六 静静地观察腐烂的尸体，皮肉已被虫子钻遍咬尽，只剩下筋连着骨头，犹如被绳子捆绑着的柴火，因而得以保持不散。应当想到我这偷香窃玉之身，将来也必定是如此。

骨散想第七 静静地观察死尸，筋已经腐烂坏了，骨头散落各处。应当想我这追求荣华富贵之身，将来也必定是如此。

烧焦想第八 静静地观察死尸，被烈火焚烧，焦缩在地上，有的部位烧成焦炭，有的部位残留血肉，不堪入目。应当想我这文章盖世之身，将来也会如此。

枯骨想第九 静静地观察破坟弃骨，经过日晒雨淋，骨头颜色逐渐变白，或者变黄朽烂，任由人兽践踏。应当想我这韶华易逝之身，将来也必定是如此。

劝戒十则

处女 闺秀岂容玷辱，一生名节攸关。六亲体面没遮栏（同拦），结定怨家不散。纵使临婚瞒过，隐含羞耻难安。痛缠心骨怨如山，蒙垢千秋莫澣（同浣）。

孀妇 人孰不思偕老，可怜独守空房。芳池拆散两鸳鸯，此后双飞绝望。死者别无余愿，只求为我增光。智欺势压太猖狂，终作怨家孽障。

婢女 有女皆期得所，守贞待字于归。只因穷困两相违，骨肉亲情如水。莫认阶前之草，休贪席上之杯。百年难保旧门楣，只恐后嗣不美。

仆妇 仆妇虽然下贱，含羞带耻人同。入牢无奈强相从，罪恶一般深重。彼自分明配偶，我当严整家风。从来义仆干奇功，都是主恩感动。

乳姬 她既为我鞠子，吾宁因子奸她？终年琴瑟远违和，只为家贫难过。况彼良人在室，望她守节心多。自羞自恨痛如何，劝尔早些看破。

贫妇 贫窘甘心忍辱，端须仁者保全。逞财乘急肆淫奸，作孽终身不浅。穷富由来无定，家资聚散如烟。阿谁能买子孙贤，只恐后来难免。

尼姑 彼既修行出世，岂容觅趣调情。败她戒行坏她名，不顾佛家清净。神目赫然如电，地方借隙相乘。官刑冥罚祸非轻，真是堕身陷阱。

娼妓 有种青楼妓女，倚门百媚天斜。须知君子爱身家，执玉一般恐怕。彼自落花无主，我终白璧蒙瑕。破伤财物悮（同误）生涯，染毒罹疴祸大。

姬妾 娶妾只因嗣续，何须少艾重重。脂红粉白髑（dú）髅工，总是一场春梦。每见富翁多宠，糟糠冷落闺中。随时取乐逞淫风，性命攸关实重。

男色 男女居室正理，岂容颠倒阴阳。污他清白暗羞怆，自己声名先丧。浪费钱财无算，戕生更自堪伤。请君回首看儿郎，果报昭昭不爽。

译 文

一不犯处女 良家闺秀的贞洁怎么能容人玷污，这关系到她们一生的名节。她们的六亲眷属因此而颜面扫地，无地自容，结下怨家债主，纠缠不休。即使在结婚时能够隐瞒过去，但隐含羞耻，必定良心难安。这种痛苦永远缠缚身心，怨气如山不能平息，蒙垢千秋万代，也无法洗涤。

二不犯寡妇 世人谁不希望能与伴侣白头偕老，可怜的寡妇却只能独守空房。如同美丽的池塘中，两只鸳鸯被拆散，从此再也无法双宿双飞。已故的丈夫没有其他的愿望，只希望妻子能够为他守节守德。如果有人用阴谋诡计或以权势压迫使她们破节，如此猖狂，最终将成为怨家孽障。

三不犯婢女 每个女子都希望能够找到一个好归宿，保持贞洁直到出嫁。只因为家境贫穷而违背了这个心愿，骨肉至亲的关系也变得像水一样淡薄。不要将婢女视作阶前的草芥，也不要贪图酒席间的一时欢愉。百年之后，家庭的荣华富贵也难以保持，恐怕还会有不肖子嗣。

四不犯仆妇 仆妇虽然身份地位卑微，但羞耻之心，人皆有之。因为生活所迫，不得已沦落为仆人，若是主人强迫她们以身相从，邪淫的罪过和果报，不知比一般情况要深重多少倍。她们本有丈夫，我应当严整家风，这样才能得到别人的尊重。自古以来，总有忠诚的仆人屡建奇功，那都是被主人的恩情所感动。

五不犯乳娘 她既然为我乳养孩子，我怎能忍心玷污她呢？她只是因为家境贫寒，夫妻不得已终年分离。何况她的丈夫还在家，希望她能多加小心，守住贞节。若遭受玷污，她必定羞耻悔恨，痛苦不堪，普劝人们早日将色欲这关看破。

六不犯贫妇 贫妇因家境窘迫才无奈甘心忍受屈辱，实在需要仁慈的人来维护她们的尊严。如果有人利用自己的财富，乘人之危，以此要挟并奸污贫妇，所犯下的罪孽深重如海。人的贫穷和富有变化不定，家产的聚散如同云烟一般。谁能用财富买来贤德的子孙呢？只怕那些仰仗富贵、欺男霸女的人，将来难以逃脱犯下的罪过。

七不犯尼僧 尼僧既然已经出家修行，追求超脱，怎能容许有人去觅趣调情呢？世间无知狂徒，败坏尼僧的戒行和名声，不顾佛门的清净。不知护法神早已怒目如电，还要遭受地方的官刑。不论是国家的法律抑或是地府的严刑都实在不轻，这真是让人堕落的陷阱。

八不犯娼妓 那些青楼妓女，倚门卖弄风骚，引诱轻薄的浪子。要知道，君子爱护自己的身家名誉，就像珍惜美玉一样惶恐小心。青楼妓女就像无主的落花，而我如果沾染她们，就像让珍贵的白玉蒙上了瑕疵。不仅会耗损钱财，耽误事业，甚至染上无法医治的重病，造成莫大的祸殃。

九不犯姬妾 娶妾只是为了传宗接代，何必要那么多年轻貌美的女子。她们那胭脂红妆之下，不过是带肉的骷髅，终究是一场春梦。常常看到那些富有的人总是多姬多妾，却冷落了家中结发的糟糠之妻。时刻贪图美色之乐，放纵淫欲，这实在是关系到性命的大事。

十不同性恋 男女结合成夫妇，这是天理，怎么能容下颠倒阴阳，同性相恋。玷污了他人的清白，让人暗自感到羞愧，自己也声名早丧。浪费钱财还不算，伤身害命更令人悲伤。请回头看看沉溺于同性恋的人，因果报应，丝毫不爽。

警训

戒之在色赋（以题为韵）

荡荡情天，昏昏欲界，智慧都迷，痴呆难卖。亦念夫夫妇妇，正家道以无乖；庶几子子孙孙，肃闺门而勿坏。如何钻穴，绝无烦蛱（jiá）蝶之媒；竟至踰（同逾）墙，偿不了鸳鸯之债。万恶以淫为首，曾榜森罗；百殃悉降于身，非徒天瘝。削他桂籍，生前则穷巷空悲；斩尔椒条，死后之荒茔孰拜？个个《中庸》记得，"九经"忘远色之经；人人《论语》读完，"三戒"昧少时之戒。血气多缘未定，智愚哪得不移？和也者财先可饵，强乎哉力莫能支。刑于寡妻，破节而故夫暗泣；搂其处子，含羞而新妇羣（同群）疑。以佣姬为易奸，廞而忽聚；以乳娘为可犯，蛊岂堪医？美婢调来，狮吼之威教遍受；顽童比及，龙阳之丑更难知。带肉骷髅，偏喜狎颠（同癫）狂之妓；低眉菩萨，亦怒污清净之尼。《传》曰："男有室，女有家，毋相渎也。"《礼》云："内外乱，禽兽行，则必灭之。"则有舌上灿花，毫端错彩，诱人颠坠于邪山，罚尔沉沦于苦海。自诩文人才子，风流之趣语频翻；遂令怨女旷夫，月下之佳期早待。好谈中冓，一言伤天地之和；妄著淫书，万劫受泥犁之罪。演出横陈之剧，声音笑貌，谁则弗思？描来秘戏之图，袒裼裸裎，焉能不浼？

酣歌艳曲，魂已荡而魄已消；伪造仙方，阳可补而阴可采。是皆导入三途，能不孽添百倍！放郑声而有训，此语应闻；思鲁颂以无邪，其言犹在。何勿念淫，转而好德？无思乃保无为，有物本来有则。想到悬崖撒手，欲火难红；急从彼岸回头，狂澜勿黑。过而能改，福尚可以自求；善更能迁，祸定消于不测。绿衣引去，洪学士之上寿还登；黄纸标来，项秀才之高魁旋得。出乎尔，反乎尔，报应分明；不可逭，犹可违，挽回顷刻。罪不加忏悔之人，梦已入清凉之国。

非礼勿动，衾影中浩浩其天；反身而诚，伦纪中贤贤易色。乐尔妻孥，毕其嫁娶。夭桃各咏于归，少艾焉容外慕？鸾帏梦畅，提头而人面模糊；凤管词新，拔舌而鬼形恐怖。戒得心中如铁，法网诓罹；色原头上从刀，杀机已露。生贪有限之欢，没受无穷之苦。能忍、坚忍、很（同狠）忍，便致神钦；视淫、意淫、语淫，都防天怒。奔还要拒，风清月白之吟；烈更须扬，露峡雪江之句。自己闺房之乐，亦莫常耽；他人床笫（zǐ）之言，胡堪轻诉？青楼薄幸，休教纵欲三年；白璧无瑕，只在闲情一赋。

【批】 商子莘亭，越中名士也。一夕梦文昌帝君谓之曰："子有赋才，曷不作《戒色赋》一篇，为我唤醒世人？"醒而

寿康宝鉴

为之，下笔似有神助。字字穷形尽相，言言触目惊心。愿天下文人才士，低徊往复之。

译　文

　　情欲的世界无边无际，欲界中的众生神志昏聩，迷失了智慧，卖弄的不过是愚昧而已。要常想夫妻之间各守其道，正家道而不悖天理人伦；才能让后世子子孙孙，严肃恭敬地对待男女之事，不败坏家风。有人为了私会，不惜钻洞，竟无端厌烦明媒正娶，甚至明目张胆地翻墙入户，留下了无法偿还的风流孽债。万恶以淫为首，在冥律罪条中排为第一；各种灾祸都会降临到身上，不仅仅是夭折和痨瘵这么简单。被削除了功名，生前穷困潦倒，只能躲在偏僻的巷子中徒自悲伤；断绝子孙血脉，死后那荒凉的坟墓又有谁会来祭拜？每个人都能背诵《中庸》，却忘记了"九经"中远离女色的告诫；每个人都读完了《论语》，却丧失了"三戒"中少年戒色的根本。由于诸多缘故，少年血气不稳定，若生欲念，原本智慧的人哪能不变愚昧呢？温和的人先用钱财去引诱美色，强横的人直接暴力侵犯让人无法抵抗。侵犯寡妇，破坏了她们的贞节，她已故的丈夫，只能在九泉之下暗中哭泣；如果搂抱处女，使她们失身蒙羞，她新婚后会遭到夫家的猜疑。因为家中的女仆是最容易被侵犯的对象，却忽视了父子二人会和同一女子淫乱；以为乳娘容易侵犯，却不知得疾病后，就如蛊毒一样，还能医治吗？调戏美丽的婢女，却因妻子的忌妒，让她遭受严厉的咒骂，甚至鞭笞；还有引诱娈童同性淫乱，这种丑事更是难以想象。疯癫放荡的妓女就是带肉的骷髅，却偏偏有人喜欢调戏玩弄；那慈悲低眉的菩萨，

警训

95

护佑世人，唯独对那些侮辱清净尼僧的人感到愤怒。《左传》中说："男人有妻子，女人也有丈夫，不应该亵渎淫乱他人的家室。"《礼记》中说："内外淫乱，如同禽兽，必将自取灭亡。"那些伶牙俐齿、才华横溢的人，用精妙的文笔引诱人们迷惑颠倒，沉迷邪淫，必将沉沦于苦海。那些自夸为文人才子的人，风流的黄色笑话却反复说个不停；导致那些年龄已大却尚无婚配的男男女女，只贪图那花前月下的私会，而婚嫁的佳期却遥遥无期。好谈男女淫秽丑事，一句话就可能破坏天地间的和谐。妄自编著淫秽书籍，必遭受万劫不复的地狱之罪。表演裸露淫秽的床戏，声音笑貌，谁不想入非非？描绘男女淫秽的图画，袒胸露乳，又有谁能不被污染？

　　沉醉于那些淫歌艳曲，神魂荡漾而身体日渐精消魄散。伪造仙方，宣扬男女交合可采阴补阳的邪说。这些都将导致人们堕入三恶道，造作的罪孽能不百倍增加吗？从前孔子就有过教诲，禁止听郑国淫秽的靡靡之音，这些话应有耳闻，可以听像鲁颂这些能让人"思无邪"的高雅之音，圣人的教诲如今犹在。为什么不摒弃淫欲的念头，转而崇尚道德呢？没有淫念才能保证不犯邪淫，这是万事万物本来的法则。想到在悬崖边赶紧撒手，欲火再炽盛也能立即熄灭；急迫地从欲海中回头，狂澜再大也难成巨浪。犯了过错如果能够改正，福气尚且可以自己求得；何况善业更能迁变为福运，使你的生活变得更好，难测的灾祸必定会出乎预料而被消除。绿衣人引去，洪学士之上寿还登；黄纸标来，项秀才之高魁旋得（详见本书悔过案洪煮、项希宪）。做什么，得什么，报应分明不爽；自作之孽不可活，天作之孽犹可违，挽回只在片刻之间。罪不加忏悔之人，在梦中已进入清凉的国度。

寿康宝鉴

非礼勿动，衾影独处而无愧于心，德行如苍天一样广阔；内省自求，诚意而正心，遵守伦常法则，尊重妻子的贤德而轻美色。陪伴并爱护妻子和孩子，一家人幸福和乐，并完成孩子的嫁娶。桃之夭夭，灼灼其华，少女终归有各自的归宿，年轻美貌的女子岂容外人有非分之想呢？在锦绣的帷帐中做着淫乱大梦，可曾想到人头落地时，满脸血肉模糊；创作新奇的淫词秽曲时，可曾想到拔舌地狱中恶鬼的恐怖模样。戒除色欲的意志如钢铁般坚定，又岂会遭受祸殃；色字头上带把刀，杀机已然显露。活着的时候贪图有限的淫欲之欢，死后却要受无穷无尽的痛苦。要能忍，坚忍，狠忍，神灵都会钦敬；眼看淫欲之物，心思淫欲之念，口谈淫秽之语，要提防上天震怒。面对主动投怀送抱的人坚决地拒绝，明朝太仓陆容因此吟出风清月白之诗；面对守节的烈女要宣扬她们的美德，元朝杨廉夫为赞美台州王节妇大义守节的行为而写下露峡雪江之句。自己夫妻间的房事，也不要沉迷；他人床笫之间的秘密，怎么可以胡乱地轻易谈说？休教人耽染淫欲，最终落得青楼薄幸的骂名，闲暇时诵读此赋，可保一生白璧无瑕。

【批】 商子莘亭先生，是越中的知名人士。有一天晚上，他梦见文昌帝君对他说："你有作赋的才华，为什么不写一篇《戒色赋》，为我唤醒世人呢？"莘亭先生醒来后就提笔写了这篇文章，下笔时行云流水，宛如有神明相助。每个字都描绘得淋漓尽致，每句话都令人触目惊心。愿天下的文人才士，都能反复体会此赋。

事证

寿康宝鉴

福善案

1. 曹鼐（nài）

明宣德中，曹文忠公鼐，以岁贡授学正，不就，改泰和典史。因捕盗，获一女于驿亭，甚美。意欲就公，公奋然曰："处子可犯乎？"取片纸书"曹鼐不可"四字焚之。天明，召其母家领回。后大廷对策，忽飘一纸堕几前，有"曹鼐不可"四字，于是文思沛然，状元及第。

译文

在明朝宣德年间，曹鼐因岁贡被任命为国子监学正，但他没有赴任，改任为泰和县典史。在一次追捕盗贼的过程中，他在驿亭救了一位美丽的女子。这女子想以身相许于曹鼐（或为念救命之恩）。曹鼐义正辞严地说："处女之身怎可侵犯？"他为警醒自己，取来了一张纸，毅然写下"曹鼐不可"四个大字，后将纸焚毁。天亮之后，曹鼐让女子的母亲将她领回。后来，他参加殿试时，忽然有一张纸飘落在桌子前，上面写着"曹鼐不可"四个字，于是曹鼐瞬间文思泉涌，最终状元及第。

2. 陈医

余杭陈医，有贫人病危，陈治之瘥，亦不责报。后陈因避雨过其家，其姑令妇伴宿以报恩，妇唯唯。夜深就之曰："君救妾夫，此姑意也。"陈见妇少而美，亦心动，随力制之，自语曰："不可！"妇强之，陈连曰："不可不可！"坐以待旦，最后几不自持，又大呼曰："不可二字最难！"天明遁去。

陈有子应试，主试弃其文，忽闻呼曰："不可！"挑灯复阅，再弃之。又闻连声呼曰："不可不可！"最后决意弃之，忽闻大呼曰："不可二字最难！"连声不已，因录之。榜后召问故，其子亦不解。归告父。父曰："此我壮年事也，不意天之报我如此！"

事证

译文

浙江余杭的陈医生，曾经救治好了一个病情危急的贫苦人，没有索取任何回报。后来，陈医生因避雨偶然路过这个病人的家。由于天色已晚且雨势不停，病人的母亲便邀请陈医生留宿，并暗中安排自己的儿媳陪伴陈医生过夜，以此来报答他的救命之恩。儿媳妇答应了，到了半夜，儿媳来到陈医生床前，对医生说："感谢您救了我的丈夫，我来此是我婆婆的心意。"陈医生看到这位年轻美丽的妇女，虽然心也动了，但随即努力克制自己，连声说"不可"。尽

99

管女子多次试图说服他，但陈医生始终拒绝，反复说着"不可！不可！"他整夜未眠，坐等到天亮。当他几乎无法自制时，他大声喊出："不可二字最难！"最终在天亮时悄然离去。

后来，陈医生的儿子参加科举考试，主考官在阅卷时准备放弃他的试卷，忽然听到一个声音说："不可！"于是主考官再次审阅，仍然觉得不行，决定放弃。又听到连续的呼声："不可！不可！"当主考官最终决定不再考虑时，又听到大呼："不可二字最难！"声音连续不断，因此决定录取。榜单公布后，主考官召见陈医生的儿子询问原因，其子也不明白怎么回事，回家将此事告诉父亲。陈医生听后说："这是我年轻时的事情，没想到上天这样回报我啊！"

3. 冯商

冯商，壮年无子，妻每劝其置妾生男。后如京师，买一妾，成券偿金矣。问女所自，涕泣不能言，固问之，曰："父因纲运负欠，鬻（yù）妾以偿。"冯恻然，亟还其父，不索原银。归，妻问："妾安在？"具（同俱）告以故。妻曰："君用心如此，何患无子？"阅数月，妻娠。将诞之夕，里人皆见鼓吹喧阗（tián），送状元至冯家。是夕生儿，即冯京也，后中三元，官至太子少师，相业甚盛。

译 文

冯商到壮年还没有儿子。他的妻子常常劝他纳妾，生个儿子继承家业。后来，冯商在京城买下了一个女子，准备纳为妾室。已经立下契约，付清银钱，冯商询问这个女子的来历，女子哭泣着无法回答。在冯商的再三追问下，女子才说："我父亲因为纲运而欠下债务，只好把我卖掉来还债。"冯商听后，感到非常同情，于是立刻将女子送还给她的父亲，且没有索回他支付的银两。冯商回家后，妻子问："新买的妾在哪里？"冯商就把事情的经过告诉妻子。妻子听后，说："你有这样的心地，还怕没有儿子吗？"果然，几个月后，冯商的妻子就怀孕了。在孩子即将出生的那天晚上，邻居们都看到一队人马敲锣打鼓，热闹非凡，将状元送进了冯家。那天晚上，冯商的妻子生了一个儿子，取名冯京。冯京长大后，参加科举考试，连续中了三个第一名（即三元），后来官至太子少师，政绩显著。

4. 孙继皋

明无锡孙继皋，馆于某家。主母遣婢送茶一杯，杯中一金戒指。孙佯为不知，令收去。是夜婢来叩门，云："主母到矣。"公急取大板，顶门不纳，明日遂归。人问故，曰："生徒不受教也。"终不露其事。后大魁天下，子孙贵显。

译 文

明朝时，无锡人孙继皋，曾在一个大户人家担任家庭教师。主人的妻子让一个婢女给他送去一杯茶，茶杯里放了一枚金戒指。孙继皋假装没有看到，让婢女把杯子拿回去。当天夜里，婢女来敲门，并说："主母来了，想见见你。"孙继皋急忙找来一块大木板，顶住房门不让外面的人进来。第二天，孙继皋就辞去工作返回家乡。当有人问他为何辞职时,孙继皋回答说:"学生顽皮不受教导。"他始终没有透露这件事情的原委。后来,孙继皋高中状元,他的子孙都做了大官。

5. 周旋父

温州周旋之父,多子而贫。邻人富而无子,令妾与之乞种。夜招饮,其夫佯醉而出,妾出陪,告以故。旋父愕然,遽(jù)起而门已闭,乃以手书空曰:"欲传种子术,恐惊天上神。"面壁不顾。

正统乙卯,旋中乡榜。太守梦迎新状元,即旋也,彩旗上大书:"欲传种子术,恐惊天上神。"太守莫测其故。丙辰果中状元,太守称贺,因述梦中所见。父曰:"此老夫二十年前书空语也。"终为讳之。

译文

温州有一个人名叫周旋,他的父亲有很多个孩子,家境贫寒。邻居是一个富有的人,却一直没有孩子。邻居让小妾向周旋的父亲借种。一天晚上,邻居邀请周旋的父亲前来饮酒,假借醉酒中途离开,留下小妾陪伴周旋的父亲,小妾向周旋的父亲提出了借种的事情。周旋的父亲听后非常震惊,急忙起身想要离开,却发现门已被锁。于是,他用手指在空中写下:"欲传种子术,恐惊天上神。"意思是说,即便是我想传给你生儿子的种子,恐怕也会因此而得罪天上的神明。然后面对墙壁,不再理会那小妾。

明英宗正统乙卯这一年,周旋参加了乡试,并且榜上有名。太守梦见自己迎接新科状元,正是周旋,彩旗上写着:"欲传种子术,恐惊天上神。"太守不明白什么意思,对此感到莫名其妙。丙辰年,周旋果然考中了状元。太守前来道贺,讲述自己梦中的情景。周旋的父亲说:"这两句话其实是我二十年前对着空中书写的。"但他始终没有透露邻居借种之事。

6. 陆容

明太仓陆公容,美丰仪。天顺三年,应试南京。馆人有女,夜奔公寝。公绐(dài)以疾,与期后夜,女退。遂作诗云:"风清月白夜窗虚,有女来窥笑读书。欲把琴心通一语,十年前已薄相如。"迟明,托故去。是秋中式。

先时公父,梦郡守送旗匾鼓吹,匾上题"月白风清"四字。父以为月宫之兆,作书遗公。公益悚然,后成进士,仕至参政。

事证

译文

明朝太仓人陆容,仪表堂堂。明英宗天顺三年,他去南京参加科举考试。当时他借宿在一家客栈,店主的女儿夜里来到他的房间,向他表达了爱慕之情。陆容以自己身体不适为由,约她第二天晚上再来,女子便离开了。之后,他作了一首诗:"风清月白夜窗虚,有女来窥笑读书。欲把琴心通一语,十年前已薄相如。"(诗大意为:在清风明月的映照下,夜晚的窗外十分静谧,有女子投怀送抱并对着读书人献媚。想要像司马相如以琴心挑动卓文君那样,与她互通情意,可我早在十年前,就已经看不起这种轻薄之举了。)第二天一大早,他便找借口离开了客栈。这一年的秋天,陆容考中举人。

在此之前，陆容的父亲做了一个梦，梦见地方郡守带着一众队伍，吹吹打打送来一块匾，上面写着"月白风清"四个字。父亲认为这是儿子中举的前兆，于是写信告诉陆容。陆容得知后，更加严于律己，后来他考中了进士，官至参政。

7. 钱翁

毗陵有钱翁者，行善乏嗣。里中喻老，为势家索逋（bū），负械不决，妻女冻馁，求贷于翁。翁如数与之，不收文券。事解，喻挈妻女踵谢。翁妻见女色美，欲聘为妾。喻夫妇欣然。翁曰："乘人之难，不仁。本意作善，而以欲终，不义。吾宁无子，决不敢犯。"喻夫妇拜泣而退。翁妻是夕，梦神谓曰："汝夫阴德隆重，当锡汝贵子。"踰（同逾）年，果生一子，名天赐。十八岁联捷，官至都御史。

译 文

毗陵（今江苏常州）有一个姓钱的老翁，他乐善好施，却一直没有子嗣。同乡有一个姓喻的老人，因为欠下权势人家的债务，被对方追债，背负着重债无法偿还，导致生活困苦，他的妻子和女儿都受冻挨饿。喻老向钱翁借钱求助，钱翁如数借给他所需的款额，并且没有立任何的借据凭条。喻老的债务问题解决后，他带着妻子和女儿亲自登门感谢钱翁。钱翁的妻子看到喻老的女儿相貌美丽，就想把她纳为钱翁的妾。喻老夫妇都很高兴地同意了。但钱翁却说："在别人困难的时候趁火打劫，这是不仁。我是出于善意帮助人，却以私欲结束，这是不义。我宁愿没有儿子，也绝不敢违背道义。"喻老夫妇听后，感动得流下了眼泪，然后告辞离开。当天晚上，钱翁的妻子梦见神明对她说："你的丈夫阴德深厚，上天将赐给你们一个贵子。"过了一年，钱翁的妻子果然生了一个儿子，取名为天赐。天赐十八岁时，接连考中，后来官至都御史。

8. 沈桐

归安沈桐，字观颐，家贫。族兄逊洲，荐至姻家训蒙。妇孀子幼，一夜妇私奔焉。桐峻拒之，次日即辞归。妇恐语泄，备礼敦请，又促逊洲往邀数次，不赴。屡诘其故，桐终不言，但曰不便而已。次年联捷，官至巡抚。

译 文

归安（今浙江湖州）有一个叫沈桐的人，字观颐，家境贫寒。他同族的兄弟沈逊洲推荐他到一个亲戚家教书。这个亲戚是一个寡妇，还带着年幼的儿子。一天夜里，寡妇私下来到沈桐的房间，意图投怀送抱。沈桐坚决拒绝了她，第二天就辞了工作回家。寡妇担心这件事情泄露出去，于是准备了厚礼，又数次委托沈逊洲邀请沈桐去她家教书，但沈桐坚决不去。族兄多次询问原因，沈桐始终不肯明说，只是说在那里生活不方便。第二年，沈桐参加科举考试接连考中，最终官至巡抚。

9. 王志仁

徽商王志仁，三十岁无子，有相士谓其十月当有大难。王素神其术，因亟往苏，敛赀（同资）归寓。晚

事证

偶散步，见一妇投水，王急取十金，呼渔船救之。问故，妇曰："夫佣工度日，畜豕偿租。昨卖之，不億（通"臆"，意为臆测，预料）皆假银也。恐夫归见责，无以聊生，故谋死耳。"王恻然，倍价周之。

归语其夫，夫不信，乃与妇共至王寓质焉。王已寝矣，妇叩门呼曰："投水妇来谢！"王厉声曰："汝少妇，吾孤客，昏夜岂宜相见？"夫悚然曰："吾夫妇同在此。"王乃披衣出见。才启户，墙忽倾倒，卧榻已压碎矣。夫妇感叹而别。后归家，遇相者大骇曰："子满面阴骘纹现，是必曾救人命，后福未可量也。"后连生十一子，寿九十六，尚康健。

译 文

安徽商人王志仁，三十岁还没有儿子。有一个相士说他在十月必会有大难。王志仁一向信任这个相士的相术，因此急忙前往苏州，清算账务后准备回家。一天晚上，他偶然散步时，看到一名妇女投河自尽，王志仁立刻拿出十两银子，叫来附近打鱼的人将她救起。他询问妇女为什么要自寻短见，妇女说："我丈夫给人家做佣工维持生计，我在家养猪来还债。昨天卖猪，却收到假银子。我害怕丈夫回来责怪，且无法维持生计，因此想要寻死。"王志仁听后非常同情，给了她比卖猪的钱还多一倍的银子，让她回家。

妇女回家后，将事情告诉了丈夫。丈夫不相信，于是带着妻子一起来到王志仁的住处对质。当时王志仁已经睡了，妇女敲门喊道："今天投水的妇女特来感谢！"王志仁严肃地说："你是年轻的妇女，我是孤身的旅人，岂能深夜见面？"妇女的丈夫听后肃然起敬，并说："我们夫妇都在这里，一同前来拜谢。"王志仁才披上衣服出来见面。他刚打开门，墙壁突然倒塌，他的床已经被压碎了。夫妇俩感叹着离开了。后来王志仁回家，又遇到那位相士，相士非常惊讶地说："你的脸上充满了阴骘纹，一定是曾经救过人命，你以后的福报无法估量。"王志仁后来接连生了十一个儿子，活到了九十六岁，身体依然康健。

10. 杨希仲

宋杨希仲，新津人，微时馆成都富家。有一美妾，自负才色，诣馆调戏，希仲正色拒之。其妻是夕梦神告曰："汝夫独处他乡，不欺暗室，当魁多士，以彰善报。"次年蜀闱第一。

译 文

宋朝时期，新津人杨希仲，在未得功名前，曾在四川成都一富人家中教书。富人家有一个美丽的小妾，自认为才色出众，有一天她到书房去调戏杨希仲。面对诱惑，杨希仲严词拒绝了她。当天晚上，杨希仲的妻子梦见神明告诉她："你丈夫独处他乡，即使在暗室屋漏中依旧严于律己，当赐他在考试中夺魁，以彰显他行善的回报。"第二年，杨希仲在四川的科举考试中排名第一。

11. 程孝廉

徽州程孝廉，滨溪而居。溪上木桥甚窄，有一女子探亲过此，失足落水。孝廉遣人救之，令妻为之烘衣。

日暮不能归，又令妻伴宿。次日送归母家。女之舅姑闻之不悦曰："媳未过门，宿于人家，非完女矣。"令媒妁退婚。孝廉闻之，亲往力谕，乃得成婚。不一年而夫卒，有遗腹一子。嗣后孀妇教之，读书灯下，常流涕曰："汝若成名，无忘程孝廉之恩。"其子少年登科，丙辰入会场，每成一艺，必朗诵，拍案得意。后忽放声大哭。适孝廉与之隔号，亟问其故。少年曰："七篇皆极得意，不意灯煤焚卷，势必贴出，是以哭也。"程曰："可惜佳文，置于无用。若肯与我誊写，得中，当图厚报。"少年即以文与程，果中进士。出榜后，少年诣程寓索报。程置酒与饮。少年因问："程君有何阴德，而以我文成名？"程自反平生，无他阴德。少年固请不已，程良久述前曾救一女子事。少年俯地而拜曰："先生是我母之大恩人也，敢望报乎？"因以母灯前语泣告之。事以师礼，世为婚媾。

译文

徽州有一个叫程孝廉的人，他家住在一条溪流边。溪上有一座非常窄的木桥。一天，一位女子在探亲途中经过这座桥时，不慎失足落水。程孝廉立刻派人去救她，并让自己的妻子帮她烘烤湿衣服。因为天色已晚，女子无法回家，程孝廉又让妻子陪伴她过夜，第二天便送她回家。女子的婆家人听说这件事后，心中很不高兴，便说："媳妇还没有过门，就住在别人家里，肯定已经不是清白之身。"于是他们让媒人退婚。程孝廉听说后，亲自前往对方家中，详细解释了事情的经过，保证女子的清白，最后这位女子的婚事才得以完成。婚后不到一年，女子的丈夫便去世了，留下一个遗腹子。

后来，这位寡妇独自教育孩子，每当孩子在灯下读书时，她常常流着泪说："你如果将来有所成就，千万不要忘记程孝廉的恩情。"她的孩子少年登科，丙辰年参加科举考试，每次完成一篇文章，都会朗诵并满意地拍案。但过了一会儿，少年突然放声大哭。恰好程孝廉就在他隔壁的考房，连忙问他为何哭泣。少年说："我写了七篇文章都非常满意，不料灯灰落下烧坏了试卷，残卷必定会被剔除，因此哭泣。"程孝廉说："可惜了你的好文章，眼看就要失去它的价值了。不如你让给我誊写，如果我考中了，定当厚报。"少年就把文章给了程孝廉，程孝廉果然考中了进士。发榜之后，少年去程孝廉的住处索要报酬。程孝廉准备酒菜加以款待，与他共饮。少年问："程先生有什么阴德，能够用我的文章成名？"程孝廉回想自己的一生，好像没做过什么大善事。在少年再三请求下，程孝廉又想了很久，才提到很久以前，曾救过一名落水的女子。少年听后，跪拜在地上说："原来先生就是我母亲的大恩人啊！我怎敢妄求先生的回报呢？"于是他把母亲在灯前的话，流着泪告诉了程孝廉，从此以后，他把程孝廉当作老师一样尊敬，两家世代结为姻亲。

事证

12. 徐昂

徐昂，扬州人，试春闱。京中有王相士，多奇中。徐往质之。王曰："君相乏嗣，奈何？"及登第，为西安守郡，途间纳一姬，颇妍丽。徐讯（同询）其姓氏，答曰："予父某，作某官，丧于某年。向以饥岁，为强暴掠售于此。"徐深悯之，即焚券，不令为妾。及之任，具奁（lián）赀（zī，同资），择善士嫁之。秩满如京，王见之骇曰："君相异矣，子星满容，讵非阴德所致乎？"未几，徐庶妾，一再岁而育五子。

译 文

徐昂是扬州人，在京参加了春季的科举考试。在当时，京城有一位看相特别精准的王相士。徐昂前去请王相士给自己看相。王相士告诉他："从你的面相来看，命里无子，没有办法呀！"后来，徐昂考取了功名，朝廷安排他担任西安的郡守。他在赴任的途中，买了一个美丽的女子，准备纳为小妾。徐昂询问她的家世，女子回答说："我的父亲是某人，曾经担任某官职，在某年去世。因为饥荒之年，我被强盗绑架并卖到了这里。"徐昂对她的遭遇深感同情，于是焚毁了她的卖身契，不让她做妾。等到他上任后，便为这位女子准备了嫁妆，选择了一位品行良善的男子，将她嫁给对方。任期满后，徐昂回到京城，王相士见到他，惊讶不已地说："你的面相和从前不一样了，现在呈现出福泽深厚、子女运旺的样子，这难道不是因为你积了阴德吗？"不久之后，徐昂的小妾给他连生了五个儿子。

13. 姚三韭

姚三韭，本姓卞，博学善诗文。馆于怀氏，有女常窥之，卞岸然不顾。一日晒履于庭，女作书纳其中。卞得之，即托故辞归。袁怡杏作诗赞之，有"一点贞心坚匪石，春风桃李莫相猜"之句。卞答书，力辩并无此事。怡杏缄其书而题曰："德至厚矣，子孙必昌。"后其子谐，曾孙锡，皆成进士。

译文

姚三韭，本姓卞，是一位学问渊博且擅长诗文的人。他曾在怀姓人家设馆教学。有一个女子经常偷偷对他暗送秋波，但姚三韭始终不为所动。有一天，他在庭院中晒鞋，女子将一封书信塞进他的鞋中。姚三韭发现后，便找借口辞职回家了。袁怡杏为此写诗来赞美姚三韭，诗中有"一点贞心坚匪石，春风桃李莫相猜"的句子（此句诗大意为：内心怀着如磐石般坚定的贞洁操守，面对如春风中桃李般娇艳而充满诱惑的人和事，丝毫不会动摇）。姚三韭回信坚称并无此事。袁怡杏将他的回信封好，并题词说："德至厚矣，子孙必昌。"后来，姚三韭的儿子姚谌和曾孙姚锡，都考中了进士。

14. 林增志

林增志，温州人，奉佛持戒。一日梦观天榜，见己名在第十，下书"不杀不淫之报"六字。戊辰果中第十名。

译文

林增志是温州人，他信奉佛教且持戒精严。有一天，他在梦中看到了天上的榜单，发现自己的名字排在第十位，榜单下面还写着"不杀不淫之报"这六个字。后来，在戊辰年的科举考试中，他果然考中了第十名。

15. 何澄

何澄，以医著名。同郡孙子，久病不愈，邀澄治之。

其妻密语澄曰："良人病久，典卖殆尽，愿以我身酬药资。"澄正色却曰："娘子胡为及此？但安心勿忧，当为疗治。慎勿以此污我，且自污也。"其妻惭感而退。

是夕梦一神引至公署，主者曰："汝行医有功，且不于急难中乱人妇女。奉上帝敕，赐汝一官，钱五万。"未几，东宫得疾，诏澄一服而愈。赐官、钱，悉如梦。

译文

何澄因为医术高超而著名。同城有一位久病不愈的孙先生，邀请何澄去给他治病。孙先生的妻子私下里向何澄说道："丈夫治病，家中财产已经耗尽了，我愿意以身体作为报酬来支付医药费。"何澄严肃地拒绝了，并告诉她说："你为什么要这样呢？你只管放心，不要担忧，我会尽力治疗你的丈夫，但请不要用这种方式来侮辱我的人格，同时也会有损你的贞洁和道德。"孙先生的妻子感到惭愧便退出去了。

当天晚上，何澄梦见一位神仙把他带到一个官府办公的处所，长官对他说："因为你行医有功德，并且在他人紧急困难时，没有趁人之危淫乱妇女，我奉天帝的敕令，现赐你一个官职，五万贯钱。"不久之后，太子生病，皇帝下诏让何澄入宫为太子医治。何澄仅用一剂药便使太子痊愈，最终，皇帝赐给他的官职和钱财，竟与梦中完全吻合。

16. 高尚书之父

扬州高尚书父，贩货京口，客寓中，时闻安息香扑鼻。一日忽见壁隙中，伸进一枝（同支）。公从隙窥之，见少女独坐。次日，公访之主人，即其女也，问："何不字人？"答曰："择壻（同婿）难耳。"数日，公访得一婿，谓主人曰："吾见高邻某郎甚佳，欲为作伐，何如？"曰："吾意亦属之，但其家贫。"公曰："不妨，吾当借贳（同资）与之。"即为说合，赠数十金，以完其美。公归，梦神语曰："汝本无子，今赐汝一子，可命名铨。"踰（同逾）年果生一子。后登进士，仕至尚书。

译 文

扬州高尚书的父亲，早年在京口贩卖货物。他住在一家客店中，常常闻到安息香的香味，扑鼻而来。有一天，他忽然看到从墙壁的缝隙中伸进一支香。他从缝隙中窥视，见到一位少女独坐。第二天，他便问店主，得知那即是店主的女儿。又问为何不将女儿嫁人时，店主回答说："品行良善的女婿难找啊！"几天后，高尚书的父亲遇到一位人品很好的青年，于是对店主说："我见你邻居家的小伙子非常不错，我想替你做个媒，怎么样？"店主说："我也喜欢这人，只是他家太穷，恐怕连婚礼都无法操办。"高尚书的父亲说："不碍事，我借钱给他，让他娶亲。"于是便做媒说合，并赠数十两银子给小伙子，以成人之美。回到家中，他梦见神对他说："你命里本来无子，今赐你一子，可以起名叫铨。"第二年，果然生了一子。后来这个孩子考中进士，官至尚书。

17. 沈鸾

松江诸生沈鸾，中年尚艰子嗣，家贫就馆塾。一夕归家遇雨，门已关，闻室中有处女声，询之乃邻女也，以夫人寂处，来作伴。沈遂嘱勿启门，冒雨去，宿道院。是夜，梦上帝以两色丝授之。觉时方子夜，见殿内光辉四映，五彩眩（同炫）目。盖雨散而月华也。嗣连举二子，长文系，次可绍，相继登第。

译 文

沈鸾是明朝松江县的书生，他到了中年的时候，依旧没有子嗣。由于家境贫困，他在外面一个私塾教书，以此维持生计。一天夜里，他在回家的路上遇到了大雨，到家时家门已经关了。他听到屋内有少女的声音，便隔墙询问妻子。得知是邻居的女儿，因为担心他的妻子一个人过于寂寞，所以前来作伴。沈鸾便叮嘱妻子不要开门，自己冒雨去了道院借宿。那一夜，沈鸾梦见玉帝赐给他两条彩带。醒来时才半夜子时，他看见殿内光辉四射，五彩夺目。原来是雨停了，月光照进来的缘故。后来，沈鸾的夫人接连生了两个儿子，长子名叫文系，次子名叫可绍，相继考中了进士。

18. 蔡启僔（zǔn）

清德清蔡启僔，初应乡荐，时尚无子，夫人私蓄三十金，为置一妾。妾至，垂泣不止。公问其故。曰："夫以负营债至此。"公乘夜往其夫家，语曰："吾为尔了此事。我今不可归，归则心迹不白。"遂宿其家，候营卒来，详告以故，云："汝缴券，我即付金。"公乃命轿舁妇还其夫，以三十金为赠。后夫人即生子。康熙庚戌，公及第。

译 文

蔡启僔是清朝德清县人，他最初获得乡荐，当时还没有儿子。他的妻子私下积蓄了三十金，为他买了一个妾。当妾来到家中时，一直不停地低头哭泣。蔡启僔询问原因，女子回答说："我的丈夫因为欠了军营的债务，而将我卖了抵债。"蔡启僔于是连夜前往她丈夫家中，并说："我今天为你们了结这个事情，今晚就住你家不回去了，回家会引起不必要的猜疑。"蔡启僔便在他家住下，等待军营的士兵到来，并详细告诉士兵情况，说："只要你们交出债券，我马上支付所欠的钱财。"蔡启僔让人用轿子将女子送还给她的丈夫，并赠予三十两银子作为礼物。后来，蔡启僔的妻子生下了一个儿子，他也在康熙庚戌年状元及第。

19. 谢迁

明谢文正公迁，少馆毗陵某家。有女乘父母出，遂奔公。公谕之曰："女子未嫁而失身于人，终身之玷也，将使父母、夫族，皆无颜面。"厉色拒之，女惭愧而退。明日即辞馆去。后中成化乙未状元，至相位。子丕，官侍郎。

译 文

明朝的谢迁，谥号文正，年轻时曾在毗陵（今江苏常州）某家教书。有一次，这家的女儿趁父母外出，来到谢迁的房间企图引诱他。谢迁严肃地告诉她："女子尚未出嫁就先失身于人，将会是终身的污点，会使父母和夫家都没有脸面。"他严厉地拒绝了她，女子羞愧而退。第二天，谢迁就辞去了教职。后来，谢迁在明宪宗成化乙未年的科举考试中考中了状元，官至宰相。他的儿子谢丕，也官至侍郎。

20. 费枢

费枢，蜀人也，会试至京。日晡（bū）时，一妇人前诉曰："某贩绘人女，嫁后夫死。贫无以归，愿得相依。"费曰："吾不欲犯非礼，当访汝父来迎。"遍访得其父，语以女状。父泣谢，即取女回。是年费登第，官太守。

译文

费枢是四川人，有一次他去京城参加会试。一天傍晚，一位妇女前来向他求助说："我是卖画人的女儿，出嫁后丈夫就去世了，现在因贫穷而无法回家，希望跟着你有个依靠。"费枢回答说："我不能做非礼之事，我会找到你的父亲来接你。"他四处寻访，终于找到了女子的父亲，告诉他女儿的情况。父亲听后流下了感激的泪水，随即带着女儿回家。那年，费枢考中了进士，后来官至太守。

21. 靳翁

镇江靳翁，五十无子，训蒙于金坛。其邻女颇有姿色，夫人鬻钗钏，买作妾。翁归，夫人置酒于房，告翁曰："吾老不能生育，此女颇良，或可延靳门之嗣。"翁俛（同俯）首面赤。夫人谓己在而公报也，遂出而反扃（jiōng）其户。公即踰（同逾）窗而出，告夫人曰：

"汝意良厚，但此女幼时，吾常提抱之，恒愿其嫁而得所。吾老矣，又多病，不可以辱。"遂反（同返）其女。次年夫人生文禧公。十七发解，次年登第，后为贤宰相。

译文

镇江的靳翁，五十岁还没有儿子。他在金坛教书，邻居家有个女子颇有姿色。靳翁的妻子卖掉了首饰，将这位女子买来给靳翁作妾。靳翁回家后，妻子在房间里准备了酒菜，并告诉他："我年纪大了，不能再生育，这个女子很好，或许可以为靳家延续香火。"靳翁听了之后，面红耳赤地低下了头。妻子以为自己在场，因而让丈夫感到难为情，就出去并把门反锁了。靳翁当即跳窗而出，对妻子说："你的好意我心领了，但这个女子小时候我常抱她，看着她长大，一直希望她能嫁个好人家。我年岁已高，又多病，不能委屈她一生。"于是，将女子送返其家。第二年，靳翁的妻子生了一个儿子，即文禧公靳贵。靳贵少年英俊，十七岁就考中举人，第二年又考中进士，后来成为了一代贤明的宰相。

22. 曹书生

松江曹生，应试，寓中有妇来就，曹惊，趋往他寓借宿。行至中途，见灯火喝道，来入古庙中，击鼓升堂。曹伏庙前，闻殿上唱新科榜名，至第六，吏禀曰："某近有短行，上帝削去，应何人补？"神曰："松江曹某，不淫寓妇，正气可嘉，即以补之。"曹且惊且喜，果中第六。

译 文

松江的曹生，在参加考试的时候，借住在一家旅店。夜里，有位妇女突然来投怀送抱，曹生大惊，急忙出门，打算找别家旅店借宿。走到半路上，他忽然看到一伙打着灯火开道的人，进入了一座古庙中，击鼓升堂。曹生好奇，便躲在庙前，听到殿上唱念新科录取名单。当念到第六名时，一个官员说："此人近来有不良行为，已被天帝削去了功名，应该补何人呢？"一位神明说："松江的曹某，不奸淫投怀送抱的妇女，这种正义的行为，实在值得嘉勉，可以把他补上。"曹生听到后，心中又惊又喜，后来发榜时，他果然中了第六名。

23. 某老师

明浙有指挥使，延师训子。师病，子取被为师发汗，误卷母鞋，堕师床下，师徒皆不知。指挥见而疑之，入问，妻不服。遂乃遣婢，诡以妻命邀师，而己持刀伺其后，俟其门启，即杀之。师闻扣（同叩）门，问："何事？"婢曰："主母相招。"师怒叱其婢，不肯开门。指挥复强其妻亲往，师复固拒之，曰："某蒙东翁相延，岂以冥冥堕行哉？请速回。"门终不启，指挥怒顿平。明日，师即辞馆。指挥谢曰："先生真君子也！"始述其事谢罪。师是年登第，居显爵。

译 文

明朝浙江有一位指挥使，他请了一位老师来教自己的儿子。一天，老师生病了，儿子拿被子给老师发汗，不小心将母亲的鞋子卷入被子中，落在老师床下，老师和学生都没有发现。指挥使来探望老师时，发现了这只鞋子，便怀疑妻子与老师有不正当的关系。他质问妻子，妻子坚决否认。于是，指挥使晚上派婢女去敲老师的门，假传妻子之命邀请老师，自己则持刀躲在门后，一旦开门，就将老师杀害。老师听到敲门声，询问何事？婢女说："主母让我来请你。"老师怒斥婢女并拒绝开门。指挥使又强迫妻子亲自去请，老师仍然坚决拒绝，并说："我蒙受东家的邀请，怎能在暗中做不正当的事呢？请速速回去。"自始至终，门都没有打开，指挥使的怒气顷刻平息。第二天，老师辞职离去，指挥使向老师赔礼道歉说："先生真是君子啊！"然后讲述了事情的来龙去脉并请求原谅。这一年，这个老师考中了进士，官居高位，地位显赫。

事证

24. 林茂先

信州林茂先者，才学过人，既与乡荐。家极贫，闭门读书。邻巨富，妇厌其夫不学，私慕茂先才名，夜奔之。茂先呵之曰："男女有别，礼法不容。天地鬼神，罗列森布。何可以污我？"妇惭而退。茂先次年登第，三子成进士。

译文

信州（今江西上饶）的林茂先，才华横溢，学识过人，并已经成为乡荐。纵使家境十分贫寒，每日依旧闭门用功读书。他的邻居非常富裕，但邻居的妻子厌恶丈夫不学无术，私慕林茂先的才华，于是在一天夜里向林茂先示爱，且主动投怀送抱。林茂先严肃地呵斥她说："男女有别，这种行为是礼法所不容的。即使是黑夜，但青天在上，神明在上，凛然如森林中的树木一样密集，无处不在，你怎么可以用这种方式来玷污我的名声呢？"妇女听后感到非常惭愧，便离开了。第二年，林茂先考中了功名，他的三个儿子后来也都考中了进士。

25. 袁公

清陕西袁公，以闯贼乱，父子失散。流寓江南，欲娶妾生子。适买一妇，至袁宅，背灯而哭。袁诘之，妇曰："无他故，只以家中贫饿，夫欲求死，故卖身以活之。妾念平日夫妇情笃，故不禁伤痛耳。"公恻然，背坐达旦。除身价外，复赠百金，同妇送其夫，令之贸易。夫妇泣哭而去，后欲觅一闺女，送与袁公生子，久而未得。偶至扬州，遇人领一俊童欲卖。因私计："我未得女子，先买此童，伏（同服）事袁公，有何不可？"遂买之，渡江送袁。袁谛视之，则其所失子也。报应其神如此！

译文

在清朝时，陕西有一位袁公，因为李闯王起义引发的战乱，父子二人就此失散，流落到江南一带居住。袁公想要娶妾生子而延续香火。他买了一个妇人，带到家里后，妇人背着灯哭泣。袁公询问原因，妇人说："没有别的缘故，只是家中贫困挨饿，丈夫想要寻死，所以我才卖身让他活下去。我想起平日里夫妻之间感情深厚，因此不禁伤痛罢了。"袁公听后心生怜悯，背对妇人坐到天亮。不仅没有要回买她的身价银钱，另外又赠送了一百两银子，然后将财物和妇人一同送还她的丈夫，让他们去做些买卖营生。夫妇二人感激涕零，哭着离开了。后来，这对夫妇想着要找一个未出嫁的女子，送给袁公，为他生子，可寻觅了很长时间都没找到合适的。一次到扬州，偶然遇到有人要卖一个俊俏的少年。这夫妇俩私下盘算："我们没能找到女子，先买下这个少年，让他去服侍袁公，又有什么不可以的呢？"于是就买下了少年，渡过长江把少年送给袁公。袁公仔细一看，竟发现少年就是自己失散多年的儿子呀。因果报应就是如此神奇！

26. 陆树声

明云间陆文定公树声，辛丑北上。时郡守王公华，梦见城隍庭下，众保树声为善士。因召其外父李某，问其平日作何善事。对曰："他不及知，唯于邪色不苟而已。"后中会元。其子彦章，己丑进士。

译文

在明朝，云间（今上海松江）人陆树声，谥号"文定"，在辛丑年北上赴考。当时的地方郡守王华，梦见在城隍庙的庭院之下，很多人都在推举陆树声为善人。醒来之后，郡守就把陆树声的岳父李某召来，问陆树声平日里都做了些什么善事。李某回答说："别的我不太清楚，只是他面对邪缘女色，从来都不会有苟且之举罢了。"后来，陆树声考中了会元（举人会试第一名）。他的儿子陆彦章，在己丑年考中了进士。

27. 唐皋

唐皋，少时读书灯下，有女调之，将纸窗掐破。公补讫题云："掐破纸窗容易补，损人阴鸷最难修。"后一僧过其门，见状元匾，左右悬二灯，书所题二语，异而问之。后果大魁天下。

译 文

唐皋年少时，夜晚在灯下读书，有女子前来勾引他，并故意将纸窗掐破。唐皋修补好窗户后在上面题了一首诗："掐破纸窗容易补，损人阴鸷最难修。"（诗大意为：纸窗被掐破只是物质层面的损坏，修补轻而易举，损人阴鸷是精神和道德层面的"亏损"，无法修复。）后来，有一位僧人路过他家门口，看到门上挂着状元匾，左右挂着两盏灯笼。僧人对上面写着的这两句诗，感到奇怪，询问后才知道其中的缘故。后来唐皋果然考中状元。

28. 张畏岩

明江阴张畏岩，梦至一高房，得试录一册，中多缺行，问傍（同旁）人，曰："此今科试录。"问："何多缺名？"曰："科第三年一考较，须积德无咎者方有名。如前所缺，皆系旧该中式，因新有薄行而去之者也。"指后一行云："汝平生从无淫业，或当补此，宜自爱。"是科果中一百五名。

译文

　　明朝时期，江阴有一个叫张畏岩的人。他在夜梦中来到了一座高大的房子里，得到了一本考试录取名册，发现里面有很多空白缺行。他问旁边的人这是什么，旁人回答说："这是今年科举考试的录取名册。"张畏岩又问："为什么会有这么多空缺？"那人回答说："科举考试每三年进行一次考核，只有积累了德行且没有犯过失的人，才能在这名册上留下名字。像那些空缺的，都是原本应该中榜的人，因为最近做了有损德行之事，所以功名被削除了。"接着，那人指着后面的一行说："你一生中从未有过淫乱的行为，或许可以填补这个空缺，你要继续保持自爱。"后来，在那一次科举考试中，张畏岩果然考中了第一百零五名。

29. 孙生

　　明宁波孙生，家贫训蒙，终岁不过数金。后失馆，身寄塘西张氏抄写。其家一婢，更余来奔，公峻拒之。婢与同斋西席得合而去。端午，西席解馆，疽（jū）发不愈，公代其任。后遇其叔于江口，叔曰："我因儿病，祷于城隍。夜梦城隍坐殿上，呼吏将饥籍所改者，唱名对册，十余人外，即唱侄名。我潜问吏：'孙某缘何改去？'吏曰：'此人四十六岁，应出外饿死。因今年四月十八夜，拒某氏淫奔，延寿二纪，改入禄籍。'我深为侄贺也。"后负笈者日多，每岁修仪百余金。迄公四十六岁，正万历三十六年，米价涌贵，死者颇众，而公裕如。公后分析其子，家已巨富。年至古稀，无疾而终。

译 文

明朝时期,宁波有位孙姓书生,家境贫寒,以教书为生,一年收入不过几两银子。后来他失去了教书的工作,寄居在塘西的张家做抄写工作。张家有一个婢女,一天晚上来向孙生投怀送抱,孙生坚决拒绝了。后来这个婢女与私塾老师发生关系便离开了。端午节时,私塾老师被辞退,背上又生了痈疽,久治不愈,孙生便接替了他的职位。后来,孙生在江口遇到了他的叔叔,叔叔告诉他:"我因为儿子生病,向城隍祈祷。夜里梦见城隍坐在大殿之上,命鬼吏把'饿死名册'上改动的人员名单,唱出来对照,唱过十几人之后,就唱到了你的名字。我偷偷问旁边的鬼吏:'孙某为什么被改掉了?'官吏说:'这个人本来四十六岁应该饿死在外面。但因为今年四月十八日晚上,他拒绝了某家女子的投怀送抱,延寿二十四年,改入禄籍。'我为侄子你感到庆幸。"后来,孙生的学生越来越多,每年收到的学费有一百多两银子。孙生四十六岁时,正值万历三十六年,米价飞涨,饿死的人非常多,但孙生却过得很宽裕。孙生后来分家给儿子时,孙家早已是大富人家。他活到七十来岁,颐养天年,无疾而终。

30. 陶大临

陶文僖公大临,年十七,美姿容,赴乡试。寓有邻女来奔,三至三却,遂徙他寓。寓主夜梦神语曰:"明日有秀士来,乃鼎甲也。因其立志端方,能不为奔女乱,上帝特简。"寓主以梦告陶。陶益自砥励(同砺),后中榜眼,官至大宗伯。

译文

陶大临，谥号"文僖"，年轻时相貌俊美。他十七岁那年参加乡试，他住的寓所，有一个邻家女子三次向他投怀送抱，他三次都坚决拒绝了，于是搬往其他旅店。店主在前一天晚上梦见神明对他说："明天会有一个秀才来投宿，此人将来必高中鼎甲（指状元、榜眼、探花）。因为他立志端正，能够不为投怀送抱的女子所动摇，天帝特别选拔。"店主就把梦告诉了陶大临。他因此更加严于律己，后来考中了榜眼，官至大宗伯（古代掌管宗室事务的官员）。

31. 时邦美父

时邦美之父，郑州牙将也，年六十无子。押纲至成都，妻令置妾而归。得一女甚美，时窥见其用白布总发，问之，泣曰："父本都下人，为州掾（yuàn）卒，扶榇至此，不能归，卖妾以办丧耳。"邦美父恻然，携金助其母，还其女，又为干理归计。及归，告妻以故。妻曰："济人危急，为德甚大，当更为君图之。"未几妻孕。一夕梦紫金人端坐中堂，旦生邦美，中会元，官至吏部尚书。

译文

时邦美的父亲是郑州的一名牙将（军官），年满六十岁却还没有儿子。因为要押运一批物资前往成都，妻子让他在那里买一个小妾回家。到了成都，时邦美的父亲买到了一个非常漂亮的女子，无意间窥见女子用白布扎头发，便询问原因，女子哭泣着说："我父亲原本是京城的人，在州里做官，他去世后我与母亲扶棺到这里，因盘缠用尽而无法回家，只好卖我来办理丧事。"时邦美的父亲听了之后，心生怜悯，带着钱去见女子的母亲，并把女子还给了她的母亲，还安排了她们回去的事宜。时邦美的父亲回家后，他就把这件事告诉了妻子。妻子说："在别人紧急之中，能帮助别人解决困难，是很大的德行，我会继续为你考虑纳妾的事。"不久后，他的妻子怀孕了。有一天晚上，梦见一个身着紫金色衣服的人端坐在堂中。第二天早上，时邦美就出生了。后来时邦美考中了会元（举人会试的第一名），官至吏部尚书。

32. 赵秉忠父

明万历戊戌状元赵秉忠之父，作邑掾。有袭荫指挥系冤狱，赵力出之。指挥感愧无报，请以女奉箕帚。赵摇手曰："此名家女，使不得。"强之，又摇手曰："使不得。"毕竟不从。后其子上公车，途有拊（fǔ）其舆者曰："使不得的中状元。"如是者再。及第归，语父，父太息曰："此二十年前事，吾未尝告人，何神明之告尔也！"

译 文

明朝万历戊戌年的状元赵秉忠，他的父亲曾经在县里协助县官做事。有一次，一个世袭将军的后代因为冤案被关进了监狱，赵秉忠的父亲尽力为他平冤，最终得以释放。将军非常感激，觉得无以为报，于是想要将自己的女儿，送给赵秉忠的父亲作为妾室以表感谢。赵秉忠的父亲拒绝了，他摇着手说："你们是名门之后，这样做使不得！"将军坚持要他接受，但赵秉忠的父亲再次摇手说："使不得！"始终没有接受。后来，赵秉忠进京参加科举考试的途中，有人拊着他的轿子说："使不得的中状元！"这样的话语连说了好几次。赵秉忠考取功名回家后，将这件事告诉了他的父亲。他的父亲感慨地说："这是我二十年前的事，我从未告诉过任何人，奈何神明却告诉了你！"

33. 吕宫

吕公宫，常于某氏馆中夜读。有邻室少孀，忽乘月而至，公峻拒之。次日复令侍婢，持双玉鱼来赠。公碎其玉，婢惭而退。后位至宫保。未尝语人，偶因课子及之，终不泄其姓氏。

译文

吕宫曾经在某个家族的学馆中夜读。邻室有一位年轻寡妇，一天晚上来到他的房间，向他示爱，企图引诱他，但吕宫坚决拒绝了寡妇。第二天，寡妇又派侍女送来一对玉鱼作为礼物，吕宫将玉鱼摔碎，侍女感到羞愧不已，因此退了回去。后来，吕宫官至宫保（太子少保），但他从未向他人透露过这段往事，只是在教导儿子时偶尔提及，但始终没有泄露寡妇的姓名。

34. 聂从志

宋黄靖国，为仪州判官。一夕被摄至冥，冥官曰："仪州有一美事，卿知之乎？"命吏取簿示之。乃医士聂从志，某年月日，在华亭某宅行医，其妻某氏奔之，从志力拒。上帝敕从志延寿二纪，子孙两世登科。靖国既还，述与从志。从志曰："此事并未尝与妻子言，不意已书阴籍。"其后从志果寿考，子孙皆登科。

译 文

宋朝的时候，有一个叫黄靖国的人，曾担任过仪州的判官。一天晚上，他被带到阴间，阴间的官员问他："仪州有一件美事，你知道吗？"然后让手下拿来记录簿给他看，记录的是医生聂从志的事迹。在某年某月某日，聂从志在华亭某家行医时，那家的妻子向他投怀送抱，但聂从志坚决拒绝了。因此，天帝敕令给聂从志延寿二十四年，子孙两代都能登科中举。黄靖国回到阳间后，将这件事告诉了聂从志。聂从志说："这件事我对妻子都没说过，没想到已经记录在阴间的簿册上了。"后来，聂从志果然长寿，儿子孙子都登科上榜。

35. 茅鹿门

明茅鹿门，弱冠游学余姚，寓邑庙前钱家。有美婢，慕茅丰姿。一夕，至书室呼猫。鹿门曰："汝何独自来呼猫？"婢笑曰："我非呼小猫，乃喜大茅耳。"鹿门正色曰："父命我远出读书，若非礼犯汝，他日何以见父，又何颜见若主？"婢惭而退。后登嘉靖戌戌榜，官副使，寿九十。

译 文

明朝的茅鹿门，年轻时在余姚游学，寄住在城隍庙前的钱家。钱家有一个美丽的婢女，对茅鹿门的风度仪表十分倾慕。一天晚上，这位婢女借故来到茅鹿门的书房，声称要找猫。茅鹿门问她："你怎么一个人来找猫？"婢女笑着回答说："我并非来找小猫，乃是喜欢你这只大猫啊（谐音，指茅鹿门）。"茅鹿门严肃地说："我父亲让我远道来此读书，如果我对你做了非礼之事，将来如何面对我的父亲，又有何颜面见你的主人？"婢女感到羞愧，便退了出去。后来，茅鹿门在嘉靖戊戌年的科举考试中考中了进士，官至副使（节度使或三司使等职的副职），享年九十岁。

事证

36. 顾某

杭州北新关吏顾某，奉差往江南，夜泊苏州河边。见一少妇投水，止而问之，则曰："某夫因欠粮系狱，命在旦夕，不忍见夫先死，故自尽耳。"顾解囊中五十金付之，妇谢而去。归舟又经其地，向坐酒肆，适对门即前妇之家也。妇告其夫，邀归置酒款之。夫谓妇曰："活命之恩，贫无以报，汝其伴宿以酬之。"因留顾宿，夜半，妇就顾寝，顾毅然拒之，披衣逃归舟中。时杭城失火，延烧数十家，众见火光中有金甲神，手执红旗招展，围绕一宅，火至辄回。火止视之，乃顾某家也，咸以为阴德所致。

译 文

杭州北新关的官吏顾某，他奉命到江南出差，一天夜里船停泊在苏州河边。他见到一位少妇想要投河自尽，便急忙阻止并询问原因。少妇告诉他："我的丈夫因为欠粮被关在监狱，生命垂危，我不忍心见到丈夫先死，所以想要自尽。"

129

顾某随即从自己的囊中取出五十两银子给了少妇，让她去还债。少妇感谢后离去。当顾某办完公差返回时，再次经过此地，坐在酒馆中吃饭，恰好对门就是之前那位少妇的家。少妇见到顾某，立刻告诉了她的丈夫，夫妻俩准备了酒菜，邀请顾某到家中。丈夫对妻子说："他对我们有救命之恩，家里贫穷无法报答，今晚你就陪他过夜以作报答吧！"于是，夫妻俩挽留顾某在家中过夜。到了半夜，少妇来到顾某的房间，想要陪寝，顾某坚决地拒绝了，披上衣服匆忙地回了自己的船中。就在这一夜里，顾某的家乡杭州城发生了火灾，火势蔓延，烧毁了数十家房屋。众人见到火光中有金甲神人，手执红旗招展，围绕并保护着某一家的房子，火势每次逼近时，都会被金甲神人拨回。火熄灭后，仔细一看，正是顾某的家。大家都认为这是顾某积阴德，冥冥中得到了上天的护佑。

37. 罗伦

明罗文毅公伦，赴会试，舟次苏州。夜梦范文正公来访，曰："来年状元属子矣。"伦谦退不敢当。范公曰："子某年某楼之事，诚动太清，以此报子耳。"伦因忆昔年，曾拒奔女于此楼，梦当不妄。及殿试，果第一。

译文

明朝的罗伦，谥号"文毅"，在赴会试的途中，船只经过苏州。这天夜里，他梦见范文正公（范仲淹）来访，告诉他说："来年的状元将会是你啊！"罗伦谦虚地表示，不敢当。范公又说："你在某一年某座楼上的事，感动上苍，因此，特以此来回报你啊！"罗伦醒来后，回忆从前的事，曾在一座楼上拒绝了一位投怀送抱的女子，于是，相信这个梦并非虚幻。等到殿试时，罗伦果然考中了第一名（状元）。

38. 莫文通

明云间莫文通，素乐善，居郡城二里泾，世为农家。一日持二十金，至乡买稻种，泊黄浦。有二人缚一少女，欲沉浦中。莫问之，对曰："此我主人女也，主人察其与人有私，故令投之急流耳。"莫曰："小女子何知？且非目击之事，或有不真者。幸为释之，请以二十金为酬。"女得脱，叩首莫前，愿执箕帚。莫曰："我岂爱尔姿容哉？特怜尔芳年死于暧昧耳。今已昏黑，我舟小难容，汝登岸，亟望有灯火处投入可耳。"是夕归舍，梦神语曰："汝救人命，阴德深重，天报汝以贤子孙。"后子胜，以明经始通仕籍。孙昊，乡荐第二。昊子愚，亦举人。愚子如忠，亦乡荐第二，登嘉靖戊戌进士，仕至方伯。其女逃去，一文学收之，生六子，一子即与愚同年。何三畏曾作《善人传》，以纪其事。

事证

译 文

明朝云间（今上海松江）的莫文通，一直乐于行善。他家住在郡城的二里泾，家族世代务农。有一天，莫文通带着二十两银子去乡下购买稻种，船停靠在黄浦江边。他看到两个人捆绑着一个少女，准备将少女沉入江中。莫文通上前询问原因，二人回答说："这是我们主人的女儿，因为主人发现她与人有私情，所以命令我们将她投入江中。"

莫文通说:"小女子年轻不懂事,况且并非你家主人亲眼所见,或许不是真的。请你们放了她,我给你们二十两银子作为酬谢。"少女得救后,跪在莫文通面前,表示愿意作为他的妻妾,侍奉他一辈子。莫文通说:"我救你岂是贪图你的美色,我是可怜你年纪轻轻就死于不白之冤。现在天色已晚,我的船小无法容纳,你上岸后赶快找有灯火的地方投宿。"当晚回到家中,莫文通梦见一位神明对他说:"你救人一命,阴德深厚,上天将赐你贤孝的子孙作为回报。"后来,莫文通的儿子莫胜考取了功名,以贡生的身份踏上了仕途之路。孙子莫昊,在乡荐中排名第二。曾孙莫愚也考中了举人。莫愚的儿子莫如忠,也在乡荐中排名第二,在嘉靖戊戌年考中进士,官至方伯(类似于省长)。而那名被救的少女逃走后,被一个读书人收留,生了六个儿子,其中一子与莫愚同年考中进士。何三畏曾编著《善人传》,详细记录了这件事情。

39. 柳生

杭学庠(xiáng)生柳某,因探亲遇雨,投宿荒园。内先有一少妇躲雨,生竟夕无异志,端坐檐外,至晓而去。其妇乃庠生王某妻也,妇感生德,以语其夫,夫反疑而出之。后生乡试,其文已置废卷,顷忽仍在桌上。考官惊异,细阅其文,了无佳意,复废之。后将荐卷呈堂,而生卷复在内,因想此生必有阴德,遂一并呈荐,竟中七十一名。而王生适与同房,晋谒时,王生在。座师言及生中之由,且诘其故。生念别无他事,因举避雨事对。王生感叹,归迎其妻完聚,且以其妹,为柳续弦。

译 文

　　杭州府一个叫柳某的书生，探亲途中遇到大雨，便在一个荒园中投宿。荒园中已有一名少妇在那里躲雨。柳生整夜竟然没有产生任何邪念，端坐在屋檐外，直到天快亮的时候才离去。这位少妇乃是另一位书生王某的妻子。少妇感念柳生对女色不起邪心的高尚品德，将避雨的事情告诉了自己的丈夫王某。不料却遭到丈夫的怀疑，索性将妻子休了。后来，柳生参加乡试，考官判卷时，已将柳生的试卷放置在废弃的一边，顷刻之间，又发现试卷仍然在桌上。考官感到惊异，再次仔细阅读柳生的文章，觉得文章并无出色之处，再次将试卷弃置。后来，当考官将所有要选荐的试卷上呈时，却发现柳生的试卷竟然又在其中，因此，考官心想这个书生必有阴德，于是一并上呈，柳生竟然考中了第七十一名。王某与柳生恰巧是同一个考官。柳生拜见考官时，王某也在场。考官谈到柳生考中的原因时，觉得这事很奇怪，并问他其中缘由，做过什么阴德之事。柳生回忆别无他事，只是把避雨的经历说了出来。这时王某感叹不已（才明白自己冤枉了妻子），回家后就迎回妻子团聚，并且把自己的妹妹嫁给柳生作为继室。

40. 顾佐

　　明太仓州吏顾佐，知卖饼江氏之冤，为诉之官，得释。江携其女至佐家，曰："无以为报，愿以此女为妾。"佐固却之。其后佐吏满，办事侍郎衙门，一日，至私寓候之。其夫人见之曰："君非太仓顾提控乎？识我否？"佐愕然。夫人曰："我乃卖饼女也。卖之商，商以女畜之，嫁充相公副室，寻继正室。每恨无由报德，当为相公言之。"侍郎疏上其事，孝宗嘉叹，擢（zhuó）为吏部主事。

译文

明朝太仓官吏顾佐，他得知卖饼为生的江氏遭受了冤屈，于是帮助他向官府申诉，最终江氏得以释放。江氏带着自己的女儿来到顾佐家拜访，并说："你的恩情，无以为报，愿意将小女送给你为妾。"顾佐坚决地拒绝了。后来，顾佐的官职期满，要到侍郎门下办事。一天，他在侍郎的私宅等候侍郎。侍郎的夫人见到顾佐后说道："你不就是太仓的顾提控吗？还认识我吗？"顾佐感到非常惊讶。夫人接着说："我就是当年卖饼人的女儿。我被卖给了一个商人，商人把我当作女儿，抚养成人，并将我嫁给侍郎作侧室，不久之后，成了正室。我一直遗憾没有机会报答你的恩情，我会将这件事告诉相公。"侍郎得知后，将顾佐的事迹上疏给皇帝，明孝宗对此表示勉励和赞叹，于是提拔顾佐为吏部主事。

41. 徐立斋

清顺治己亥，昆山徐殿元立斋，得第之初，有人祷于城隍庙，因止宿焉，中夜见神赫奕升座，唤其人谓曰："汝知徐氏中元之故乎？徐氏累代不淫，久有积行，上格天心。今日鼎甲之发，特其肇端耳。功名虽秘，果报昭昭，语汝悉知。世之昧然于万恶之首者，可以悟矣。"言毕，即呵道去。其人谨志而广传之。后健庵庚戌科，彦和癸丑科，同胞三鼎甲，子孙联翩继起。

译文

在清朝顺治己亥年间,昆山的徐立斋(徐元文,号立斋)刚考中状元不久。当时有人到城隍庙烧香祈祷,在庙中过夜。半夜时分,这个人看见城隍威严升座,召唤他上前说:"你知道徐立斋中状元的缘故吗?徐家历代没有发生邪淫之事,长久积累的善行感动了上天。今天徐立斋中状元,只是徐家好运的开端。虽然功名之事难以预测,但因果报应是显而易见的,希望你能明白这个道理。世上那些沉迷于淫欲的人,就可以因此醒悟了啊!"城隍说完这些话后,就有人为他鸣锣开道离开了。这个人记下了城隍的话,并广为传播。后来,徐立斋的大哥徐健庵(徐乾学,号健庵)在庚戌年(康熙九年,1670 年)考中了探花,他的二哥徐彦和(徐秉义,字彦和)也在癸丑年(1673 年)考中了探花。同胞三兄弟位列三鼎甲,后来,他们的子孙也接连不断地登科上榜。

事证

42. 陆左埱(qī)

明钱塘陆左埱,立身孝友,博物洽闻,善行不可枚举。而其隐德,尤人所难。尝寓一友别业,夜有美妇暱(nì)就之,埱峻拒不纳,妇惭悔而退。次日托故避去。人莫知之也。埱虽雾豹未彰,而子若孙,皆以孝廉明经,著声乡国。曾孙宗楷,乡科发解,联捷南宫。芝兰奕奕,科第之荣,正未有艾。石门吴青坛侍御,埱门下士也,曾闻其事而述之,现载《感应篇图说》。金坛王羿为之记。

译文

　　明朝钱塘的陆左峦，以孝顺和友爱立身，博学多闻，善行数不胜数。尤其他累积的阴德，是普通人无法做到和难以想象的。曾经有一次，他寄居在一位朋友的屋宅中。夜晚，有一位美丽的妇人前来对他投怀送抱，陆左峦坚决拒绝，妇人因感到羞愧就离开了。第二天，陆左峦借故离开，没有人知道这件事。虽然陆左峦怀德隐居，人们并不知晓他的善行，但他的子孙都考中了孝廉（举人）和明经（贡生），在家乡声名远著。他的曾孙陆宗楷，在乡试中考中了解元（考中举人第一名），接连在后来的考试中，捷报频传。陆家的后世子孙特别兴旺，并且考中功名的很多，子孙登第的趋势方兴未艾。石门的吴青坛侍御，是陆左峦门下的学生，曾听闻这些事迹并将它记录下来，现记载在《感应篇图说》中。金坛的王畀为此还作了记。

43. 冒起宗

　　明冒起宗，自幼虔诵《感应篇》。戊午入闱，昏迷如梦，觉神助成篇，得领乡荐。会试下第归，发愿将《感应篇》增注。因念好色损德尤甚，故于"见他色美"一条，备列报应。而佐之写者，南昌罗宪岳也。辛酉，罗君即入泮。迨戊辰新正，罗梦仙流三人，一老翁苍颜黄服，二少年披紫衣，左右侍。老翁出一册，左顾曰："尔读之。"左立者朗诵良久。罗窃听之，则冒君所注"见他色美"二句全注也。读毕，老翁曰："该中！"旋顾右立者曰："尔咏一诗。"即咏曰："贪将折桂广寒宫，须信三千色是空。看破世间迷眼相，榜花一到满城红。"罗醒，作书详述梦中事，寄起宗子，曰："尊公应捷南宫矣，但'榜花'二字难解。"比榜发，冒果高捷。后冒于陈宗九斋头，见《类书》中有"榜花"二字注云："唐礼部放榜，姓僻者号榜花。"而冒姓实应之。

译 文

明朝的冒起宗，从小就虔诚诵读《太上感应篇》，在戊午年参加考试时，像做梦一样昏昏沉沉，感觉如有神明相助，完成了文章，最终得到乡荐名额。后来在会试中落榜。他回家后，发愿对《太上感应篇》增注。他感念好色损德实在太严重了，因此在"见他色美"一条中详细列举了各种报应。协助他抄写的是南昌的罗宪岳。辛酉年，罗宪岳成功入学。戊辰年新年，时值正月，罗宪岳梦见三位仙人，其中一位是白发苍苍而身穿黄色道袍的老人，左右还有两个身披紫衣的仙童侍奉。老人拿出一个册子，对站在左边的仙童说："你来读这个。"左边仙童读了好一会儿，罗宪岳在一旁悄悄偷听，发现所读的竟是冒起宗所注"见他色美，起心私之"这两句的全部注解。读完之后，老人便说："该中！"于是转头对站在右边的仙童说："你来咏首诗。"仙童随即咏曰："贪将折桂广寒宫，须信三千色是空。看破世间迷眼相，榜花一到满城红。"[诗大意为：好色贪淫功名终会被削除，应当知晓世间美色诱惑宛如梦幻泡影般虚无。只有洞察看破并超越这尘世中令人迷惑的表象，待到金榜题名时，榜花（暗指冒起宗考中功名）一到，满城荣耀。]罗宪岳醒来后，将梦中的事情一一详细记录，寄给了冒起宗的儿子，并说："你父亲这次考试必中了，但'榜花'

事证

二字不知是何意？"等到发榜时，冒起宗果然高中。后来冒起宗在陈宗九的书房中看到《类书》中对"榜花"二字的注释："唐朝礼部放榜的时候，对那些姓氏生僻的人就称为榜花。"而冒起宗的姓氏，在当时属于生僻姓，因此"榜花"二字正应验在他的身上。

祸淫案

1. 李登

李登，年十八为解元，后五十不第。诣叶靖法师问故，师以叩文昌帝君。帝君命吏持籍示曰："李登生时，上帝赐玉印，十八发解，十九作状元，五十二位右相。缘得举后，私窥邻女，事虽不谐，而系其父于狱，以此迟十年，降二甲。继又侵其兄屋基，至形于讼，又迟十年，降三甲。后又于长安邸中，淫一良家妇，又迟十年。今又盗邻女，为恶不悛，禄籍削尽，死期将至矣。"师归以告，登遂愧恨而死。

【批】 李登所谓"梏之反覆（同复）"者也。使其早生悔恨，修德赎愆，则状元、宰相，可以完璧归赵。即不然，一之为甚，后业不作，则科甲显荣，犹可得半而居。乃举天地之所栽培，祖宗之所积累，而为一人戕削殆尽，辜负无穷矣！且邪淫之业，视科甲万不及一，乃以终身富贵，仅易片刻欢娱，不亦愚甚？噫！状元而为宰相，数百年中仅见一二，而因此一孽，荡然无遗。况他人星命，万分不及李登，而造孽同之，吾恐司禄神，未必仅降甲以示罚，而犹展期以待其改也。危乎危乎！今之才高学广，而竟穷困不遇以老者，宜自返平生，曾有此种罪孽否？

译 文

李登在十八岁的时候就考中了解元，后来一直到五十岁都没能及第。于是他前去拜访叶靖法师，向法师询问其中缘由，法师为此向文昌帝君祈祷叩问。文昌帝君命官吏拿着禄籍出示并说道："李登出生的时候，上天赐予他玉印，十八岁中解元，十九岁中状元，五十二岁位居右相之位。但因为他考中举人后，私下调戏邻家女子，虽然没有得逞，但他却将那女子的父亲告入监狱，因为这件事，他的功名推迟了十年，被降为二甲。后来，他又侵占兄长家的屋基，以至于闹到打官司的地步，又因此推迟十年，降为三甲。后来，他在长安的旅店中，奸淫了一位良家妇女，这样一来又推迟了十年。如今他又去私通邻家女子，作恶却不知悔改，禄籍已被削尽，死期即将到了啊！"法师回去后，把这些情况告诉了李登，李登听后既羞愧又悔恨，不久之后就死了。

【批】李登就是所谓"梏之反复"的人啊。假如他能早点心生悔恨，通过修养品德来弥补自己的罪过，那么状元、宰相的荣耀或许还能完璧归赵，失而复得。即便做不到这样，但只要有了一次过错，之后就不再犯同样的错误，那么凭借他的才能，科举的荣耀，至少还能得到一半呀。天地对他的眷顾栽培，祖宗所积累下来的福泽，全都因为他一人的恶行而消耗殆尽，实在是深深辜负了天地祖

事证

宗的恩泽啊！况且邪淫这种恶行，跟科举获取功名相比，那是万分不及其一，然而他却用终身的富贵，去换取那片刻的欢愉，真是愚蠢至极。唉！能从状元做到宰相的，几百年里也就只能见到一两个人罢了，可就因为邪淫这一种罪孽，所有的功名富贵全都荡然无存。何况其他人的命运，远远不及李登，要是还犯下同样的罪孽，我担心司禄神可不会仅仅是降低官位来作为惩罚，也不会延期等待犯者改正！危险，危险啊！如今那些才华出众、学识广博，然而最终却穷困潦倒、怀才不遇而终老的人，应该好好反省自己的一生，是否曾经有过邪淫的罪孽？

2. 徐生

宦裔徐生，年少有才名。窥邻女美，诱妻赂使刺绣，使频往来。一日生匿榻后，妻佯出视庖，生强奸之。事觉，女父母逼令自尽。生后每入试，辄见女披血衣而来，不得第。后为乱兵所杀。

译 文

徐生是官宦之家的后代，年轻时就有才名。他偷窥见邻家女子美丽，于是诱使自己的妻子贿赂她，让她来家中刺绣，开始频繁往来。一天，徐生藏在家中的床榻后，妻子假装出去看厨房，徐生趁机强奸邻女。事情败露后，女子的父母逼迫她自尽。此后，徐生每次参加考试，都会看到那个女子身披血衣向他走来，导致他一直没能考中。最终，徐生被乱兵杀死。

3. 张明三

张明三，随父官琼崖，通邻指挥二女，潜携渡海。女父追急，明三计穷，推二女死于水。后十年，明三患腰疾，迎孙医治之，小愈。是夕，孙梦二女曳（同拽）孙入水，曰："妾本琼人，来与张索命，汝何阻吾报乎？"孙惊觉，以语明三。明三捬膺叹曰："孽至矣，吾其殆乎！"逾月死。

事证

译文

张明三跟随做官的父亲前往琼崖（今海南岛），与邻居指挥使的两个女儿发生了私情，并偷偷带她们渡海私奔。女子的父亲知道后穷追不舍，张明三无计可施，便将两个女子推入水中溺死。十年后，张明三患上了腰疾，他请来孙医生为他治疗，病情稍微好转。那天晚上，孙医生梦见两个女子将他拖入水中，说："我们本是琼崖人，来向张明三索命，你为何阻拦我们报仇？"孙医生惊醒后，将梦境告诉张明三。张明三捶胸感叹说："孽缘到了，我这一生完了！"一个月以后，张明三就死了。

4. 刘尧举

龙舒刘尧举，买舟就试。舟人有女，刘数调之，无由得间。至二场，出院甚早，适舟人入市贸易，遂与女通。是夕，刘父母梦神告曰："郎君应得首荐，因所为不义，天榜除名矣。"及发榜，主司果已拟元，因违式见黜。刘大悔恨，后竟终身不第。

译文

龙舒（今安徽舒城）人刘尧举，他租船前去考试。船家有个女儿，刘尧举多次想调戏她，一直没有机会下手。第二场考试结束后，刘尧举很早就离开了考场，适逢船家去市场买东西，刘尧举就趁机和船家的女儿私通。那天晚上，刘尧举的父母梦见神明告诉他们："你们的儿子本应考第一，但他做了不道德的事，天榜上已经除名。"等到发榜公布时，原本考官已经拟定刘尧举为第一名，但因为他违反规定，结果被废除了资格。刘尧举非常后悔，后来一生都没考上功名。

5. 钱外郎

常熟有钱外郎者，家居武断。里中有妇，色美而家贫。钱遂贷银与其夫，令贩布于临清，因与妇通。一日，其夫出门，以潮落不能去，复归，见钱正拥妇欢饮。夫惭且怒，旋回舟中。钱阴与妇谋，夜遣人诈为盗，杀之。族人知而鸣于官，已伏罪矣。钱又挥金越诉，得以幸免。方出郭门，忽雷雨骤作，两人俱击死。

【批】 淫其妇而杀其夫，天理难容，冤魂莫解。故人虽巧于谋为，天更神于报应。试观此等人，安然不报者，百不得一。亦何异举刃自杀也哉！

译文

常熟有个钱外郎，他在乡里专横跋扈。村里有个妇女，长得很美丽但家里很贫穷。钱外郎就借钱给她丈夫，让她丈夫去临清贩卖布料，然后趁机和这个妇女私通。有一天，女人的丈夫出门，因为潮水退了，船只无法行驶，又回到家中，正好看到钱外郎抱着妻子在喝酒作乐。丈夫既羞愧又恼怒，立刻回到船上。钱外郎暗中与妇女密谋，夜里派人假装成盗贼，杀害了她的丈夫。丈夫的族人得知后向官府报案，钱外郎和妇女被伏法定罪。但钱外郎又利用金钱贿赂上级官员，越级上诉，最终得以免除法律的惩罚。刚出城门，突然之间，风雨大作，雷电骤起，钱外郎和那位妇女都被雷电当场击死。

【批】奸淫他人的妻子并杀害其丈夫，天理不容，冤魂愤恨难解。即使人能巧妙地谋划和逃避责任，但上天的报应丝毫不爽。试想此等人，能安然无恙而不受报应的，百人里面也没有一个。这种行为和举刀自杀又有什么区别呢？

6. 陆仲锡

明陆仲锡，生有异才，年十七，从师邱某居京。对门一女甚美，二人屡窥心动。师曰："都城隍最灵，汝试往祷，或当有合。"遂祷之。是夜，梦与师俱为城隍所追，大加诃责，命查禄位。及检籍，陆某下注"甲戌状元"，邱某下无所有。神曰："陆某当奏闻上帝，尽削其籍。邱某抽肠。"梦方醒，馆童敲门，报邱先生绞肠痧死矣。后仲锡竟终身贫贱云。

译 文

明朝时期，有一个名叫陆仲锡的人，他天生就是奇才，十七岁时，跟随老师邱某在京城居住。他们的对门住着一个非常美丽的女孩,二人经常互相偷窥,心神动摇。老师对陆仲锡说:"京城的城隍非常灵验,你不妨去那里祈祷一下,说不定城隍能成全你们。"陆仲锡于是去城隍庙祈祷。那天晚上,他梦见自己和老师被城隍追捕,城隍严厉地斥责他们,并命官吏查看二人的禄位。等到查看禄籍时,陆仲锡的名字下写着"甲戌年状元",而邱某的名字下什么都没有。神明说:"对陆仲锡,当要上奏天帝,尽削其禄。邱某当受抽肠而死。"陆仲锡刚刚从梦中惊醒,馆童就敲门,告诉他邱老师因为绞肠痧已经去世!后来,陆仲锡一生都过着贫贱的生活。

7. 朱维高

清宿松令朱维高,己酉入江南内帘,取中一卷。夜梦一人告曰:"此人有隐恶,不可中。"因手书一"淫"字示朱。询其详,不答。次日,朱忘前梦,以此卷呈。主试大加赏异,忽以笔抹其篇中"险阻"二字。朱禀云:"中卷中如此字类不少,似不应抹。"主试亦悔之,命朱洗去。及洗,而墨迹溃透数层,忽忆前梦,遂摈(同摒)之。然朱终爱其文,特存其稿,但不知姓名耳。朱公本房吴履声云。

译文

清朝的时候,宿松县的县令朱维高,在己酉年江南地区的乡试中担任考官时,他取中一张考卷。晚上便梦见一个人对他说:"这个考生私底下做了坏事,不能让他考中。"并写了一个"淫"字给朱维高看。朱维高询问其中详情,但对方没回答。第二天，朱维高忘了这个梦，把这份考卷呈给主考官。主考官对这份考卷大加赞赏，但突然用笔涂掉了里面的"险阻"二字。朱维高说："这份考卷里这样的字很多，好像不应该抹掉。"主考官听了也觉得后悔，就让朱维高洗去批改痕迹。但在清洗时，发现墨迹已渗透数层纸张，这时他突然想起了昨晚的梦，于是决定摒弃这份考卷。不过朱维高还是很欣赏这篇文章，就把它保存了下来，只是不知道作者是谁。这是朱维高录取的学生吴履声说的。

8. 张宝

张宝知成都，华阳李尉妻美，宝欲私之。而尉适以赃败，宝因劾揭，窜李岭外，死于路。宝赂尉母，娶之，甚欢。无何妇疾，见尉在傍（同旁）而死。宝亦得病，梦妇告曰："尉已诉于（同与）上帝，旦夕取公，宜深居避焉。"宝觉而志之。一日暮坐，遥见堂下有红袖相招，意谓尉妻，急趋赴。遇尉持殳，口鼻出血而死。

译文

张宝担任成都知府时，见到华阳县李尉的妻子非常美丽，便心生歹意，想占为己有。李尉正因贪污犯了法，张宝趁机告发他，导致李尉被流放岭南，死在前去的途中。张宝贿赂李尉的母亲，娶了李尉的妻子，过得很欢乐。不久，这位妇人生病，临死前她见到李尉在她旁边。后来张宝也得病了，他梦到妇人告诉他："李尉已经向天帝控告了你，很快就会来取你的性命，你要深居家中，小心躲避。"张宝醒来后牢记于心。一天傍晚，张宝坐在堂中，看到堂前有穿红袖的人向他招手，他以为是李尉的妻子，急忙走过去，结果却是李尉的鬼魂，最后被鬼魂殴打致口鼻出血而死。

9. 汪生

清凤阳庠生汪某，家有小池植荷，从未得花。康熙己酉，将往录遗，见池中忽放一并蒂莲，父母喜甚。晚间，生以酒调戏其婢，妇弗阻，遂私焉。晨起视花，则已折矣，父母恨甚。生梦谒文昌，见己名登天榜，帝君忽勾去。涕泣拜祷，三度麾下。心知不祥，怏怏就道。时简文宗录取甚公，凤阳府学遗才，旧额三名，赴试仅有三人，而生独黜。三次大收，卒不录，垂涕而归。

译文

清朝时期，凤阳的书生汪某，家中有一个小池塘，种了很多荷花，但从未开过花。康熙己酉年，汪某准备去参加科举考试补录，突然看到池中开出了一朵并蒂莲，他的父母非常高兴。当晚，汪某喝酒后调戏婢女，妻子没有阻拦，便与婢女私通了。早晨去看荷花，并蒂莲的花枝已经折断，他的父母叹恨不已。汪某梦见拜谒文昌帝君，看到自己的名字已经登上了天榜，但帝君突然将他的名字勾去。汪某泪流满面地祈求，但帝君连续三次挥旗让他退下。汪某醒来后，意识到是不祥的预兆，怏怏不乐地上路赶考。当时，主考官简文宗录取考生非常公正，凤阳府补录的旧额只有三名，而去参加考试的也只有三个人，但唯独汪生一人没有被录取。后来，又有三次大规模收录，汪某始终都没有被录取，最终只能含泪回家。

10. 王生堂兄

明玉山邑庠生王某，乘母凶纳妇，约以七尽成礼。生寝柩旁，妇宿于傍（同旁）房。夜闻叩门声，婢以郎至禀，妇放入，遂同寝。五鼓遁去，曰："恐外人知，罪吾不孝也。"越数日，问及嫁赀（同资）。妇曰："准衣银八十两，及金簪珥，皆在小箱内。"五鼓遂携箱而去，不复来。迨七尽，生置酒成婚，相与告语，妇方知为贼所骗，顿足痛哭，誓不复生，归告父母，遂缢死。会葬，生引棺至墓，忽雷电交作，摄一人跪棺前，则生之堂兄也，手捧金珥及银，跪而击死，尸随破烂，一邑皆惊。此正德九年事也。

事证

译文

明朝时期，玉山的书生王某，在母亲丧期娶妻，约定在七七四十九天后正式成婚。王生夜晚睡在母亲的灵柩旁，而新娘住在房间里。一天晚上，新娘听到敲门声，婢女说是新郎来了，新娘便开门放入，与之同睡。五更时分，那人对新娘说："担心外人知道，会说我不孝。"便匆匆离去。几天后，那人询问嫁妆的事情，新娘说："准备添置衣服的八十两银子和其他金银首饰，都在小箱里。"五更时分，那人带着箱子离去，再也没有回来。等到七七四十九天后，王生准备办酒成婚，二人在交谈中，新娘才知道自己被贼人骗了，顿足痛哭，痛不欲生。回家告诉父母后，便上吊而死。在葬礼那天，王生送棺到墓地，忽然雷电交加，有一个人顷刻间被摄跪在棺材前，原来是王生的堂兄，手里捧着用金镶嵌的首饰和银钱，被天雷当场击中而死。尸体随即破碎不堪，全县的人都感到震惊。这是发生在明武宗正德九年的事。

11. 钱某

清顺治间，嘉兴钱某，未第时，馆于乡民某家。有女年十七。适清明拜扫，举家皆往，止留此女看家，钱遂私焉。后女腹渐大，父母诘之，女以实告。乡民以钱尚未娶，欲将女赘之，以掩其丑，因诣钱备言所以。钱故作色曰："汝女不肖，将欲污人耶？"乡民怂（同愤）归，詈（lì）其女，女遂自缢。钱后频梦此女抱子立于前。登第后，投江宁司理。时以镇江之变，将从逆诸人，发钱会勘，而钱以受赃议绞。命下之日，复梦此女以红巾拽其颈。次日即正法。

译文

在清朝顺治年间，嘉兴有一个书生钱某。在他还未取得功名时，他曾在一户乡民家中教书。这户人家有一个十七岁的女儿。恰逢清明节，全家人都去扫墓，只留下这个女儿看家。钱某趁机与她私通。后来，女子的肚子渐渐大起来，她的父母责问她，女子便将实情相告。乡民考虑到钱某尚未娶妻，打算招钱某做女婿，以掩盖这件丑事，于是去见钱某，详细说明情况。钱某却故意装腔作势地说："你的女儿没有出息，难道还想污蔑我吗？"乡民愤恨而归，责骂女儿，结果这个女子就上吊自尽了。钱某后来频繁梦见这个女子抱着孩子站在他面前。他考中功名后，被任命为江宁司理（法官）。当时因为镇江叛乱，朝廷安排钱某审查并督办这些叛逆者的罪行，而钱某因为收受叛逆者大量贿赂被判处绞刑。在下判决命令那天，钱某又梦见上吊的女子用红巾勒住他的脖子。第二天他就被正法了。

12. 某考生

山东某生，临场之夕，其仆忽死，暂置一室。及出场而仆已苏，曰："昨我随入贡院，闻家主已填中第几名，且见中者皆有红旗，家主亦有。"生大喜。仆因求家主中后，为之娶妻。生曰："即娶对门之女何如？"仆谦让不敢。生曰："吾中后，何惧其不送纳乎？"第二场，仆又死，苏而有怒色，曰："主不中矣。"惊叩其故，曰："见官府点至家主名，忽云：'某尚未中，已萌造恶之端。'令吏改填赵某。家主号前，已不见红旗。"生疑信相半。榜发第几名，果赵某也。房师将原卷送上，七篇圈满，不意三场卷为灯煤烧去半页，不可呈堂，因抽落卷补之。生懊恨不已。莱阳宋荔棠先生口述，与生同里，故讳其名。

事证

译文

山东有一个书生，在科举考试的前夜，他的仆人突然死了，尸体被暂时放在一个房间里。等到书生考试结束出来，仆人已经苏醒过来，说："昨天我跟随主人进入贡院，听说主人已经考中第几名，而且看到考中者名字下面都插有红旗，主人的也有。"书生非常高兴。仆人趁机请求书生考中后，为他娶妻。书生说："就娶对门的女孩怎么样？"仆人谦让不敢当。书生说："我考中后，还怕他们不把女儿送过来吗？"第二场考试时，仆人又死了，苏醒后带有怒色，说:"主人考不中了。"书生吃惊地询问缘故,仆人说:"我看到官吏点到主人的名字时,突然说:'某人还未考中,就已萌生造恶的念头。'命令下属改填赵某。主人的名下,已经看不到红旗了。"书生半信半疑。发榜时,果然赵某考中第几名。阅卷的老师将原卷呈送上去时,七篇文章都圈满了,没想到第三场考试的卷子,因为被灯煤烧去了半页,不能呈堂,因此抽落卷补上。书生为此懊悔不已。这是莱阳宋荔棠先生亲口诉说,他和当事人是同乡,因此没有透露书生的名字。

13. 木材商人

明宜兴有染坊,孀妇极美。木商见而悦之,诱饵百端,终不能犯。因而造谋,夜掷木数根于妇家,明日,以盗告官。又贿赂上下,极其窘辱,以冀其从。妇家虔祀赵玄坛,乃哭诉之。夜梦神曰:"已命黑虎矣。"不数日,商入山贩木,丛柯中突出黑虎,啮商头而去。

译文

明朝的时候,宜兴有一个染坊,店主是一位美丽的寡妇。一个木材商人见到她后,被她的美貌所吸引,用尽各种手段想要引诱她,但始终未能得逞。于是,木材商人计划了一个阴谋,趁夜深人静时,将几根木材扔进寡妇家,第二天便向官府告状,诬陷寡妇偷盗他的木材。同时,他还贿赂官员,使得寡妇遭受极大的羞辱和困扰,希望借此迫使她就范。寡妇家中虔诚地供奉着赵玄坛(即赵公明,传说中的武财神),于是她向神明哭诉自己的不幸。夜里,她梦见神明告诉她："我已经命令黑虎去处置那个木材商人了。"几天后，木材商人进山购买木材，突然从树丛中跳出一只黑虎，咬下了他的头颅，随即离去。

14. 支书生

清嘉善庠生支某，康熙己酉秋乡试归，谓友顾某曰："吾神魂恍惚，似有祟凭，欲依某僧以忏宿业。"顾曰可，乃偕僧往视。支忽发狂，曰："吾含冤三世，今始得汝！"僧问："有何仇恨？"曰："吾前生是其属将，伊为主将，乃系勋戚，姓姚。睍（jiàn）我妻少艾，着吾领兵出征，陷于死地，图占我妻。妻自刎，一家骨肉星散。他后死于忠义，我未得报。再世为高僧，又不得报。三世为宰相，有政绩，福禄神护之，仍不得报。今世该有科名，候三十年，近因渠又有淫业，削去文昌籍，才得下手。"言时恨怒不已。顾曰："怨宜解不宜结。"曰："我恨难释，不相饶也。"支竟颠踣（bó）而死。

事证

译文

清朝嘉善县的书生支某，在康熙己酉年秋天参加乡试后回家，对他的朋友顾某说："我感到精神恍惚，似乎有鬼魂附身，想要依靠某位僧人来忏悔过去的罪业。"顾某表示可以，于是顾某邀请僧人一同去看望支某。支某突然发狂，附在支某身上的厉鬼说道："我含冤三世，今天终于找到你了！"僧人问："你们有什么仇恨呢？"厉鬼回答说："我前世是他手下的将领，他是主将，是朝廷的权贵，姓姚。他觊觎我年轻美丽的妻子，便命令我领兵出征，使我陷入死地，企图霸占我的妻子。我的妻子因此自杀,一家人骨肉分离。他后来死于忠义,我没有机会报复。转世成为高僧,又不得报。第三世他成为宰相,有政绩,福禄神保护他,我仍然无法报复。这一世他本该有科举功名,我等了三十年,最近因为他又有淫乱的行为,被削去了文昌籍,我才有机会下手。"说话时愤怒不已。顾某说:"冤家宜解不宜结。"厉鬼说:"我的仇恨难以释怀,我不会饶恕他。"最终支某跌倒而死。

15. 某书生

贵州某生,屡试辄困,乞张真人伏章查天榜。神批曰:"此人分当科名,以盗婶故除。"起语生,生曰无之,遂申牒自辩。神复批曰:"虽无其事,实有其心。"生悔恨莫及,盖少时见婶美,偶动一念故也。

译文

贵州有一位书生,多次参加科举考试,但都未能中榜。他请求张真人写疏查看天榜,神明批示说:"此人本应有功名,因为与婶私通的缘故被除名。"张真人从坛前起来,将这个结果告诉了书生,书生否认有这样的行为,于是再次上牒申辩。神明再次批示说:"虽然没有实际行为,但确实有这样的心思。"书生听后后悔莫及,因为他年轻时见到婶婶美貌,曾偶然动过一个邪念。

16. 严武

严武,少与一军使邻,窥其女美,百计诱之,与俱遁。军使诣阙进状,诏出收捕。武惧罪,缢死此女以灭迹。及在蜀得病,见女子来索命,曰:"妾虽失行,然无负于君,乃至见杀,真忍人也。妾已诉于上帝,期在明日。"黎明果卒。

译 文

严武年少时,与一位军使为邻居,窥见军使的女儿长得美丽,便千方百计引诱她,最终二人私奔。军使发现后,向朝廷上告,皇帝下令追捕他们。严武害怕被治罪,便将女子缢死以消除罪证。后来,严武在蜀地生病时,见到女子前来索命,说道:"我虽然失德,但并未对不起你,你竟如此狠心杀害我,真是残忍。我已向天帝控诉,明天就是你的死期。"第二天黎明,严武果然死了。

事证

17. 刘公差

江宁差役刘某,有一犯问罪收禁,须十余金,可赎罪放归。犯因浼刘到家,卖女以赎罪。刘即往,与其妻商议。妻颇有姿色,刘欲奸之,妻以夫之性命,赖其扶持,勉从之。随卖女得二十金,尽付为赎罪使费。

刘持金自用,不为交纳。其妻以银已交官,夫可计日归也。候数日无音耗,讬(同托)一族人往探,因言其故,犯一恸而死。

旬日,刘差寒热交攻,自言:"某人在东岳告我,即刻要审。"伏席哀号,自云:"该死。"随云:"以我惯说谎,要将铁钩我舌头。"须臾舌伸出数寸,一嚼粉碎,血肉淋漓而死。

译文

江宁县有一个姓刘的差役,有一个人因为犯罪被关押,需要十多两银子才能赎罪释放。犯人因此请求刘某到他家中传话,让他的妻子卖掉女儿来赎罪。刘某去了犯人的家中与他的妻子商议。犯人的妻子颇有姿色,刘某便想奸污她。犯人的妻子考虑到丈夫的性命安危,还需依赖刘某的关照,只得勉强顺从。之后,犯人的妻子卖掉女儿,得到二十多两银子,全部交给刘某作为赎罪的费用。

然而,刘某却将这些银子据为己有,没有为犯人交纳赎金。犯人的妻子以为赎罪的银子已经交给官府,丈夫回来,指日可待。等了几天却没有一点消息,便托一位族人去监狱探问,并向犯人说明赎金的事情。犯人听后,极度悲恸而死。

十天后,刘某患病,寒热交攻,自言自语地说:"某人在东岳地府控告我,判官立即要提审。"然后伏在床上哀号,又自言自语地说:"该死。"接着又说:"因我一贯爱说谎,判官要用铁钩来钩我的舌头。"不一会儿,刘某的舌头伸出数寸长,然后自己将舌头咬得粉碎,血肉淋漓而死。

18. 杨某

宿松杨某,有名庠中,奉关帝极其诚敬,夜梦关帝赐以方印,自拟必中。后于楼下,淫一良家女。场后归家,复梦关帝向彼索印。杨云:"印授我矣,又何索焉?"帝云:"不只索印,兼索汝命。某月某楼之事,汝安之乎?"不一月,父子俱死。

译 文

宿松的杨某，在当地学子中很有名望，平日里他供奉关帝极其诚敬。一天夜里，他梦见关帝赐给他一枚方印，杨某依据此梦，认为自己科举必中。后来，他在楼下奸淫一位良家女子。考试结束后回家，他又梦见关帝向他讨回方印。杨某说："方印已给我，为何又要讨回去？"关帝说："我不但要索回方印，还要索你的命。某月某楼上发生的事，你做得心安吗？"不到一个月，杨某父子都死了。

事证

19. 符秀才

明正德间，四明符秀才死后讬（同托）梦于子云："生前犯淫律，明日托生，作南城谢五郎家狗矣。亟行善事，为我忏悔。"言讫，一鬼牵其项，一卒以白皮蒙其首，悲啼踯躅（zhí zhú）而去，子惊醒。明日谢氏果生狗，身细白，易之归家，为广作善事。五六年后，狗遂不食而死。又月余，家之小鬟，忽踞座大言，如秀才状，召家人谓曰："我实未尝犯淫，因十八岁，行过嫂房，嫂方洗妆，指环堕地，令我拾取，我因此动情。后又时时从我笑语，几至破义。嫂竟病死，我觉神思愦乱，次年亦死。死后，有鬼缚至一官府庭下，两手据地，已成狗形。今因汝行善有功，得忏前孽，将往山东赵医士家为第五子，到家一别。"言毕，小鬟蹶地而醒。

译 文

明武宗正德年间，四明（今浙江宁波）的符秀才去世后，托梦给他的儿子说："我生前犯淫戒，明天将托生为南城谢五郎家的狗。你们要赶快行善事，为我忏悔。"说完，一个鬼差牵住他的脖子，另一鬼差用白皮蒙住他的头，符秀才悲啼不已，徘徊离去。他儿子从梦中惊醒。第二天，谢家的狗果然生了狗崽，全身细细的白毛，秀才的儿子于是将狗买回家，为其广做善事。五六年后，这条狗因为不吃东西而死。又过了一个多月，家中的小丫鬟，突然像符秀才一样，坐在堂中大声地召集家人，并说："我实际上没有犯淫戒，只是因为十八岁时，路过嫂嫂的房间，嫂嫂正在梳洗打扮，指环掉在地上，让我去捡，我因此动了情。之后嫂嫂时常与我说笑，差点儿坏了名分。后来嫂嫂竟因此而病死，我也感到精神恍惚，第二年也死了。死后，有鬼把我带到一个官府堂下，我双手着地，已经变成狗的形状。现在因为你们行善有功，得以忏悔前世的罪孽，我将投胎为山东赵医士家的第五个儿子，特来家中告别。"说完，丫鬟倒在地上逐渐清醒过来。

20. 吕某

云间吕某，世家子也，纵情淫欲，其女婢、家人，恒多污坏成疾者。后子女死丧殆尽，以官事破家，屡受官刑。中年备极困苦，寒无衣，饥无食，屋无苫盖，疾病无看视者。死之日，棺衾无措，蛆虫遍体，见者无不惨然。

译文

吕某是云间（今上海松江）的世家子弟，他纵情淫欲。其婢女、家人等都受到玷污，许多人因此患病。后来，他的子女几乎全部死绝，家庭因官司而破败，他本人也多次受到官府的刑罚。到了中年，吕某遭受了极度的困苦，寒冷时没有衣服穿，饥饿时没有食物吃，房屋破漏，生病时连探望的人都没有。死的时候，连棺材和寿衣都没有，尸体上爬满蛆虫，见到的人，无不感到凄惨至极。

21. 某考生

清康熙癸酉科，松江一廪生，进头场接卷，忽见一鬼随之入号，惊泣终夜，合号为之不安。及次晚，三稿已脱，鬼趋而执其项。因疾呼邻号生救之，涕泣谓曰："某年之楚，悦一女子，绐以为妻。女子悦，遂通焉，且赠某金。携至家，内子不容而死。今彼既来，某不可复生矣！"邻号生好言慰之。有顷，闻生在号中乞命，久之，声息寂然。乃呼号军烛之，见此生以系笔红绳，自絷其颈，已气绝而逝矣。

【批】《南陵丹桂籍》曰："是私一女子，必使之入场而死，又必使自言其故而死，又必使合场士子皆知其故而死。上天显示淫报，儆戒至深切矣！"

译文

在清康熙癸酉年间的乡试中，松江一位廪生（官府供给膳食的生员），头场进考房，刚拿到试卷时，突然看到一鬼跟随他进入号舍，他因此惊恐地哭泣了一整夜，使其他考生都感到不安。等到第二天晚上，他的第三场考卷已经做好，那鬼突然冲过来掐住他的脖子。他急忙呼救，请求邻号的考生救他，哭泣着说："某年我去楚地，爱上一个女子，骗她说要娶她为妻，女子高兴地信以为真，于是与我私通，并且赠给我很多银两。我带她回家，但我的妻子不接受她，导致她因此死去。现在她既然来了，我不可能活命了！"邻号的考生用好言安慰他。不久，又听到他在考场里喊救命，过了很久，声音渐渐消失。于是，叫来巡视人员点蜡烛查看，看到这位考生用系笔的红绳自缚脖颈，早已气绝身亡。

【批】《南陵丹桂籍》评论道："此人骗奸一女子，又致其死亡，迟早要得报应，但一定要让他进入考场后再死，一定让他说明缘故后再死，又一定要让考场中所有参加考试的读书人都知道事情的来龙去脉后再死。天地神明借此昭示淫祸报应，警戒之意真是至真至切啊！"

22. 荆溪富友

明荆溪二人相善，一丰一窭。窭子妻美。丰子设谋，谓有富家可投生计，具舟并载其妻以行。将抵山，谓曰："留汝妻守舟，吾与汝先往访之。"引至林中，出腰斧斫（zhuó）死。佯哭下山，谓友妇曰："汝夫死于虎矣。"妇大哭，偕上山寻尸，引入深处，拥而求淫，妇不从。忽虎出，啮丰子去。妇惊走，以为夫落虎口矣，悲恨无聊。俄见一人远哭而来，至则其夫也，各道所以，转悲为喜而归。

译　文

明朝时，荆溪有两个人关系很好，其中一人富有，另一人贫穷。穷人的妻子非常美丽，富人心生觊觎，便计划了一个阴谋。他告诉穷人，外地有一个大户人家，可以介绍穷人去谋生计。于是准备船只，穷人带着妻子一起出发。当他们即将到达山区时，富人对穷人说："让你妻子留在这里看船，我和你一起先去探访那户人家。"富人把穷人带到树林中，拿出腰间的斧头将他杀害。然后假装哭泣着下山，对穷人的妻子说："你的丈夫被老虎咬死了。"妻子悲恸大哭，和富人一起上山寻找尸体。富人趁机将她带到更深的林中，抱住求欢，但穷人的妻子坚决不从。忽然之间，出现一只老虎，将富人叼走了。穷人的妻子惊恐地逃跑，以为丈夫已落入虎口，感到非常悲恸和无助。不一会儿，她看见远处有一人哭着走来，走近一看，竟然是她的丈夫。二人各自讲述了经历，转悲痛为喜悦，就一起踏上了回家的路。

23. 杨枢

余杭张某，商贩金陵，寓旅店，有妇称邻居，与张通焉。久之，张察邻居无是妇，疑而诘之。妇曰："正有所讬（同托），妾非人也。有杨枢者，非君里人乎？"曰："然。"妇顿足啮齿曰："此天下负心人也。妾乃娼妇，少与杨欢，曲意事妾，无所不至，为誓盟迎归，生死相保。妾以箧笥（qiè sì）归之，坚心守盟。久无音耗，闻已别娶矣，以是赍（jī）恨而死。此店即妾故居，欲附君归舟，察杨新妇若何。"张如语。既至别张，适杨宅。杨以诞辰，张乐燕（同宴）客，忽暴死，所娶亦病剧几死。张闻大惊。

译文

浙江余杭人张某,在金陵(今南京)做生意,住在旅店,有一位妇女自称是邻居,与张私通。时间久了,张某发现邻居中并没有这位妇女,于是他开始怀疑并质问她。妇女回答说:"我有要事相托,我并非人类。有一个叫杨枢的人,不正是你的同乡吗?"张某说:"是。"妇女听后捶胸顿足,咬牙切齿地说:"杨枢是天下最负心的人。我曾是一名妓女,年轻时与杨枢相爱,他千方百计讨好我,对我的关心也无微不至,发誓要娶我回家,生死相随。我把所有的积蓄都给了他,他就回去了,我坚守着我们的誓言。但从他走后就杳无音讯,后来,听说杨枢已经另娶他人。我因此含恨而死,这个旅店就是我以前的家,我希望搭乘你回家的船,看看杨枢的妻子是怎样的人。"张某就如她所求。回到余杭后,妇女告别张某,前往杨枢的家。当时正值杨枢的生日,他在宴会上招待宾客,突然暴死,而杨枢所娶的妻子也病重到几乎死去。张某听到此事后感到非常惊恐。

24. 张安国

张安国,有文学而无行检,淫一邻女,致女死于非命。后应试,主试奇其文,欲取作元。忽闻空中叱曰:"岂有淫人害人之人,作榜首者耶?"主试忽仆地,及苏,起视其卷,已裂为粉碎矣。放榜后,主试呼安国告其故,安国惭愧而卒。

译文

张安国是一个有文学才华但品行不端的人。他曾经奸淫了一个邻家女孩，导致那个女孩死于非命。后来，他参加科举考试，主考官对他的文章赞赏不已，想要让他成为状元。忽然，空中传来呵斥声说："岂能让一个淫乱害人的人成为榜首呢？"主考官突然倒在地上，等他苏醒过来，起身查看张安国的试卷，发现试卷已经碎成了粉末。发榜后，主考官叫来张安国，告诉他这件事的始末，张安国听后，在羞愧中死去。

25. 江实

建昌罗某，家贫不能娶妻，其母遂改嫁江姓，得银娶章氏。罗以母故，不忍与妇共枕席。章询知，脱簪珥衣服，令夫持以取母。夫喜，奔告母，因天晚留宿。不意江前妻子江实，已窃听之，夜诧（同托）罗名，叩门入内，拣取诸物，且求欢，章不识其诈也，遂携所有而去。及天明，夫回，章方知受骗，愧恨缢死。夫具棺殓，舁（yú）至郊外。忽雷电交驰，震死一人，手捧簪珥衣服，跪棺前，背书"奸贼江实"四字。棺木碎裂，章氏立道傍（同旁），见夫问其事，相与大恸扶归。继父江潮，亦感泣，携罗夫妇与之同居。

译 文

建昌的罗某，因为家境贫寒，无法娶妻。他的母亲为筹集资金，改嫁给姓江的人，得到银子，罗某就娶了章氏。罗某因为母亲为了自己而被迫改嫁，不忍心与妻子同床共枕。章氏询问原因后，了解到罗某的孝心，于是脱下自己的首饰和衣物，让丈夫拿去把母亲换回来。罗某非常高兴，急忙去告诉母亲，因为天色已晚，母亲留他住宿。没想到，江姓人的前妻之子江实已经偷听到了这一切。夜里，江实冒充罗某敲开章氏的门，不仅拿走所有的财物，还企图求欢。章氏没有识破这个骗局，结果江实带着所有财物而去。等到天亮，罗某回来，章氏才知道自己上当受骗，感到羞愧和愤怒，于是上吊而死。罗某悲愤交加，为章氏料理后事。出殡那天，罗某抬着棺材来到郊外，突然雷电交加，震死一人，这个人手里捧着簪子和衣物，跪在棺材前，背上写着"奸贼江实"四个字。棺材被震得碎裂，章氏站在路边，看到丈夫，询问发生何事。二人相拥而泣，搀扶着回家。继父江潮也被感动得哭泣，便邀请罗某夫妇和他们一起生活。

26. 许兆馨

明晋江许兆馨，戊午举人。往诣本房座师，偶过尼庵，悦一少尼，遂以势胁之，强污焉。次日，忽自啮舌为两断而死。

译文

明朝时期，福建晋江的许兆馨，在戊午年考中了举人。他在前往拜见自己考官的途中，偶然路过一座尼庵，看见庵中的一位尼僧年轻貌美。许兆馨就利用自己的势力威胁尼僧，强行奸污。第二天，许兆馨突然将自己的舌头咬断为两截而暴亡。

27. 铅（yán）山某人

铅山人某，悦邻家妇美，挑之不从。值其夫病，天大雷雨，乃着两翼花衣，跃入邻家，奋铁椎击杀之，仍跃出，人皆以为雷击也。后遣媒求娶，妇因贫改适，伉俪甚笃。一日妇拣箱见衣，怪其异制，夫因笑而言其故。妇佯为言笑，俟出，即抱衣赴官，官论绞罪。绞之日，雷大震，身首异处，若肢裂者。

译文

铅山有一个人，看上了邻家的美妇，几经引诱，少妇不从。后来少妇的丈夫生病了。在一个大雷雨天，这个人穿了一件带两只翅膀的花衣，翻墙跃入邻家，举铁椎将少妇的丈夫打死，然后翻墙跃出。人们都以为少妇丈夫是被雷击死的。此人后来请媒人向少妇求婚。少妇因为生活困难，就改嫁给他。婚后夫妻情深。一天少妇整理衣箱，发现那件花衣，感觉非常奇怪。此人笑着讲出以前的事。少妇假装说笑，等他出去以后，就拿这件衣服向官府告状。官府将这个人处以绞刑。行刑那天，雷声大震，将他震得身首异处，四肢断裂。

28. 郭亨

江宁庠生郭亨，己卯入场。未放榜时，其友杨生谓曰："我近为阴府判官，知君该中五十七名。汝家一婢，为汝收用，受气不得其死，屡来赴告，以此除君名矣。"郭初闻之不信，及领卷出来，本房已入荐列，乃大悔恨焉。郭生一生忠厚，只因此事不慎，潦倒终身。

【批】 按《功过格》："留婢作妾，为三十过。"特以理而言也。若揣情酌势，则且有无穷之过存焉。盖男女之配，虽贫贱而各得所愿。强抑为妾，已违其本愿。而更有最难堪者，常有以少艾而事老夫，以娇柔而遭悍妒，赍恨衔怨，郁郁求死，遭此毒者，良可悯也。要其所自，则以一人之不能制欲而然。至妻妾之间，诟詈（lì）相争；中冓（同媾）之事，丑秽莫掩。患非一端。人非万不得已，慎毋以此造无穷之孽也。

译 文

江宁（今南京）的书生郭亨，己卯年参加科举考试。在放榜之前，他的朋友杨生告诉他："我最近在阴间担任判官，知道你本应考中第五十七名。但你家中一名婢女，被你强行纳为妾后，因受气而死，她多次来告状，因此，你的功名被除去了。"郭亨起初不信，后知他的试卷虽已经被本房考官推荐，但最终没有上榜，于是大生悔恨之心。郭亨一生忠厚，只因这件事不慎，导致终身潦倒。

【批】 根据《功过格》："留婢作妾，算三十次过。"这是从理上来说的。如果考虑到实际情况，那么可能有无穷的过失。男女婚配，即使贫贱也应各得其所愿。强行纳人为妾，已经违背她们的本意。更有尴尬难堪的是，常有年轻女子侍奉很老的人，有些女子由于娇柔而遭受正室的忌妒，婢仆心怀怨恨，就郁郁寡欢死去了。遭受这种苦难的人，实在令人同情。要从根本追究原因，都是因为一个人不能克制欲望所致。至于妻妾之间，诟骂争吵；内室的丑事，更是丑秽难掩。祸患的发生并不是单方面的原因。因此，除非万不得已的时候，千万不要留婢女和仆人作为小妾，不要因色欲而造下无穷无尽的罪孽啊！

29. 王勤政

滁阳王勤政，与邻妇通奸，有偕奔之约，妇因杀其夫。政闻大骇，即独身逃至江山县，相距七十里，以为祸可脱矣。饥入饭店，店主具二人食。政问故，店主曰："此披发随汝者非人乎？"政惊，知怨鬼相随，即到官自首。男女俱伏法。

译文

滁阳（今安徽滁州）的王勤政与邻居的妻子通奸，二人约定一起私奔。邻妇因此杀害了自己的丈夫。王勤政听到这个消息后非常害怕，立刻独自逃到了七十里外的江山县，以为这样就能逃脱灾祸。他因为饥饿进到了一家饭店，店主却为他准备两份食物。王勤政询问原因，店主说："这个披头散发跟着你的不是人吗？"王勤政大惊，知道是被杀害的怨鬼跟随而来，于是，他便前往衙门自首。最终男女二人都受到法律的制裁。

30. 孪生兄弟

豫章有一乳双生者，相貌声音如一，自襁褓以至三十，相征得失皆同。三十一岁，兄弟科举至省。邻妇孀而丽，挑其兄，兄正色拒之，且以此戒其弟。弟佯诺，竟与妇通。妇初不知其为弟也。彼此情稔，因与妇约曰："我得中，必娶尔。"及放榜，兄入彀（gòu），弟下第矣。弟复诳妇曰："俟我发甲后娶汝。"且以乏资斧为言，妇倾囊付之。春，兄登甲，妇朝夕盼望，音问杳然，抑郁成病，阴以书贻兄，而妇殂矣。兄得书惊，诘弟，弟俯首输情。次年，弟所举子殇，而兄子固无恙。恸哭不已，双目顿盲，未几亦死。其兄享高爵，多子孙，称全福焉。

【批】 凡人当祸患之至，不可尽委之于命，当惕然思我生平，所作何孽，致有今日？重自刻责，改过自新，庶可挽回神明之谴怒，而转祸为福。不然，是亦豫章之弟而已矣。

译 文

豫章（今江西南昌）有一对孪生兄弟，相貌和声音都一模一样，从小长到三十岁，他们的得失经历都相同。三十一岁那年，兄弟俩一同前往省府参加科举考试。他们的邻居是一位美丽的寡妇，她先挑逗哥哥，但被哥哥严肃地拒绝，并且警告弟弟要当心。弟弟表面答应，暗地里却与寡妇私通，寡妇起初并不知道他是弟弟。久而久之，弟弟与寡妇的感情越来越深，他向寡妇承诺："如果我考中了，一定会娶你。"等到放榜时，哥哥考中，弟弟却落榜了。弟弟又欺骗寡妇说："等我将来赴京考中后娶你。"并说现在缺乏路费，寡妇将她所有的积蓄都给了弟弟。第二年春天，哥哥考中了。寡妇日夜期盼，但音信全无，最终抑郁成病。她偷偷给哥哥写了一封信，不久后便去世了！哥哥收到信后非常震惊，责问弟弟，弟弟低着头，只好承认了自己的所作所为。第二年，弟弟的儿子就死了，而哥哥的儿子却安然无恙。弟弟悲恸欲绝，哭瞎双眼，不久也去世了。哥哥则享有高官厚禄，子孙满堂，可称得上是全福之人。

【批】 当人们遭遇灾难时,不能完全归咎于命运。应当深刻反思自己一生中,做了什么坏事,才导致今天的灾祸?只有深刻自责,改过自新,也许能挽回神明的愤怒于万一,转祸为福。否则,就会落得像豫章弟弟的那种下场,遭受种种不幸。

31. 某生

维扬某生,造一淫书既成,梦神呵之,醒而自悔,遂止。后因子夭家贫,仍复付梓,未几目瞽(gǔ),手生恶疮,五指拘挛而死。

译 文

在维扬(江苏扬州)有一个书生,在写完一本淫书后,便梦见天神呵斥他。醒来后感到悔悟,于是中止了对该书的刊印。后来因为他儿子夭折,家中贫困,他又将写好的淫书,拿出来刊印挣钱。结果没多久,他的眼睛失明,手生恶疮,五个手指肌肉抽搐,凄惨地死去。

32. 施耐庵

施耐庵作《水浒》,其中奸盗之事,描写如画,子孙哑者三世。

译 文

施耐庵作《水浒传》,里面不过是非奸即盗的事,却描写得栩栩如生,导致其子孙三代都得了哑巴的报应。

事证

33. 郑生

清康熙丙午年，兖州属县有郑生者，美秀能文。悦舅之女艳而淑，求为婚。弗许，既诺邻邑萧氏之聘。以婿病，逾年未嫁。郑赂女之婢，得其睡鞋、香囊，怀以示萧之内戚，言女与己有私。盖计萧知之，必当离婚，婚既离，则破甑无有顾者，然后可求而得之耳。萧得谮，疑信相半，使人诘女之母。女闻谤言，不胜其愤，取利刃一挥，命随腕绝。父讼之官，邑侯某公，察而毅，捕郑拷讯，尽得其实。备极五刑而死。

【批】 唐元稹之姨女，崔莺莺者，绝世姿也。稹固求为婚，崔母欲以妻其侄郑恒，不遂其请。稹愤甚，因作《会真记》以污之，且代莺作唱和诗传世，遂使无瑕白璧，蒙垢千秋，较之郑生，罪又甚焉。厥后雷火焚尸之报，不亦宜哉？

译文

在清朝康熙丙午年间，兖州下辖属县有一个姓郑的书生，长得英俊且有文才。郑生爱慕自己舅舅的女儿，她既美丽又贤淑，于是就向舅舅提亲。舅舅没有答应，因为他已将女儿许配给邻县萧家的儿子。但由于女婿生病，婚事被推迟一年多。郑生贿赂女孩的婢女，得到她的睡鞋和香囊，然后拿给萧家的亲戚看，谎称女孩与自己有私情。他料想萧家知道后，必定退婚，一旦婚事退掉，他认为女孩就没人要了，那时他就可以轻易地追求到她。萧家听到这些谣言后，半信半疑，派人去询问女孩的母亲。女孩听到这些谣言后，非常愤怒，用利刃一挥，割腕结束了自己的生命。她的父亲将此事告到官府，县官某公廉洁刚毅，逮捕了郑生，通过审讯，最终得知真相，郑生被施以各种残酷刑罚而死。

【批】 唐代诗人元稹，他有个姨表妹，名叫崔莺莺，崔莺莺有着绝世的美貌。元稹一再地向她求婚，但崔莺莺的母亲打算将她嫁给自己的侄儿郑恒，没有答应元稹的请求。元稹因此非常愤怒，于是写下了《会真记》来侮辱崔莺莺，并且冒用崔莺莺的名来作诗和唱，使之流传于世。这使得崔莺莺这位白璧无瑕般的女子，背负了千年的污名，与郑生相比，元稹的罪过又更严重了。因此，后来元稹遭受到雷火焚尸的报应，这难道不是他应得的吗？

事证

34. 江南书生

江南一书生，文有藻思，但素性好谈人闺闱事。己酉入闱，至三场给烛时，忽见卷面上，有"好谈闺闱"四字，生急以手擦去，及誊正视之，卷面已擦破矣。后视硃（同朱）卷，七篇圈满，拟中魁，因无三场不录，自是潦倒终身。

译 文

江南有一位书生，文采飞扬，但他平时喜欢谈论男女之事。在己酉年，书生参加科举考试。在第三场点蜡烛的时候，他忽然看到自己的试卷上出现"好谈闺闱"四个字。书生急忙用手擦去这些字，但等到他正式誊写时，发现试卷已被擦破。后来阅卷时，他的七篇文章，都是红圈，本来已拟定为第一名，却因为缺少第三场的试卷而没有被录取。书生从此潦倒终身。

35. 秦生

明季吴下有秦生者，力学多才，尤工诗词乐府。为人极其轻薄，惟好作谑语诮世。或见人形貌不堪，识面而一诗立就；闻人作事可笑，入耳而一歌已成。其窗友夤（yín）缘入泮，作《游庠诗一百韵》贺之。其邻人帷薄不修，作《黄莺儿十首》赠之。绘影写风，穷工极巧，流播人口，达于远近。因此屡困老拳，且讼之官府，几至褫（chǐ）其衣衿，终不改。晚年忽病疟发狂，自啖其粪，取刀自劙（lí）其舌。家人夺刀，锁之空室中。觅刀不得，乃嚼舌如糜而细吐之，臭闻户外。后于窗隙，窥见庭中有劈柴斧，遂奋勇突窗而出，取斧自斫而死。

【批】 于觉世曰：以秦生之才，何难为善俗宜民之用，而乃以此为杀身之具。何异以隋侯之珠弹雀、太阿（ē）之剑刈薪也。近有一生，负异才，自拟必中，然好以经书为谑浪之谈，后屡获荐，皆因后场有讹被黜。此则侮圣言之报也。因世间才士，往往犯此，不知其非。噫！如此读书，与优人演戏何殊焉？斯文扫地，皆此种读书人所致。

译文

在明朝末年，吴地有一位姓秦的书生，他勤奋好学且才华横溢，尤其擅长诗词和乐府。但他为人轻薄，喜好戏虐讽刺他人。见到相貌丑陋的人，他当面就能作诗；听到什么可笑的事，只要一入耳，他也能马上编首歌。他的同窗好友通过拉拢关系而入学，秦生就作《游庠诗一百韵》来"祝贺"对方；邻居家有男女丑事，他就作《黄莺儿十首》来"赠送"对方。写得有声有色，人们口口传播，远近皆知。因此，他屡屡受人打骂，并且被告到官府，即使差点被剥夺功名，他却始终不改。晚年时，他突然患上疟疾，疾病发作时，就吃自己的粪便，用刀割自己的舌头。家人夺下刀子，将他锁在空房间里。他找不到刀子，就嚼自己的舌头，嚼烂后吐出，臭味传到户外。后来他透过窗户的缝隙，看见庭院中有劈柴用的斧头，便奋力破窗而出，用斧头把自己砍死。

【批】 于觉世说：以秦生的才华，做些改善民风、利于百姓的事情并不是难事，但他却用这些才华作为杀生取祸的工具。这和用珍贵的隋侯之珠去弹麻雀，用著名的太阿宝剑去砍柴有什么两样呢？最近有一个书生，自以为很有才华，认为必定能考中，然而，他却喜欢拿经书中圣贤的教诲作戏谑之谈，后来屡屡被推荐录取，都因后场考试出现错误而被除名。这就是亵渎圣贤教诲的报应。世上很多有才华的人，常常犯这种错误，却不知道这样做是不对的。唉！这样的读书人和演戏的优伶有什么区别呢？斯文扫地，都是这样的读书人所致。

36. 孙岩

李叔卿，素廉谨。同僚孙岩嫉之，妄言于众曰："叔卿空自得名，以吾视之，狗彘（zhì）也。"或问其说，曰："叔卿妻妹，岂得为人？"自是喧传远近。叔卿欲明，不便出口，即不欲明，愤恚（huì）难忍，遂郁悒（yì）死。其妹闻知，大为惊恨，亦缢死。不数日，雷雨暴作，将岩击死，暴尸叔卿之门。及葬，雷复发其冢。

【批】 系有心污蔑人，固应如此重报。而无心戏谑，亦断不可。壬子浙闱，有一妇人进号，随走随唤云："东阳王二。"举号大骇，以火烛之，遂不见。因挨寻至内，果有一王姓行二者，具（同俱）以告，且诘其故。其人思之良久，曰："数年前聚族戏谈，偶言一村孀守节，以为难信。其妇闻之，愤而死，得无是乎？"因惧，不敢完卷，收拾出号，坠阶伤额，扶至寓，翌旦死。可见戏谑之害，凡有关人名节者，断不可轻出诸口也。

译文

李叔卿是一个平生廉洁且谨慎的人。他的同事孙岩非常忌妒他，于是在众人面前散布谣言说："李叔卿就是空有其名，在我眼里，不过是猪狗而已。"有的人问他为什么这么说，孙岩便捏造事实说："叔卿与他的妹妹私通，这还是人吗？"这个谣言很快远近皆知。李叔卿听说后，本想辩解，这种事又不方便开口；有口难辩，愤恨难忍，最终忧郁而死。他的妹妹听到这个谣言后，非常震惊和愤恨，也上吊自杀了。不久，雷雨大作，孙岩被雷电击中而死，暴尸在李叔卿家门前。等下葬之后，孙岩的坟墓又因被雷电击中而垮塌。

【批】 这是故意污蔑他人的行为，自然该受到如此严重的报应。即使是无心的玩笑，也绝对不可以啊！在壬子年的浙江科举考试中，有一个妇人进入考场，边走边叫"东阳王二"。整个考场的人都感到非常惊恐，用火点亮蜡烛照看，却不见妇人踪影。后来在考场中逐个寻找，果然找到一个姓王且排行第二的人，众人把情况都告诉了他，并追问原因。

这位考生思虑良久，说："几年前家族聚会时，大家戏谈间，偶然说到村里一个寡妇守节的事，我当时说难以置信。那个寡妇听到后，居然因此愤恨而死，难道是这个原因吗？"因此他十分害怕，没有心思再做试卷，收拾东西就离开了考场。下台阶时摔伤了额头，被人扶回住处，第二天一早就死了。由此可见，开玩笑的危害之大，凡是涉及他人名誉和节操的事情，绝不能轻易妄谈。

37. 蓝润玉

蓝润玉，弱冠擅才华，丰姿韶秀，同学皆以金马玉堂期之。所居邻某尚书宅，尚书有女，已字而未嫁，才色倾一时。生偶见于升车时，归而渴想。一日闲步后园，闻隔墙女子声，梯而窥之，识为车中人，乃暗于墙下凿去半砖，日觇之。积半年，女出阁，生无因再窥，怅甚，乃赋《长相思》词。为一友所见，举而投诸火，并诫其勿复告人，于德行大有累。生笑其迂。后入闱，夜梦神抉其目，寤而目痛甚，两瞳如针刺，不能启睫，因缴（同交）白卷出。归家痛不止，遂双瞽（gǔ）。及榜发，毁词友魁列矣。

译文

蓝润玉年少时就才华横溢，相貌英俊，同学都认为他将来必定金榜题名。他家与一位尚书家为邻，尚书有个女儿，已经婚配但还未出嫁，她的才华和美貌在当时非常出名。一次，尚书女儿上车时被蓝润玉偶然看到，蓝润玉回家后便对她朝思暮想。一天，他在后园散步时，听到隔壁墙那边传来女子的声音，便搭梯子偷看，认出那正是之前上车看到的那个女子。于是他偷偷地在墙下凿掉了半块砖，每天都偷窥她。过了半年，尚书的女儿出嫁了，蓝润玉再也没有机会偷窥，感到非常失落，于是写下一首名为《长相思》的词。这首词被他的一个朋友看到，朋友便把它投入火中焚毁，并告诫蓝润玉不要再向别人提起这件事，这对他的德行有很大的影响。蓝润玉对此不以为然，觉得朋友太过迂腐。后来他参加科举考试时，晚上梦见他的双眼被神明挖掉。醒来后眼睛非常疼痛，双眼像被针刺一样，无法睁开。因此，只能交白卷而离开考场。回家后，他的眼睛仍疼痛不止，最终双目失明。等到放榜时，他那位焚毁《长相思》一词的朋友，名列榜首。

38. 某公子

吴地某公子，欲奸一寡妇，与所契友谋之，友即授之计，约某日往。届期，其父梦绯衣神告曰："汝子当登科甲，因坏心术，尽削去。某友本贫贱，复为人谋不善，应寸斩其肠。"父惊觉，即至书馆，果闻此友，哀呼腹痛而死。公子渐渐发狂，披发行市，卒不能救。

译文

吴地有一个公子，想要奸淫一位寡妇，于是与他的好友商量。朋友不但没有劝阻，反而给他出谋划策，并约定在某一天行动。到了约定那天，公子的父亲梦见一位身着红色衣服的神明告诉他："你的儿子本当荣登科甲，但因为存心太坏，功名尽被削除。而你儿子的朋友本身命运贫贱，又谋划不善之事，助人为恶，当受到斩肠而死。"公子的父亲从梦中惊醒，急忙赶到书馆，果然听到他儿子的那位朋友，因腹痛哀号而死。而公子也逐渐发狂，披头散发地在市场上游荡，最终无法救治。

39. 某人

浙江皇甫某，乾隆间进士，既罢官，主讲丽泽书院。后惟老夫妇，困顿而没。尝语人曰："吾为某邑知县时，有门生某，有才无行。中乡榜后，嫌己聘妻贫，适此女病臌（gǔ），乃指为有孕，控于吾，乞断离。吾拘讯此女，不容置辩，女出刀自剖其腹。事遂上闻。某门生抵罪，而吾亦免官。吾止一子，已登贤书，无何白昼觌（同睹）女来，遂死。今吾夫妇，老而无依，行见为他乡无祀之鬼，报亦酷矣。"

事证

译文

浙江有个姓皇甫的人，在乾隆年间考中进士，后来被罢官后，在丽泽书院担任主讲。晚年时，夫妻穷困潦倒，最终凄惨离世。他常常对人说："我在某地做知县时，有一个门生，很有才华但品行不端。他乡试中榜后，嫌弃自己的未婚妻太过贫穷，恰好这时未婚妻得了病，肚子肿大，他就诬陷她未婚先孕，向我告状，请求解除婚约。我就逮捕并审讯这个女子，不容她辩解，女子为证明自己的清白，竟用刀剖开了自己的肚子。事情很快被上面知道了。后来，那个门生被抵罪，而我也被免官。我只有一个儿子，已经在乡试中上榜，怎奈在大白天看见那个女子的鬼魂，因此而被吓死。现在我夫妇二人，年老又无依无靠，眼看就要成为他乡无人祭祀的鬼魂，报应真是太惨酷了！"

悔过案

1. 洪焘

明洪焘，一日暴卒，恍惚见绿衣人，引之至阴府。洪问平生食禄，绿衣人于袖中出大帙示之。已姓名下，其字如蚊，不能尽阅，后注云："合参知政事，以某年月日奸室女某，降秘阁修撰、转运副使。"洪悚然泪下，曰："奈何？"绿衣曰："但力行善事可也。"俄而前至大溪，绿衣人推堕之，恍然而寤。死已三日，以心暖故未就殓。遂痛自悔过，力行善事。后公以秘撰、两浙漕运召，甚恐，后竟无他。官端明殿学士，享上寿而终。则力行悔过之报矣！

【批】世人见有犯此，而仍富贵者，遂疑感应无凭。第焉知非若洪公之合参政，而降秘撰者乎？又焉知非若洪公之力能悔过，而默为转移者乎？慎毋不生敬信，甘心若李登之断送其状元、宰相，犹诩诩以一第为幸也。

译文

明朝人洪焘，有一天突然暴毙而亡。他恍惚中见到了一个穿着绿色衣服的人，把他引到阴间。洪焘问起自己一生的食禄如何，绿衣人从衣袖中拿出一大卷档案给他看。在他的名字下面写满密密麻麻的小字，不能尽阅，后面注解上写着："本应做参知政事（副宰相），因在某年某月某日奸淫未出嫁的女子，被降为秘阁修撰、转运副使。"洪焘看到这些，惶恐不安而泪流满面，问道："这可如何是好？"绿衣人说："只要你努力做善事，还有机会改变。"不一会儿，他们来到一条大溪边，绿衣人一把将洪焘推落溪中，他大惊而醒。这时，他已经死了三天，但因家人摸他的胸口还有温度，所以还没有入殓。他醒来之后，痛自改悔过失，努力行善。后来，洪焘被朝廷任命为秘阁修撰和两浙漕运使，他非常害怕，担心自己的仕途到此为止，不过并没有发生其他不幸。他最终官至端明殿学士，长寿而终。这就是他努力悔过并做善事的回报啊！

【批】 世上的人看到有人犯邪淫，却仍然富贵，就怀疑善恶报应没有根据，不可信。但他们哪里知道，如果不是因为犯邪淫，洪焘命里本当做参政，又怎会被降职为秘阁修撰呢？又哪里会知道，如果不是洪焘能够痛自悔改，默默地做出改变，他的官运怎会从秘阁修撰冥冥中被提拔为学士呢？因此，慎勿不生恭敬，不信善恶报应，甘心像李登那样，断送了状元、宰相的福报时，还为中了一个解元而沾沾自喜。

2. 某生

清汉阳一诸生，素有才名，屡试不第。一友为请乩叩之，乩答以："某生应有科名，因少时馆于某家，与一婢私通，欲望登第不能也。"生悚然惊惧，因辑《戒淫功过格》，广采注案，募赀（同资）刊施。至康熙丙子科，仍中式，人皆以为改过之报云。

译 文

在清朝时期，汉阳有一位书生，他向来以才华著称，但在科举考试中却屡试不中。一位朋友为他请乩叩求，乩神答示："这位书生本应有科举功名，但在年轻时曾在某家教书期间，与一个婢女私通，因此，想要盼得功名，已经不可能了。"书生听后，感到非常不安和害怕。因此，他发愿改过迁善，编辑《戒淫功过格》，广泛地收集资料注解案例，又募资印刷，到处赠送流通。康熙丙子年，书生再次参加科举考试，竟然考中了功名。人们都认为这是他改过自新的福报。

3. 项希宪

明项希宪，原名德棻（fēn），梦己为癸卯乡科，以污两少婢，被神削去科名。遂誓戒邪淫，力行善事，以赎前愆（qiān）。后梦至一所，见黄纸第八名为"项"姓，中一字模糊，下为"原"字。旁一人曰："此汝天榜名次也，因汝近来改行，故复占此。"遂易名"梦原"。壬子乡试，中顺天二十九名。己未会试，中第二名。甚疑梦中名次之爽，及殿试为二甲第五名，方悟合鼎甲数之，恰是第八。盖乡、会榜皆用白纸，惟殿试榜独黄纸云。

【批】 因梦儆悟，而痛自改过，还是有福人气象。不然，则既已削去矣，焉得复占此科名哉？可知天道祸淫，不加悔罪之人。有志者，无以一失足，而遂谓不可转移也。

译 文

明朝的项希宪，原本叫项德棻。他梦见自己考中了癸卯年的乡试，但因玷污了两名年少的婢女，所以被神明削去了功名。项希宪醒来后，深受触动和警醒，发誓要戒除邪淫，并力行善事，以此来弥补自己的过失。后来，他又梦见自己来到了一个地方，看见一张黄纸上所写的第八名为"项"姓，但中间那个字特别模糊，最后一个字是"原"。旁边有一个人告诉他："这是你原本在天榜上的名次，因为你最近改过自新，所以又恢复了原来的名次。"于是，他便改名为"梦原"。在壬子年的乡试中，他考中了顺天府的第二十九名。己未年的会试中，他考中第二名。这时，他对梦中的名次感到疑惑。直到殿试中，他考中二甲第五名，才恍然大悟，如果合计鼎甲所得的名次，他恰好是第八名。另外，乡试、会试的榜单都是用白纸，只有殿试的榜单才用黄纸。

【批】 因为梦境而觉悟，项希宪痛自改过，还是有福之人的气象。否则，既然功名已经被削去，又怎么能恢复呢？由此可知，天道祸淫，不加悔罪之人。世间有志向的人，不要因为一次失足就认为无法改变了。

4. 贾仁

贾仁，五十无子，夜梦至一府第，题曰"生育祠"。仁因叩求子嗣。主者取簿示之，谓曰："汝曾奸人妻，欲求子不可得也。"仁哀告曰："小民无知，乞容赎罪。"神曰："汝既悔过，更劝十人不淫，方可赎罪。再劝化多人，则有子矣。"仁醒，痛自改悔，因广劝世人，感化甚众，后举二子。

译文

贾仁,五十岁的时候还没有儿子。一天晚上,他梦见一座叫作"生育祠"的府第。在梦中,他向祠中的神明叩首祈求,希望能得子嗣。神明拿出一本簿册给他看,并说:"你曾奸淫他人的妻子,想要求子,那是不可能的事。"贾仁哀告说:"小民无知而犯错,请求给我一个赎罪的机会。"神明回答说:"你既然已有悔过之心,如果你能劝化十个人不犯邪淫,就可以赎罪。如果能劝化更多的人,那么你就能得子了。"贾仁醒来后,下定决心改过自新,因此广泛劝告世人戒除邪淫。他的努力感化了很多人,后来他得到了两个儿子。

5. 钟朗

辛卯浙闱场前,有一人梦神祇聚会,考校(同较)中式诸人,首名为钟朗。有一女子诉怨,中坐者曰:"是不可中。"因访求补此名者,旁答曰:"盍以孺子代之?"某人醒而以梦告钟,因细询钟委曲,知其家有婢怀妊,为主母不能容,赴水死。钟常以此不安于心,闻梦,惊骇殊甚。是科钟果不中。余恂中元,所谓"孺子"者,乃恂之字也。未几,钟妻病殁。钟益惧,由是力行不怠。次科甲午,仍中解元。

译 文

在辛卯年的浙江科举考试前,有人梦见神明聚会,考核并比较这次科举中能中榜的考生。他们提到的第一名便是钟朗。但有一个女子向神明们诉说着不满和怨恨。坐在正中的神明说："这个人不能中榜。"因此考察看哪个人能够替补这个名次，旁边的人回答说："何不让孺子代替他呢？"这人醒来后，将这个梦告诉钟朗。他仔细地询问钟朗其中的缘由，才知道钟朗奸污婢女，使婢女怀有身孕，但正妻不能容忍，导致婢女投水自尽。钟朗一直对这件事感到内疚和不安。听到这个梦后，他更加恐惧不已，这次考试，钟朗果然没有中榜。考取榜首的人叫余恂，所谓"孺子"，即是他的字号。不久之后，钟朗的妻子病逝，钟朗更加害怕了。他从此忏悔发愿，力行善事而不懈怠。直至甲午科乡试，终于考中了解元。

6. 张某

华亭张某，少有淫行，后生二子，皆不育。复得瘵（zhài）疾，经年不愈。偶见《丹桂籍》案中，淫报彰彰，不胜悔恨。遂在神前立誓，永戒邪淫，复刊《阴骘文》广施，其疾寻愈。数年间，连举三子。

译文

华亭人张某，年轻时就有淫乱的行为。后来，生了两个儿子都夭折了。张某也患上瘵病，多年未愈。一次偶然的机会，他读到《丹桂籍》中的案例，明白邪淫的恶果，昭著不爽，让他不胜悔恨。于是，他在神前发誓，永远戒除邪淫，并印刷《文昌帝君阴骘文》，广为布施。不久后，他的疾病奇迹般地痊愈了。数年之间，相继得到三个儿子。

7. 田某

明田某，丰姿俊雅，里中妇女多奔之。遂避邻近之南山寺读书，寺旁亦有来者。田心知其非，而不能忍断。有一神甚短小，初每见梦寐，继则白日现相，谓之曰："汝原有大福，合官御史，因花柳多情，削去殆尽。上帝命我监视，若自今改过，仍可不失功名。"遂猛省悔改，后果登第。

译 文

明朝时期，有一个姓田的人，他长得英俊潇洒，当地很多妇女都争相对他投怀送抱。为了躲避，田某便搬到邻近的南山寺去读书。尽管如此，仍有妇女寻来。田某心知不对，但他却无法果断拒绝。后来，田某梦见一位身材矮小的神明，最初是在梦中出现，后来甚至在大白天现身。这个神明告诉他："你原本有很大的福报，命中注定要成为御史这样的高官，但由于你在男女关系上过于多情，你的福报已被削除殆尽。天帝派我来监视你，如果你从现在起改过自新，仍然能获得功名。"田某猛然醒悟，决心悔改，后来果然登第。

8. 曹稺（zhì）韬

明崇祯间进士曹稺韬，为诸生时，与邻妇私。其夫知而欲杀之，诡语其妇曰："我明日远出，数日才归。"妇闻而喜，以为真也，遽约稺韬往。是日诸友约会课，清晨，友人来拉稺韬，稺韬辞焉。友人知其故，强之到会文所。友谓主会者曰："今日作文，要照大场式，夜宴必尽醉而返,不如约者有罚。"并令主会者封锁门户,诸生不得擅出入。稺韬大窘,不得已,草草完篇,欲先归。诸友哗曰:"有前约在,归何急也!"及夜饮,稺韬有心事,留量不饮。诸友强之饮,苛罚之,稺韬大醉,诸友送之归,已不能赴约矣。邻妇候稺韬久,倚门而望。有无赖子,知妇素行者,见其倚望,必有约不来也,遂挑之,妇亦不拒。其夫潜伏窥见,持斧杀之,并杀其妻。次日稺韬闻其事,遂要诸友为证,盟诸神明,誓为善补过,断不复行邪径。后数年成进士。当日稺韬之生而死、死而生者,间不容发,赖良友以获免。彼无赖子者,见可欲而动,竟忘隐祸之伏,不转眼而死于斧下。谚云:"奸必杀。"洵哉!

译　文

曹稺韬是明朝崇祯年间的进士,他还是学生的时候,与邻家妇人有私情。妇人的丈夫发现后心生杀意,于是,他假装告诉妻子说:"我明天要出远门,需要几天才能回来。"妇人听后信以为真,暗自高兴,便约曹稺韬前来家中。约定的日子恰好是文友聚会的日子,一大早,友人便来拉曹稺韬去,曹稺韬一再推辞。友人知道他的心思,便强行将他带到聚会的地方,友人向主持会议的人说:"今天的作文,要按照大场面的要求来办,夜晚宴会时不醉不归,违反约定的人将受到惩罚。"并请求主持会议的人将门窗锁上,任何人不得擅自出入,曹稺韬感到着急,不得已只能草草地写下文章,想要提前退场。诸位好友一片哗然:"我们还有约定在先,你为何要着急回家呢?"等到晚上宴会的时候,曹稺韬因有心事,故意喝得很少。朋友们都强迫着他饮酒(以免他提前归去与妇女幽会),且加倍罚酒，直到他酩酊大醉，朋友们才送他回家。此时，曹穉韬已经无法前去赴妇人之约。当天晚上，妇人等了曹穉韬很久，却等不见人来，便倚靠在门边守望。有一个无赖汉，知道妇人平时不守妇道，看见她倚靠在门口，必定是没有等到幽会的人，便上前挑逗，妇人没有拒绝。这一切，都被潜藏在暗处的丈夫窥见，他手持斧头，愤怒地将无赖汉杀了，也把自己妻子杀了。第二天，曹穉韬得知此事。他便邀请朋友们作证，向神明发誓，决心要行善积德，弥补过错，永远不犯邪淫。几年后，曹穉韬便考中了进士。当日曹穉韬由生而死，由死而生，仅仅就在一瞬之间。如果不是幸得良友强行拉他聚会，并阻挡他赴约，那么死的就不是无赖汉，而是曹穉韬了。那个无赖汉眼看有机可乘，竟忘记了只要邪淫必有隐祸的道理，一转眼之间，已然成为斧下之鬼。谚语有云："奸必杀。"诚然如此啊！

9. 张宁

张宁，晚年无子，祷于家庙曰："宁有何罪孽，致斩先人继嗣？"傍（同旁）一妾云："不耽误我辈，即阴骘耳。"宁悚然醒悟，察不愿留者，即日遣嫁数人。次年即举一子。

译文

张宁晚年无子，他在家庙前祈祷，并说："我到底犯了什么罪孽，导致断子绝孙呢？"这时，旁边的一个小妾说："如果不耽误我们，便是阴德。"张宁听后悚然醒悟，于是体察诸小妾，凡不愿留下的，都让她们改嫁，如此嫁出去好几个。次年，张宁即得一子。

10. 崔书绅

上海崔书绅，尝倩（qìng）人绘春宫十数幅，淫巧绝伦。后患疟不已，每热甚，则见美男子、美妇人十数辈，皆赤身露体，二鬼使挟之，剖腹抽肠，流血满地。次及于崔，疼痛呼号。详语始末，举室皆闻。崔醒悟，急焚之，病遂愈。

译文

上海的崔书绅，曾经请人绘制了十几幅春宫图，这些图画淫巧绝伦，惟妙惟肖。后来他患上疟疾，每次发作时，他就看到十几个赤身露体的男女，被两个鬼差挟持着，剖腹抽肠，血流满地。等轮到崔书绅时，他感到极度疼痛并大声地哀号，自言自语地说是绘制春宫图的报应，道明事情的始末，整个屋子的人都知道了。崔书绅清醒后，急忙将这些春宫图全部焚毁，他的病竟渐渐痊愈。

11. 赵岩士

赵岩士，少时曾犯色戒，渐至形神衰羸，体如骨立，几无复有生望。适阅谢汉云所刊《不可录》，不觉汗流浃背，痛改前愆，并请其板，捐赀（同资）印送。后精神渐旺，连得六子。

译文

赵岩士在少年时曾犯过邪淫，导致身体逐渐衰老，精神恍惚，骨瘦如柴，几乎没有活下去的可能了。后来，他恰巧读到谢汉云刊印的《不可录》一书，深感震惊，不觉之间汗流浃背。因此，下定决心痛改前非，并请来《不可录》的印板，捐钱财助印，并施送他人。后来，他的身体逐渐好转，精神越来越旺，接连生了六个儿子。

12. 某书生

明嘉靖间某生，东邻一妇甚艳，屡屡流盼。一日乘（同趁）夫他往，穴墙招生。生亦心动，问从何来？妇哂曰："君读书人，岂不忆踰（同逾）东家墙乎？"生取梯而上，忽转念曰："人可瞒，天不可瞒！"遂下。妇又趋于故处婉挑，生复情动，重梯而上，已骑墙欲过矣，又忖曰："天终不可瞒！"急下，扃（jiōng）门而出。次年乡试北上，典试者进场之夕，秉烛独坐，忽闻耳畔言曰："状元乃骑墙人也！"及榜后询及，始悉前事。

译 文

明世宗嘉靖年间，有一位书生，他的东邻住着一位非常美丽的妇人，妇人对书生屡屡眉目传情。有一天，妇人趁丈夫外出，挖墙洞邀请书生过去。书生心动，询问妇人如何过去？妇人嘲笑他说："你是读书人，难道不记得'逾东家墙'的故事吗？"书生借助梯子爬上了墙头，但突然转念一想："人可以隐瞒，天不可以瞒！"便下来了。妇人又到墙边婉转地挑逗，书生再次心动，爬上梯子，已经骑在墙上了，即将翻过去的那一刻，书生暗自思量："天终究不可瞒！"于是他急忙下来，锁上门离开了。第二年，书生北上参加考试，主考官进场的当天夜里，独自秉烛夜读，忽然听到耳边有人说："状元乃骑墙人也！"等到放榜后询问，才明了书生在墙上临时幡然醒悟的往事。

13. 张玮

明万历壬子，武进张玮，同某生应试南京。抵寓之夕，主人梦迎天榜，解元乃某生也，具（同俱）以告生，生扬扬得意。主人有二女楼居，甫及笄，闻而心动。使婢招生，自楼缒（zhuì）布为梯。生拉玮俱登，及半，玮忽猛省曰："吾来应试，奈何作此损德事？"急堕身下。生竟乘而上。是晚，主人复梦天榜，见解元已易张玮名矣。大骇，具（同俱）以告生，且诘其近作何事？生面赤无以应。发榜果然，生大惭悔，后竟贫郁死。

【批】 按张生与骑墙人，皆悔悟于临时，较之曾犯而后戒者更优。第此时若不猛省，非特失却应有功名，且堕入无边苦海，可畏哉！

译 文

明神宗万历壬子年间，武进县的张玮和另一位书生一同前往南京参加科举考试。在他们到达旅舍的当晚，旅舍主人梦见迎接天榜，天榜上的解元是与张玮同来的书生。旅舍主人将梦境全部告诉书生，书生听后扬扬得意。旅舍主人的两个女儿住在楼上，刚刚成年不久，听到这个消息，心生爱慕，于是派婢女招引书生，并用布幔下垂以做"梯子"，让他爬上楼。书生拉着张玮一起爬"梯子"，等到张玮爬到一半时，突然醒悟，心想："自己来应试，怎能做这种有损阴德的事呢？"于是急忙松手下来。而书生竟毫无顾忌地爬到楼上。当晚，旅舍主人又梦见天榜，发现榜上的解元已经换成张玮。第二天，旅舍主人将梦境告诉书生，并询问他最近做了什么败德的事？书生面红耳赤，无言以对。放榜时，张玮果然考中解元，书生深感惭愧和后悔，后来穷困潦倒，郁郁而终。

【批】 张玮和骑墙人，都是在紧要关头幡然悔悟，这种及时的悔改，比那些曾犯邪行之后再戒除的人更为难得。但此时若没有猛然醒悟，他们不仅会失去应有的功名，并且还会陷入无尽的苦海之中，实在太可怕了！

14. 黄山谷

宋黄山谷，好作艳词。尝谒圆通秀禅师，秀呵曰："大丈夫翰墨之妙，甘施于此乎？"时秀方戒李伯时画马。谷笑曰："无乃复置我于马腹中耶？"秀曰："伯时念想在马，堕落不过一身。公以艳语动天下人淫心，岂止马腹中，正恐坠泥犁耳。"谷悚然愧谢，自是绝笔。

译 文

宋代的黄山谷（黄庭坚），喜欢创作艳词。有一次，他去拜访圆通秀禅师，秀禅师呵斥他说："大丈夫怎么甘愿把翰墨之妙，用在淫词艳曲上呢？"秀禅师要黄山谷以李伯时画马为鉴。黄山谷开玩笑说："难道我也会堕入马腹中吗？"秀禅师说："李伯时画马时，心心念念总想着马，即使堕落也不过影响他一身。但你用艳词挑动了天下人的淫心，岂止是投胎为马，恐怕会堕入地狱啊！"黄山谷听后顿生恐惧，羞愧地向秀禅师谢罪，他也从此绝笔。

15. 钱大经

四川钱大经，丰神秀异，下笔千言。十七岁游庠，屡困场屋。庚子大比，祷于文帝。夜梦青衣童子，引至帝前，命吏查册云："钱大经，二十岁乡榜第二，联捷，大魁天下，官二品，寿七十三岁。缘造淫书三部，削籍，寿亦不永矣。"帝谕曰："汝存心忠厚，且孝友无亏，奈造淫书，使男女败名丧节。若非前生植德宏多，已判入地狱矣。"大经遂立重誓，逢人劝戒（同诫），遇淫书辄焚毁，后以明经老，年六十二而终。

事证

译 文

四川的钱大经，长得英俊秀气，文思敏捷。可十七岁外出读书后，参加科举考试却屡次不中。在庚子年大比（指乡试）时，他向文昌帝君祈祷。那天晚上，他梦见一个青衣仙童，把他领到文昌帝君的宝座前。帝君命官吏查看簿册，上面记载着："钱大经，在二十岁时考中乡试第二名，在后来的考试中顺利通过，成为状元，身居二品高官，寿命七十三岁。但由于编写三部淫书，被削去功名，寿命也不长了。"文昌帝君告诉他："你的存心忠厚善良，而且对孝道和交友方面，也并无过失。奈何你编写淫书，导致许多男女败坏名声，丧失贞节和情操。若不是你前世积德深厚，早就该堕入地狱受苦了。"钱大经醒来后，便立下重誓，逢人便劝导他人戒邪淫，遇到淫书就买回焚毁。后来，他以明经（指贡生）的身份一直到终老，享年六十二岁。

同善养生

1. 谢汉云

云间谢汉云，幼抱沈（同沉）疴，因念诸恶业中，惟色易犯，遂取繁阳冯太史所辑《不可录》，重订付梓，以广其传。及刊镌甫成，而病已霍然。后令嗣及诸孙辈，皆名振（同震）一时，如星门、霞轩、体三等，相继获售。其书香正未有艾也。

译文

谢汉云是云间（今上海松江）人，自幼体弱多病。他意识到在各种恶业中，色欲最容易犯，于是他把繁阳冯太史所编辑的《不可录》一书，重新修订印刷，以便广泛地传播。在这本书的刻板刚刻好时，谢汉云的病突然就痊愈了。后来，他的子孙后代名声显赫，如谢星门、谢霞轩、谢体三等人，相继获售（指在科举考试中考中）。谢家因此成为书香门第，方兴未艾。

2. 徐信善

徐信善与杨宏，窗友也，赴试同寓。遇高僧相云："杨当大贵，徐当贫。"是夜，杨偶见寓中处女美丽，计以重赂求淫，徐严词力止之。次日，僧复遇徐，大骇曰："一夕之间，如何便有阴骘纹起，易贱为贵，当大显。"复相杨，曰："气色殊不及昨日，固当与徐同显，而名次稍后矣。"发榜果然。

译文

徐信善和杨宏是同窗好友，他们一起去参加考试，住在同一家客店。有一天，他们遇到一位高僧，高僧通过看他们的相貌说："杨宏将来大富大贵，而徐信善则贫穷一生。"那天晚上，杨宏偶然看见客店中有一位美丽的少女，他打算用重金贿赂少女以求淫，徐信善严厉呵斥并制止他。第二天，高僧再次遇到徐信善，非常惊讶地说："仅仅一夜之间，怎么你的脸上会生出阴骘纹？转贱为贵，当大富大贵。"他又看杨宏说："你的气色不如昨天，虽然和徐信善同样显贵，但名次在他的后面。"等到发榜时，果然如高僧所言。

3. 王行庵

宋简州进士王行庵，制行不苟。与表弟沈某为邻。沈素好淫，公每劝之，沈不听。潜使一仆妇诱公，公严拒之。嗣又择一美婢，使固诱公，公亦严拒之。沈意将破公之戒而笑之也。一日公与沈外出，遇盗，沈以身小得脱，公舟为盗所截。霎时间雷电震惊，盗战栗而去。公安然反（同返）旆，一无所失。沈后出外回家，见其妻与人苟合，欲取器击之，手忽不能举，怒目顿足，浩叹一声而卒。公年五十，患病设醮（jiào），道士奏疏，拜伏良久，复云："查公大限，寿止五旬。天曹以公两次不淫，并能实意劝人，增算三纪。"公闻之悚然，后果寿八十六，亲见子孙富贵。

【批】 此与徐公信善，既能持己以正，又能爱人以德。规之而听，则人被其泽；即不听，而劝化热肠，已足以格天获福。人亦何惮而不为哉！

译 文

王行庵是宋代简州（今简阳）的进士，他的行为举止非常严谨，一丝不苟。他的表弟沈某和他是邻居。沈某平生好淫，王行庵经常劝告他，但沈某不听。沈某甚至暗中指使一个女仆去勾引王行庵，被王行庵严词拒绝。后来，又选一个美丽的婢女，让她继续勾引王行庵，王行庵仍然坚决拒绝。沈某本想破坏王行庵的戒律和品德，以此来嘲笑他，但未能得逞。一天，王行庵和沈某外出时遇到强盗，沈某因为船小得以逃脱，而王行庵的船被强盗截获。突然间，天空中电闪雷鸣，强盗心惊胆战，弃船而逃，王行庵的船得以平安返回，没有一点损失。后来，沈某外出回家，撞见自己的妻子与别人通奸，他想拿东西打他们，但双手突然无力，连东西都拿不起。他怒目顿足，长叹一声而死。王行庵五十岁那年，生了一场重病，他请道士设立坛场，希望能祈福消灾。道士用一篇疏文上呈天帝，跪伏很久才说："查阅先生的寿数，只能活到五十岁。但上天因先生两次不邪淫，并且能真心实意劝诫他人，所以增寿三纪（十二年为一纪）。"王行庵听后，更加谨慎。后来果然活到八十六岁，亲眼见到后世子孙富贵发达。

【批】 徐信善和王行庵两位先生。不仅自己持身以正，还能以德爱人。规劝他人，对方如果听从，将受益于他们的恩泽；即使对方不听，他们那热情的劝化之心，也足以感动天地而获得福报。人们又有何理由不劝人戒除邪淫呢？

4. 某书生

嘉兴府庠某生，性喜隐恶扬善，遇子弟亲友，谈及闺门事，辄正色怒戒。因作《口孽戒文》，垂训后学。后进棘闱，放榜前一夕，梦其父语曰："汝前生少年进士，因恃才傲物，上帝罚汝屡困场屋，终不发达。前月有一士，应今科联捷者，为奸室女除名。文帝奏汝作《口孽戒文》劝人，阴功甚巨，请以汝名补之。汝必联捷，宜益修德以报天神。"生惊喜。登第后，谨厚倍常，仕至御史。

事证

译 文

嘉兴府的一个书生，他平生喜欢隐恶扬善，每当遇到子弟亲友谈及男女之间的事时，他总是严肃地告诫他们，不可以这样做。因此，还写了一篇《口孽戒文》，用来教导后学。后来，他参加科举考试，在放榜的前一天晚上，梦见他的父亲告诉他说："你前世年轻时就中了进士，但因恃才傲物，天帝惩罚你屡次困于科场，一生不能发达。上个月，有一个应该高中进士的读书人，因为奸淫未婚女子而被除名。文昌帝君上奏说你作《口孽戒文》劝人，阴德很大，请求让你补这个空缺。你今后的考试必定联捷，应该更加修德以报答神明。"这个书生醒来后又惊又喜。他登第后，他的谨慎和厚道，胜于平常数倍，最终官至御史。

5. 席匡

席匡，初颖悟，遇一相者曰："子有纵纹入口，当饿死，应在明年。"匡甚忧。一日遇有谈人闺阃事，甚系名节。匡对之勃然作色，谈者心愧而止，其事遂隐。逾年竟无恙。后遇相者怪问曰："子岂有大阴功，何生相顿殊耶？"匡后登高位。

译文

席匡小时候特别聪明，悟性很高。他遇到一位看相的人对他说："你面上有一条纵纹延伸到嘴边，这是该饿死的相，明年就会应验。"席匡听后很忧愁。后来有一天，他遇到有人谈及男女之间的事，而且关系到当事人的名节，于是他就严厉地呵斥他们，谈论的人心生愧惧，便马上住口。这件事因而没有被传开。一年后，席匡竟安然无恙。后来他又遇到那位相师，相师惊讶地问道："你做了什么大阴德的事，为何面相与原来大不相同了？"席匡后来荣登高位。

6. 杨廉夫

宋端宗时，元师攻台。临海民妻王氏，有令姿，被掠至师中。千夫长杀其舅姑与夫，而欲私之。妇誓死不从，佯曰："能俾我为舅姑与夫服期月，乃可事君子。"千夫长见其不难于死，从所请，仍使俘妇杂守之。师还掣行，过嵊之清风岭。王氏仰天叹曰："吾今得死所矣！"即啮指写诗石上，投崖而死。距今八九十年，石上血犹坟起如新，不为风雨所剥。一士人作诗非之云："啮指题诗似可哀，斑斑驳驳上青苔。当初若有诗中意，肯逐将军马上来？"后其人绝嗣。元杨廉夫亦作诗曰："甲马驮（jué）驮百里程，清风后夜血书成。只应刘阮桃花水，不似巴陵汉水清。"后廉夫无子。一夕，梦一妇人曰："尔忆王节妇诗乎？虽不能损节妇之名，而毁谤节义，其罪至重，故天绝尔后。"廉夫悔悟，更作诗曰："天随地老妾随兵，天地无情妾有情。指血啮开霞峤赤，苔痕化作雪江清。愿随湘瑟声中死，不逐胡笳（jiā）拍里生。三月子规啼断血，秋风无泪写哀铭。"后复梦妇人来谢，未几生一子。

译 文

在宋端宗时期，元军攻打台州。浙江临海县一个平民的妻子王氏，有着美丽的容貌，被元军掳掠到军营中。一个千夫长杀了她的公婆和丈夫，想要霸占她。王氏誓死不从，假意说："如果你能让我为公婆和丈夫守孝一个月，我才愿意侍奉你。"千夫长看她不再寻死，就答应她的请求，依旧让俘虏的其他妇女来看守她。军队撤退时，带着她一起离开，经过嵊州的清风岭时。王氏抬头仰天长叹说："我今天终于找到葬身的地方了！"于是她咬破手指，在岩石上写下一首诗，然后跳崖自尽。这件事至今已八九十年了，岩石上用血所写的诗句仍然凸起如初，没有被风雨侵蚀。有一个读书人作诗诋毁她说："啮指题诗似可哀，斑斑驳驳上青苔。当初若有诗中意，肯逐将军马上来？"（诗大意为：咬破手指题诗真是可怜，斑驳的血迹上长满了青苔。如果当初有诗中那样的情感，又怎么会愿意跟随将军骑马而来？）这个人后来没有后代。元朝的杨廉夫也作一首诗说："甲马驮驮百里程，清风后夜血书成。只应刘阮桃花水，不似巴陵汉水清。"（诗大意为：穿着盔甲的马驮着我走了百里路，在清风岭的后夜用血写下了诗。这只能与刘阮在山中遇到仙女一样充满迷幻，比不上巴陵的汉水那样清澈。）杨廉夫后来也无子。一天晚上，杨廉夫梦见一个妇女对他说："你还记得关于王节妇的诗吗？虽然你的诗不能损害节妇的名声，但是你诋毁节义，这个罪过很重，因此，上天让你断子绝孙。"杨廉夫醒来后幡然悔悟，又作一首诗说："天随地老妾随兵，天地无情妾有情。指血啮开霞峤赤，苔痕化作雪江清。愿随湘瑟声中死，不逐胡笳拍里生。三月子规啼断血，秋风无泪写哀铭。"（诗大意为：天随地老而妾却要随军，即使面对无情的战争与遭遇，但我的情感，始终不会改变。咬破手指的血染红云霞和山峰，即使苔藓滋生但情义宛如江水和白雪般清明。我想在那湘瑟的曲调中死去，也不愿在那胡笳声中苟且求生。阳春三月里，子规鸣叫啼血，秋风萧瑟中，我已悲伤无泪，却还要书写这哀伤的铭文。）后来，杨廉夫又梦见妇女前来感谢他，不久之后，他就有了一个儿子。

7. 邝子元

邝子元，有心疾，昏愦如梦。闻有老僧能治，往叩之。僧曰："此疾由淫欲过度，水火不交。凡溺爱冶容而作色荒，谓之外感之欲。夜深枕上，思得冶容，或成梦寐之交，谓之内生之欲。二者纠缠染着，皆耗元精，增疾病，伤性命，必成不治之证（同症）。急须先将心内色念，断除净尽，再将身体保养，不令走泄。则肾水不至下涸，相火不至上炎，水火既交，自渐愈耳。故曰苦海无边，回头是岸！

译文

邝子元患上心病，头脑昏沉，好似做梦一般。他听说有一位老和尚能治这种病，就前去拜访。老和尚对他说："此病是因为淫欲过度而导致你体内的水火（指阴阳）不调。只要沉溺淫欲，贪恋美色，这就叫外感之欲。深夜入睡时，如果思慕美女，想入非非，有时甚至在梦中行淫，这叫内生之欲。这两种欲望纠缠在一起，都会耗损人的元精，增大患病的几率，伤及性命，必定会成为不治之症。因此，建议你急需彻底断除心中的色欲之念，然后再保养身体，不让精气外泄，肾水就不会干涸，心火也不会上升，水火调和后，身体就会逐渐痊愈。所以说："苦海无边，回头是岸！""

8. 包宏斋

宋包宏斋，年八十八，以枢密拜登，精神强健。贾似道意其必有摄养之术，问包。包曰："予有一服丸子药，乃不传秘方。"似道欣然叩之。包徐曰："亏吃了五十年独睡丸。"满座大笑。

译文

宋朝的包宏斋，八十八岁时，还被任命为枢密，精神非常强健。贾似道猜想他一定有什么特别的养生秘诀，于是询问包宏斋。包宏斋说："我有一种丸子药，是不外传的秘方。"贾似道高兴地追问是什么。包宏斋慢慢地说："其实多亏我吃了五十年的'独睡丸'。"在场的所有人听了都哈哈大笑。

9. 李觉

蒲得政，知杭州。乡老李觉来谒，年已百岁，色泽光润。公问摄养之术，曰："某术至简易，但绝欲早耳。"

译 文

蒲得政在做杭州知府时。有一天，乡里的老人李觉前来拜访。李觉年已百岁，但面色仍然红润有光泽。蒲得政向他询问养生的方法，李觉回答说："我的养生方法非常简单，就是早点断绝欲望而已。"

10. 张翠

太仓张翠，九十余，耳目聪明，尚能作画。人问之，答曰："惟欲心淡，欲事节耳。"

译 文

太仓的张翠，九十多岁了，耳聪目明，并且还能作画。当别人问他健康长寿的秘诀时，他便说："只是欲望淡泊，节制房事罢了。"

立誓

发誓持戒

昔周裕尝集善友,以戒邪淫单式,刊布同社。每人各领一单,分劝十人,谨列乡贯、年庚,各自出名签押,焚告于文、武二帝前。嗣后动念发言,务期战兢惕厉,不敢少涉邪淫。不幸有犯此者,愧悔一萌,已足消弥天之大过。幸而未犯此者,从今坚制,不致贻白璧之微瑕。彼此相规,始终不易,转相广劝,俾世人永断孽根,咸归正路,则功茂而福无量矣。

骆季和云:"古人云:'万恶淫为首,百行孝为先。'余尝推斯二语,以竟厥旨。而知相反适以相成,此其理可得而论焉。夫既以'淫'为万恶之首,则可例知'不淫'之为百行先资矣。既以'孝'为百行之先,则可例知'不孝'之为万恶本源矣。反覆(同复)比勘,一言已足,而此更析而二之者,何哉?盖好淫即不能全孝,而欲全其孝,必自不淫始。"

古昔圣人之制婚姻也，申以媒妁，裁以六礼。小之则为嗣续主祭、明伦辅德之要；大之则为治国平天下之本，无非欲人始终以全其孝耳。故曰："君子之道，造端乎夫妇。"世衰道微，圣哲不作，古意尽失，礼等具文，以夫妇为欲乐之具。年少德业未成，已知少艾之可慕，为父母者，亦复为之诡随，藉以维系人子之心。由是公然以好色为人生正当之事，且张大其辞曰："继血统，绵嗣续。"浸假而夫妇之情弥笃，父母之养以亏。工于媚内，外父母而堕大不孝。正不必瓮牖（yǒu）绳枢之族，而色母谇（suì）姑，久已沿为风尚矣！

人情难于迁善，而易于习恶。夫既以视夫妇为欲乐之具矣，势必男女异同之见愈深，贪淫爱慕之念日炽，得新厌故，触处生情，视天下男女，无不可供吾之欲乐者。而邪淫之风以启，相妒相杀，伤身辱亲，万恶丛兴，百行俱废。不孝之罪，莫斯为甚！推厥由来，岂非兆于当日夫妇一念淫欲之故乎？故曰：二语实相反而适相成也。

不知者犹欲以此"淫"字强分邪正，其可谓深得古人之微旨乎？经曰："一切众生，皆因淫欲而正性命。欲因爱生，命因欲有。众生爱命，还依欲本。当知轮回，爱为根本。"又曰："由于欲境，起诸违顺，境背爱心，而生憎嫉，造种种业，是故复生地狱、饿鬼。"此可知淫为人生大患，初不分邪正也。

惟吾人自无始以来，久因爱欲而得此身，家狱已成，业根难拔。如来怜悯，犹开方便之门，得戒邪淫，许讬（同托）莲华之种。(《戒德香经》云："不犯他妻，所在化生莲华之中。")余之为此言者，非必以严格绝欲主义，

寿康宝鉴

强人情所难能。实愿同志深知徒贪闺房欲乐,不顾伦常大义者,已为悖理,何况驰情外遇,视为固常?因而推知,虽力戒邪淫,不过完得人乘五戒之一,若复恣情渔猎,必难免三途恶道之沦。由是感发兴起,力图自振,内端齐家之本,外绝争逐之心。溯委寻源,奋功修于一旦,泥洹在望,(《佛般泥洹经》云:"戒邪淫,得五增福,入泥洹道。")十罪顿超,(《法苑珠林》云:"邪淫犯十罪。")我佛诚言,不吾欺也!

爰定誓盟,对神宣发,用资防守,昭格来兹!凡在佛子,谅有同心!聊缀数言,以当喤引。

译文

从前的时候,周裕先生曾经召集善友,用"戒邪淫单"的方式来劝人戒淫,排版印行并在同社中传播。每人各领一单,分别去劝导十人,发愿戒淫者在单子上写上各自的籍贯和生辰,并签名按手印。焚烧祷告于文昌帝君和关圣帝君(文、武二帝)的坛前。从此以后,每个人的起心动念和言行举止,务必要保持战战兢兢,朝乾夕惕,不敢再有一丝邪淫的念头。不幸犯下邪淫的人,只要惭愧悔过之心一发,就足以消除弥天大祸。对于未犯邪淫的人,从现在起要坚定地遵守这个规矩,不至于让美好的白璧有丝毫的瑕疵。彼此之间相互规劝,始终不变,进而转相广劝,使世人能永远断掉这个罪孽的根本,回归正道,必然功德无量,福报无量。

骆季和先生说:"古人曾讲:'万恶淫为首,百行孝为先。'我曾经反复思考这两句话,想悟透它的含义。这两句话看似相反,实际上相辅相成,其中的道理值得论述一番。既然把

'淫'列为万恶之首，就可以以此明白不淫就是百行之先了。既然以'孝'为百行之先，就可以以此明白不孝就是万恶之源了。反复对比思考，一句话已足够表达，可这里却把它拆分成两句来说，这是为什么呢？因为贪色好淫就无法做到圆满的孝，而要是想做到圆满的孝，必须从不淫开始。"

　　古代的圣人在制定婚姻制度时，告诫要通过媒人来促成婚姻，并采用六礼（纳采、问名、纳吉、纳征、请期、亲迎）来规范整个过程。往小处说，婚姻关乎传宗接代、主持祭祀，明确人伦关系以及辅助培养德行的关键所在；往大处讲，它更是治理国家、平定天下的根本，总而言之，无非是希望人们能够自始至终圆满自己的孝道罢了。因此才说："君子所遵循的大道，起始于夫妇之间。"然而随着世道的衰微，圣贤教诲受到忽视，自古尊道贵德的意识已然丧失，所流传的礼仪变成了形式。夫妇彼此成为满足欲望、寻欢作乐的工具。年轻人的品德和事业尚未成就，便已经知道爱慕年轻美貌的女子，做父母的也不明是非，纵容子女，借此来维系和子女之间的关系。因此，人们公然把好色当作人生中合理的事情，并夸大其词地说："这是为了延续血统，传宗接代。"渐渐地，夫妻之间的情欲越来越深，对父母的赡养出现亏欠。丈夫专门花心思讨好自己的妻子却疏远了父母，犯下了大不孝的罪过。不用说那些家境贫寒的人家，就是在一般家庭中，儿子给父母脸色看，媳妇责骂公婆的现象，早已成为一种普遍的社会风气了！

　　一般来说，人很难弃恶从善，但却很容易作恶。既然夫妻把彼此看作满足欲望的工具，那么男女之间的异端邪说就会越来越多，贪淫好色的邪念一天比一天炽盛，喜新厌旧，到处留情,看天下的男女,都是可以供我淫欲取乐的人。而邪淫的风气一旦引发,便会导致人们相互忌妒、杀害,不仅伤害自己,亲人也会遭受羞辱,万恶纷纷出现,百善因此荒废。在所有不孝的行为中,没有比这更严重的了。追究其原因,难道不是源于夫妻间最初的一念淫欲心吗?所以说,"万恶淫为首,百行孝为先"这两句话看似相反,但实际上却是相辅相成。

不明白的人,还想将"淫"字强行分成邪淫和正淫,这能算是深刻理解古人的微妙意旨吗?《圆觉经》中说:"一切众生,皆因淫欲而正性命。欲因爱生,命因欲有。众生爱命,还依欲本。当知轮回,爱为根本。"又说:"由于欲境,起诸违顺,境背爱心,而生憎嫉,造种种业,是故复生地狱、饿鬼。"由此可知,淫欲是人生的大患,最初并没有正邪之分。

只是人自从无始劫以来,久因爱欲而得到这个身体,情狱火宅已然形成,业力根深蒂固难以拔除。如来怜悯众生,因此开了方便之门,只要能戒邪淫者,便可许托莲花之种(《佛说戒德香经》说:"不犯他妻,所在化生莲华之中")。我如此说,并不是一定要严格地推行绝欲主义,强迫人们去做难以做到的事情,实在是希望志同道合的人能够深刻明白,只贪图男女情欲之乐,不顾伦常大义,已经是违背天理,更何况将放纵情欲、邪淫外遇视为正常的人呢?因此可以推知,虽然人能戒除邪淫,不过完成人乘五戒中的一条而已,如果还放纵欲望,贪溺美色,必定难免沉沦到三途恶道的苦海中。由此感想而兴起"发誓持戒",力图能自我振作,对内修身齐家,和睦家庭,对外断绝争强好胜,贪图淫欲之心。追根溯源,一旦精进修行,涅槃就在眼前(《佛般泥洹经》说:"戒邪淫,得五增福,入泥洹道"),十种罪业顿时

立誓

超脱（《法苑珠林》云："邪淫犯十罪"），佛陀的教诲真实不虚，绝无欺诳！

　　于是我等立下誓言，在神明圣像前宣誓，戒除邪淫，坚守不犯，并以此防止邪念的产生，同时祈祷吉祥降临。凡是在场的佛门弟子，应该同心协力，在这里简单写几句，以作序文。

誓愿文式

　　[须端楷依（同以）此书写，对神（此处有部分版本为佛菩萨像前）宣读焚化，以昭诚敬]

　　__年__月__日，立愿戒邪淫弟子__斋戒熏沐，焚香具疏，敬谨宣誓于__座前曰：

　　百善先孝，万恶首淫，人异禽兽，以其存心。

　　雁集中泽，尚不乱羣（同群），我为佛子，可不如禽？

　　自今日始，誓戒邪淫，尽我形寿，永不渝心。

　　若有犯者，即祸其身，尚不蔽过，殃及子孙。

　　玷污大教，罪实非轻，殛（jí）以劝来，护法神明。

　　慈悲哀怜，鉴此葵忱，护持默佑，永保生生。

弟子__谨具押

　　一坚戒力　人之存心，非善即恶；人之享受，非福即祸。天道祸淫，不加悔罪之人。诚始迷而终悟，自灾去而福来。但忏悔受戒之后，必须战战兢兢，临深履薄，直至启手启足之后,而后可告无罪于神明。设受戒之后,又复犯戒,则誓辞在前,神威在后,决定受祸,不可救药。如伤寒小愈,便食荤腥,前证一发,决无生理。惟愿同人,至心归依。时时对越神明,刻刻常思祸患。昔人云:"一之为甚,其可再乎?"况既已发誓,岂同儿戏?

一坚信心 凡受戒诸人,须知人命不齐。如地有肥瘠,而在天雨露,原无二施。栽者培之,倾者覆之。培与覆之权虽在天,而栽与倾之机实在我。彼恶人而享非常之福,未必是真福,或借此以重其殃,否则祖德前因甚厚也。善人而受无端之祸,未必是真祸,或借此以玉汝成,否则夙业往愆所致耳。惟愿世人,倘遇顺境,更加精进;倘遇逆境,益宜勇猛。尽其在我而已!

译 文

一坚戒力 人心中所存的念头,不是善念就是恶念。人所享受的生活,不是幸福就是灾祸。天道对淫乱的行为降下灾祸,但不会施加给悔过自新的人。如果真心从迷惑中最终醒悟,灾祸自然离去,福气到来。但在忏悔接受戒律之后,必须战战兢兢,如临深渊,如履薄冰,直到生命的最后一刻,才能向神明禀告自己无罪。如果受戒之后又犯戒,那么誓言在前,神明的威严在后,一定会受到灾祸,不可救药。就像伤寒病人稍微好转,就吃荤腥食物,旧病一旦复发,绝对没有活下来的道理。只愿大家,至心皈依,时时不忘在神明前的誓愿,心心念念想到贪淫所感召的祸患。古人说:"一次犯错已经很严重了,怎么可以再犯呢?"更何况我们已经发誓,岂能当成儿戏!

立誓

一坚信心　凡是受戒的人，必须知道每个人的命运是不一样的，犹如土地有肥沃和贫瘠之分，但上天降下的雨露却是平等地滋润着万物。栽得正的作物，雨水滋润培育；栽得偏的作物，雨水覆倒淹没。培育和倾覆的权力虽然在于天，然而栽得正与偏实际上掌握在自己手中。那些作恶的人享受着不同寻常的福气，这未必是真的福气，或许是借此来加重他们的祸殃，否则就是因为祖先过去积累了深厚的德行。善良的人遭受无端的灾祸，这未必是真的灾祸，或许是借此来磨炼人，使善人更加完美如玉，否则就是因为善人夙世的业力和过错所导致的。只希望世人，如果遇到顺境，要更加精进；如果遇到逆境，更应该勇猛精进，尽自己最大的努力去保持精进，坦然地接受上天的安排！

保身广嗣要义

褚尚书《广嗣》说：古者男子三十而娶，女子二十而嫁，欲其阴阳完足。故交而孕，孕而育，育而寿。后世不能遵，男未满十六，女未满十四，早通世故。则五脏有不满之处，后来有奇怪之病。是以生多不育，民多夭亡。总因未知为人父母之道。此道关系不小，却是为父者不便教子，为师者不便传弟，后来始觉，悔之晚矣。特以粗浅之言，欲使后生都晓。

凡女子十四岁后，经水每月一来，三日方止。总以三十日来一次为正。若二十几日便来，或三十几日方来，便为经水不调，多难得子。故须服药，先调女经。经调然后夫妇相合，须待经血三日已净之后，方可行之。袁了凡云："凡妇人行经将尽，只有一日纲缊之候，谓春意动也。但含羞不肯言，为丈夫者，平日密告之，令其至此自言，可以一举而得。"

张景岳云："男女交姤（同交媾）成胎者，精血还是后天有形之物，而一点先天无形之气到，然后成孕。"男子先天之气胜，多生男；女子先天之气胜，多生女。正在两气齐到，适逢其会处分也。但女子非情动之极不易到，到则子宫必开，吸而受孕矣。但恐男子精薄不能成胎，施于无用耳。故上等者保精数月才一行，古云，寡欲多生子是也。中等者待女子经净之后则行，或月明朗、无风雨之夜亦可。平常之日，不近女身，或另一房，另一床，另一被。不唯生子易成，自己身体亦保。若下等者不论时日，或三五夜一次，此人必成内伤。又有下而又下者，夜夜一次，或一夜两次，如此亡命之徒，必定精如水薄，不久得暴病而死。

凡朔望先夜，不可行。五更半夜，身中阳气初生，一次当百次，不可行。身有小病，不可行（轻病变重，重病必死）。醉饱之后，坐船走路，二三日内不可行。大风大雷，大冷大热，日蚀月蚀，神前柩后，持斋祭祀，日月灯烛光照，不可行。庚申日，甲子日，本命生辰日，每月二十八日（人神在阴），不可行。且男女交姤（同交媾），与梦遗之后，三五日内，莫下冷水，不可沾一切冷饭食，不可吃凉药。如必要服药之病，宁可对医明言。犹之孕妇，不可全靠勘脉，庶不误事。暑天不可贪凉，冷天不可冒风雨，若犯之，必有厥阴之证（同症），男缩阳，女缩乳，四肢冰冷，肚疼而死，虽参附不救。女子行经体虚者，禁忌亦同。

又如小产，大半由夫妇不谨。三五月内明产，人得而知。一月半月内暗产，人多不知。盖一月属肝，肝主疏泄，夫妇不谨，常有前半月受胎，后半月已堕而不知者。甚有屡孕屡堕，肝脉屡伤，遂至终身不孕者有之。凡妇人受胎后，谨戒不犯，百不失一。况子在腹中，赖母经血保养，交媾（同交媾）一次，胎元便损一次。幸得生下，病患必多，痘证（同症）必险，多难养成。世之爱子者，多方隄（同堤）防保全，至十六七岁，根本不伤，一生少病。哪知在母腹中，早已受此伤惨，出世不得成人，是谁之过？岂不痛哉！有用丸散入宫而种子，岂精血中更容渣滓混合乎？古语云："种子而生子，断筋穿骨死。"甚言种未必生，生未必育，徒造孽也。

是皆为父母之道，昔者乐与人言，今老矣，不能遍及，作此以代口传。世人各知自爱，以爱其子可也。

孙真人曰："人身非金铁铸成之身，乃气血团结之身。人于色欲不能自节，初谓无碍，偶尔任情。既而日损月伤，精髓亏，气血败，而身死矣！"

盖人之气血，行于六经，一日行一经，六日而周六经（太阳、阳明、少阳、太阴、少阴、厥阴，是谓六经）。故外感之最轻者，必以七日经尽而汗解，盖气血一周也。人当欲事浓时，无不心跳自汗，身热神迷。盖因骨节豁开，筋脉离脱，精髓既泄，一经之气血即伤。一经既伤，必待七日气血仍周至此经之日，方能复元。《易》云："七日来复"，即休养七日之义。世人未及七日而又走泄，经气不能复元，一伤再伤，以致外感内亏，百病俱起。人皆归咎时气，指为适然之病，不知非一朝一夕之故，其所由来者渐矣，由于未能谨守"七日来复"之义也。

今立限制，以为节欲保身之本。二十岁时，以七日一次为准。三十岁时，以十四日一次为准。四十岁时，则宜二十八日一次。五十岁时，则宜四十五日一次。至六十岁时，则天癸已绝，不能发生（男子二八而天癸至，十六岁也；八八而天癸绝，六十四岁也。女子二七而天癸至，十四岁也；七七而天癸绝，四十九岁也。天癸者，天一之水，谓精髓血脉流通宣泄，可以发生也，天癸绝则不能发生矣）。急宜断色欲，绝房事，固精髓，以清洁闭藏为本，万不可走泄矣。

以上限制日期，专指春秋两季而言。若冬夏两季，一则火令极热，发泄无余；一则水令极寒，闭藏极密。即少年时，亦以断欲为主。否则二十岁时，或可十四日一次。三十岁时，或可二十八日一次。四十岁时，或可四十五日一次。至五十岁时，血气大衰，夏令或可六十日一次，冬令则宜谨守不泄。盖天地与人之气，冬令闭藏至密，专为来春发生之本，尤重于夏令十倍也。依此者，可却病延年。违此者，必多病促寿。

王莲航曰："昔莲池大师谓王大契曰：'明明安毒药于恶食中，是杀之惨也；暗暗安毒药于美食中，是欲之惨也。'"呜呼！往古来今，才人志士，所志鲜成，类多无寿，殆以多欲而致然也。彼于事前，亦知自爱也。于事后，亦知追悔也。及乎欲心一炽，而壮志遂泯，以为一次当无伤，以后当不再及。以后又作如此想，至次次皆作如是想。欲以纵而愈炽，以致不能自制，无可奈何。由是而精竭矣，体弱矣，病矣，死矣。故事前自爱无益也，事后追悔无及也。须于将行事时遏止之，亟思此事果有何趣？事后当有何害？不禁哑然失笑，嗒（tà）然丧气。夫遏一时之欲，伸毕世之志，才人志士，所当乐从也。彼或甘于下流，自促其生者，吾未如之何矣！

谨按莲师之言，盖明明对已守归戒者说，其告诫节欲，则非为邪淫也明矣。总之纵欲成患，家室尚然，何况狎邪渔色，则更自取灭亡，而甘沦于畜类也，可不哀哉！

译文

褚尚书在《广嗣》中说：古代的男子三十岁才结婚娶妻，女子二十岁才出嫁，等到他们的身体完全发育成熟，阴阳之气充沛，婚后一同房就受孕，生下的孩子体质强健，将来也能得长寿。后世的人不遵循这个原则，男子不到十六岁，女子不满十四岁，就早早地结婚生子，由于五脏都还没发育成熟，会导致将来患上各种奇怪的疾病。因此，很多孩子出生后难以养育成人，大多夭折。这主要是因为人们不知道如何做父母。这件事关系重大，可是做父亲的不便教导儿子，当老师的不便传授学生，等到后来意识到问题时，后悔已经晚了。因此，特用粗糙浅显的语言来论述此事，让后生之辈都能明白。

女子十四岁后，月经每月来一次，三天才停止。总以三十天来一次为正常。如果二十几天就来，或者三十几天才来，就是月经不调，多数难以怀孕得子。因此需要吃中药，先调理经期，月经调理正常后，夫妇才能同房，但必须等到月经干净三天之后才可以行房事。袁了凡说："凡是妇女月经干净后，只有一天是受孕的最佳时机，就是春意发动的时候。但女子因为害羞不肯说，作为丈夫，平时要私下告诉她，让她到时相告，可以一举而得受孕。"

张景岳说："男女交合而孕育生命，其中的精血也只是后天的有形之物，只有等到那一点先天无形的气到了，然后才能怀孕。"男子先天之气强盛，多数会生男孩；女子先天之气强盛，多数会生女孩。但都是在男女的先天之气一起到来，正好接触而融合的那个时刻，才能决定生男生女。但女子的先天之气，除非情动到极点，不然就不容易到达，只要先天之气一到，子宫就必然打开，吸入男子的先天之气就能受孕。但倘若男子的精气薄弱，便不能成胎，即使交合也没有用。因此上等的方法，就是保精节欲几个月之后才同房一次，古人说"寡欲多生子"就是这个道理。中等的做法是等到女子月经干净后才同房，或者在月明晴朗、没有风雨的夜晚也可以。平时不可以接近女身，夫妻可以分房睡，可以分床睡，也可以各盖一床被子，不仅生育的儿女好养成人，而且还能保护自己的身体。下等的做法是不管时间日期，或者三天、五天就同房一次，这样的人必定会导致内伤。还有比这更下等的做法是每晚同房一次，或者每晚两次，如此亡命之徒，必定精液稀薄如水，用不了多久，就会因暴病而亡。

在农历每月初一和十五的前一天晚上，不可以行房事。五更半夜，身体中的阳气刚开始生发，此时一次同房所耗损的精气，相当于其他时候同房百次，因此不可行房事。身体有小病时，不可行房事（轻病变重，重病必死）。酒足饭饱之后不可行房事、坐很久的船以及走很远的路后的两三天内，不可行房事。大风大雷、大冷大热、日蚀月蚀时、神像前、棺材旁、持斋祭祀、日月灯烛等光下，不可以行房事。农历的庚申日、甲子日、本人生日、每月二十八日（人神在阴）不可以行房事。另外男女同房后或者梦遗后，三五天内不要触碰冷水，不可吃一切冰冷的饭菜及冷冻的水果，不可吃凉药。如果必须服药治病，就对医生说明此事，就像孕妇，不能全靠把脉一样，提前说明有孕在身，才不会误事。夏天不可贪凉，冷天不可冒风雨，如果犯这些禁忌，必定会有厥阴的症状，男性缩阳，女性缩乳，四肢冰冷，肚疼而死。即使用人参附子也无法救治。月经后身体虚弱的女子，同样要禁忌。

又比如小产，很多都是因为夫妇不谨慎（指房事）造成的，怀孕三五个月后流产的，人们都知道。而一个月或者半个月内暗中流产的，多数人就不知道了。因为一月属肝，肝主疏泄，夫妇不谨慎，常有前半月怀孕，后半月已经流产而不知道的情况。甚至有的屡次怀孕而又屡次堕胎，肝脉反复受损，最终导致终身不孕。凡是妇女怀孕后，只要谨慎不犯禁忌，一百个里面也不会出现一个流产的。何况胎儿在母腹中，依赖母亲的经血滋养，同房一次，胎元就受损一次。即使有幸生下，病患必然很多，尤其患上天花时病情凶险异常，很多都难养育成人。世上那些真正爱孩子的人，千方百计地保护孩子的身心，到了十六七岁，只要根本不受损伤，一生都会少病。可是哪知在母亲腹中，早已受到如此惨烈的伤害，出生后不能长大成人，这是谁的过错？岂不令人痛心啊！还有用丸散药物放入子宫而帮助受孕的，难道父母精血还能与渣滓相互融合吗？古人说：这样用药物而受孕，所生的子女会断筋穿骨而夭亡。因此这种方法未必有效，即使生了，子女也未必能养育成人，不过是徒自造孽啊！

以上这些都是作为父母要明白的道理。以前我总喜欢和人谈及这些，现在老了，不能一一劝说，因此，写下此文来代替口头相劝。希望世人各知自爱，以此来爱自己的孩子就足够了。

孙真人说："人的身体并非是外物铸成的金铁之身，而是由气血凝结而成的血肉之躯。人不能自我节制色欲，起初可能觉得没什么大碍，偶尔任情纵欲，可是日损月伤，精髓亏虚，气血衰竭，必将导致死亡啊！"

人的气血在六经（太阳、阳明、少阳、太阴、少阴、厥阴）中循环，一天经过一经，六天完成一个循环。因此，外感病最轻的情况，会在第七天因气血完成一周循环而通过发汗痊愈。人在欲事正浓时，没有不出现心跳加速、发热出汗和精神恍惚等症状，这是因为骨节豁开，筋骨离脱，精髓就外泄，一经的气血就会受损伤。一旦某一经受损，必须等七天气血再次循环到此经时，才能复元。《易经》中说"七日来复"，就是要节欲七天的意思。世人往往没有到七天就再次泄精，导致经气无法复元，如此反复受伤，最终导致外有感染，内受亏损，百病丛生。人们常常将疾病归咎于时令气候，认为是偶然的疾病，却不知这并非是一朝一夕的缘故，它是一天天逐渐累积的结果，都是由于不能严格地遵守"七日来复"的调养法则所导致。

今天制定如下规矩，作为节制欲望、保护身体的根本。二十岁时，以七天一次为准。三十岁时，以十四天一次为准。四十岁时，以二十八天一次为准。五十岁时，以四十五天一次为准。到了六十岁时，由于天癸已绝，不可以再有房事了（男子二八而天癸至，十六岁也；八八而天癸绝，六十四岁也。女子二七而天癸至，十四岁也；七七而天癸绝，四十九岁也。天癸即是天一之水，使精髓、血脉流通宣泄，可以发生，天癸绝就不能发生了）。应该紧急断绝色欲，戒除房事，固守精髓，以清洁和闭藏为根本，千万不可再走泄了。

以上限制日期，专指春秋两季而言。如果是冬夏两季，一则是夏季火令极热，一旦发泄就没有了；一则是冬季水令极寒，必须极密闭藏起来。即使在年轻时，冬夏两季也应该以断欲为主。否则，二十岁时或许要十四天才可以同房一次，三十岁时或许要二十八天一次，四十岁时或许需要四十五天一次，到了五十岁时，由于血气大衰，夏季或许可以六十天一次，冬季则应谨慎守护保持不泄。这是因为天地与人的气血运行和谐，在冬季闭藏得最为严密，专为来年春季生发打下基础，因此比夏季重要十倍。遵循这些原则的人，可以远离疾病，延年益寿；违背这些原则的人，必定多病短命。

王莲航说："过去莲池大师对王大契说：'公然在粗劣的食物中放入毒药，人们一定会厌恶，这好比是杀生的惨烈；而暗地里在美味的食物中下毒，贪图美食的人必定中毒身亡，这好比是色欲的惨痛呀！'"唉，古往今来，有数不清的仁人志士，可是能实现远大抱负的人却很少，而且大多数寿命也不长，究其原因，几乎都是由于色欲太浓所导致。他们在事前也知道自爱，在事后也知道后悔。可等到色欲心像猛火一样炽盛时，将壮志豪情抛掷脑后，认为一次不会有多大的伤害，以后不会再这样了。下次依然如此，以至于每次都这样想，欲望因放纵而越来越炽盛，最终无法自制时，便无可奈何了。由此就导致精髓枯竭，身体虚弱，疾病丛生，最终死亡了！因此，事前知道自爱也无益，事后追悔已来不及，必须在即将行淫时及时警醒，认真思考这件事究竟有什么乐趣？事后会有什么害处？想明白后，不禁会哑然失笑，感到沮丧，对淫欲就提不起兴趣了。遏制一时的欲望，可以实现毕生的志向、成就伟大的功业，这是有才华、有志气的人乐于遵从的事啊！那些自甘堕落、无耻下流、折损寿命的人，我也不知道怎么救助他们了！

　　根据莲池大师的话，显然是对持戒之人所说，告诫人们要节制欲望，并不是仅仅指不犯邪淫。总之，放纵欲望会招致祸患，夫妻正淫尚且如此，何况是狎妓邪淫，贪求美色，更是自取灭亡，甘愿沦落为畜生之类，真是太悲哀了！

辟自由结婚文

印光大师序

　　人禀天地阴阳之气，受父母精血之质而生。其初生以至三四岁，一举一动，皆须父母抚育。自后虽能自行动，而诸凡事理，皆须父母安排教导，否则便不能生存于世。及其年长，则父母为之择配，俾得享男女居室之乐，以期内外相辅，得以奉父母而尽子职，绵世系而防老死。此天地固然之道。圣人法天制礼，俾人各守彝伦，以尽人道与子道耳。若不依圣人之礼与父母之命。唯以两情爱恋而为夫妇，则与禽兽何异？彼不知好歹者，专效欧洲恶风，盛倡自由结婚，何不倡初生即不受父母抚育教导，而自由成立为人乎？彼若能一生于世，即自由成立，绝不受父母抚育教导，则自由结婚，实为至当之理事。若不能如此，唯年长能以自力致男女爱恋为标准者，即为逆天悖理、侮圣蔑伦之极重罪人也。其心行与禽兽同，实则禽兽不如也。何也？以禽兽不知伦理，人知伦理，知伦理而废伦理，斯居禽兽之下矣。

无锡章甫居士杨钟钰，欲挽颓风，作《辟自由结婚邪说》之文。因为序引，以发其所未发，冀倡此说者，咸觉悟焉。

古莘 赵绍伊 序

译 文

人禀承天地的阴阳之气，受父母的精血之质而生。从出生一直到三四岁，一举一动，都必须依靠父母的抚育。即使以后能够自己行动，但对于各种事理，都离不开父母的安排和教导，否则便无法在世上生存。等到长大成人，父母会为他们选择配偶，使他们能够享受男女居家过日子的快乐，希望他们夫妻二人能够内外相互辅助，可以奉养父母而尽到作为子女的职责，延续家族世代传承的血脉，防止年老无人奉养，死后无人祭祀，这是天地间亘古不变的道理。圣人效法天地制定人伦之礼，目的是让人们各自遵守伦常本分，以尽为人之道和为子之道。如果不依照圣人的礼制和父母的教导，仅因为两情相悦就结为夫妻，那和禽兽有什么区别呢？那些不分是非善恶的人，专门效仿欧洲不良的风气，大力提倡自由恋爱而结婚。他们为什么不提倡一出生就不接受父母的养育教导，而自由自在地长大成人呢？他们若能够从一出生在世上，就能自由地成长自立，完全不接受父母的养育教导，那么自由结婚确实是非常正当合理的事情。如果做不到这样，只是等到年长能自立之后，去追求男欢女爱，以彼此之间的爱恋作为标准，那就是违背天道，侮辱圣人，蔑视伦常的极重罪人。他们的思想行为和禽兽相同，实际上连禽兽都不如。为什么呢？因为禽兽不知伦理，而人知道伦理。知道伦理却废弃伦理，那就比禽兽还要低级了。

无锡章甫居士杨钟钰，想要挽救这种颓败的社会风气，写了《辟自由结婚邪说》一文。我因此写下这篇序言，来补充他没有提到的地方，希望倡导这种学说的人，都能从中醒悟。

古莘 赵绍伊 序

辟自由结婚邪说

今世俗盛倡自由结婚，此荡子淫女之所为，溃礼义之防，紊内外之别。正孟子所斥钻穴踰（同逾）墙，《郑风》所讥采兰赠芍。未有端悫（què）之士，淑静之女，而出于自由结婚者。请申论之。

《曲礼》云:"男女不杂坐,不亲授。外言不入于阃,内言不出于阃。男女非有行媒,不相知名。非受币,不交不亲。故日月以告君,斋戒以告鬼神,为酒食以召乡党僚友,以厚男女之别。"如是则男女皆别嫌明微,非礼勿视听言动,安得有自由结婚?

孔子云:"放郑声,郑声淫。"恶其男女无别也。孟子云:"丈夫生而愿为之有室,女子生而愿为之有家。不待父母之命,媒妁之言,则父母国人皆贱之。"贱其忘亲而寡廉鲜耻也。又云:"人之所以异于禽兽者几希。"盖禽兽皆自由恋爱,人为万物之灵,故圣人作为礼义,以远于禽兽,奈何去之?

《昏(同婚)礼》云:"父亲醮子,而命之亲迎。揖让升堂,再拜奠雁,盖亲受之于父母也。"男女有别,然后夫妇有义。《郊特牲》云:"妇人,从人者也,幼从父兄。"然则男女皆遵父兄之命,安得有自由结婚?

《内则》云:"七年男女不同席,不共食。"又云:"礼始于谨内外。男子居外,女子居内。深宫固门,阍(hūn)寺守之。"又云:"男不言内,女不言外。男子入内,不啸不指。女子出门,必拥蔽其面。道路,男子由左,妇人由右。"男女之别,始于家庭,而达于道路。内外谨严如此,安得有自由结婚?

且娶妇所以养亲也。《诗经·常棣》)云:"妻子好合,如鼓瑟琴。"孔子云:"父母非顺矣乎!"《内则》云:"子甚宜其妻,父母不悦,出。子不宜其妻,父母曰,此善事我。子行夫妇之礼焉,没身不衰。"先哲有言:"子之孝，不如率妇以为孝，妇能养亲者也。"古者皆由父母主婚，故能博亲欢，而申孝养也。不顺乎亲，不可以为子。婚姻，礼之大本，人子具有孝心，自当以父母之心为心也。若乃不由父母，不问门第、德性，而曰自由恋爱，则与嫖客、娼妓何异？吾未见嫖客、娼妓，而能孝养其父母舅姑者也。

今自由邪说，首推翻《昏（同婚）礼》。因之背天常之伦，弃父母之命，不孝又兼不信、不义。其千言万语，种种理由，不过曰自由恋爱而已。试问羽毛鳞介之族，何一非自由恋爱？彼何知有礼义，何知孝亲敬长？可以人而同于羽毛鳞介乎？且夫妇以义合，主之以尊亲，重之以盟约，申之以六礼，故能一与之齐，终身不改，同患难，同安乐。孝亲睦族，而宜子孙。今以自由恋爱，便成夫妇，背尊亲，蔑礼义。则金尽交绝，色衰爱弛（同驰）。初则自由结合，终必自由离散。名节扫地，州乡不齿。彼以自由为终身幸福，吾恐以不正当之自由，而牺牲男女终身幸福，玷家风而斩世泽者。居其大多数也。故曰：未有端悫（què）之士，淑静之女，而忍出于自由结婚者。

《礼·大传》云："男女有别，不可与民变革。"《郊特牲》云："男女有别，然后父子亲。"盖有夫妇，然后有父子、兄弟。男女无别，则夫妇之伦斁（yì，同致），而伦常尽废，人禽界混。自由结婚之流毒如此，可不慎哉？或且以东西各国为籍（通借）口，讵知疏财仗义，欧美特长？各国政艺，可采亦多。独以不严男女之别为效法，以致私胎、堕胎者日众，刑律不能制止，大背人

立誓

道主义。近年法国以人口减少，而强迫婚姻。日本以女学生堕落，而注重风纪。究其原因，皆由淫佚。我国教化最先，妇女名节，迥非各国所及。今当采各国之长而舍其短，不当弃我之长，而效彼之淫靡薄俗也。

孟子云："庠序学校，皆以明伦。"管子云："礼义廉耻，国之四维。"窃望全国学界，推行孔孟之教，以化寰球，以辟诐（bì）淫邪遁之说，而致万国于文轨大同之盛，其必自人人讲明伦理，敦崇礼义廉耻始乎！

译 文

今天社会中盛行提倡自由恋爱结婚，这是荡子淫女的所为，冲溃了礼义的堤防，紊乱了男主外、女主内的伦常。正是孟子所斥责的"钻穴逾墙"越法越礼的行径，《郑风》所讽刺的"采兰赠芍"丧失廉耻的行为。从没有一个正直的男子和贤淑的女子会通过自由恋爱而结婚。请看下文详细论述。

《曲礼》说："男女不能混坐在一起，不亲手传递东西，外言不传入闺房，内言不传出闺房，男女之间除非有媒人介绍，不然不可以互相知道名字，除非接受聘礼，不然不可以联姻。因此，要选定一个吉祥的日子告祖，斋戒祭祀以告鬼神，准备酒食以招待邻里乡党、亲戚朋友，以此来尊重男女有别。"如此就把男女要谨慎避嫌的道理阐释清晰了，非礼勿视，非礼勿听，非礼勿言，非礼勿动，哪里还会有自由结婚的呢？

孔子说："摒弃郑国的音乐，因为郑国的音乐淫秽。"厌恶它男女无别。孟子说："男子长大都希望有妻室，女人长大都希望有丈夫。如果不等待父母的安排，媒人的牵线，那么父母和国人都会轻贱他们。"轻贱他们忘记父母而寡廉鲜耻啊！又说："人和禽兽的区别就只有一点点。"因为禽兽都是自由恋爱，人是万物之灵，所以圣人制定了礼义，以区别于禽兽，怎么可以抛弃礼义呢？

《昏（同婚）礼》中说："父亲亲自向儿子敬酒然后命他去迎接新娘。新郎和女方家人相互揖让行礼后进入家门，新郎稽首行拜并献奠雁礼（古礼以雁象征男女阴阳和顺，婚姻忠贞专一），这表示新郎是亲自从女方父母那里迎娶新娘。"先是男女有别，然后才是夫妇有义。《郊特牲》中说："妇女是要出嫁从人的，未嫁之前听从父亲和兄长的。"从这里看出，男女都遵从父亲和兄长之命，怎么可能有自由结婚的情况呢？

《内则》中说："孩子到了七岁，男孩和女孩就不能坐在一起，也不能一起吃饭。"又说："礼始于谨慎对待夫妇间的关系。男人住在外面，女人住在里面。深深的宫殿和坚固的门，有阍人和寺人把守。"又说："男不言内，女不言外。男人想要进入内室，不可以大声喊叫，也不可以指指点点。女人出门，必须遮住自己的脸。在路上，男人走左边，女人走右边。"男女之别，从家庭开始，遍达于道路。家里家外都这么严谨，哪里会有自由结婚呢？

况且娶媳妇是为了孝养父母。《诗经·常棣》说："和妻子情投意合，就像琴瑟合奏一样协调。"孔子说："这样父母就顺心啦！"《内则》说："如果儿子很满意他的妻子，但父母不欢喜，儿子应当休掉妻子。如果儿子不喜欢他的妻子，但父母说：'这个媳妇侍奉我们非常好。'儿子就会履行夫妻之间的礼节，终身不变。"先哲说过："儿子孝顺，不如带领妻子一起孝顺，因为妻子能侍奉父母。"古代都是由父母主婚，因此，能博得父母的欢心，并且表达了孝养之心。不孝顺父母，就不能算是为人子。婚姻是礼的大根大本，作为子女要有孝心，自然应以父母的心为自己的心。如果不经过父母，不问对方的家世和德行，而是自由恋爱，那和嫖客、娼妓有什么区别呢？我从来没见过嫖客、娼妓能孝养他们的父母和公婆。

今天自由恋爱这种邪说，首先就推翻了传统的《昏（同婚）礼》。因此，违背了天理伦常，抛弃了父母之命，不孝不信不义。邪说千言万语，讲述种种道理，不过是为了自由恋爱而已。试问，鸟类、鱼类和爬行动物这些族群，哪一个不是自由恋爱呢？它们哪里知道有礼义，哪里懂得孝顺父母和尊敬长辈呢？人怎么能和这些动物一样呢？而且，夫妻是因为道义而结合，把尊重父母放在首位，以夫妻盟约信义为重，通过六礼来表达，因此夫妇一旦结合，从一而终，终身不改，同患难而共安乐，孝顺父母，和睦家族，使子孙贤良。现在通过自由恋爱便成为夫妻，背弃了尊重父母的原则，蔑视了礼义，一旦金钱用尽，感情必定断绝，一旦美貌色衰，必定分道而驰。最初是自由结合，最终也必然自由离散。名誉和节操早已败坏，连家乡的人都会看不起。他们把自由当作终身的幸福，我却害怕因为不正当的自由，而牺牲了男女双方终身的幸福，玷污了家风，斩断世代的福泽，这样的人不在少数。所以说：没有正直的男子和贤淑的女子，会忍心选择自由恋爱而结婚。

《礼记·大传》中说："男女有别，这是不能随着民众喜好而改变的。"《郊特牲》中说："男女有别，然后父子有亲。"

因此，先有夫妻关系，然后有父子和兄弟关系。如果男女无别，那么夫妻之间的伦理就败坏了，所有的伦理纲常都会废弃，人与禽兽的界限混淆。自由结婚的流毒如此严重，能不谨慎吗？有人会以东西方各个国家为借口，难道不知道疏财仗义是欧美国家的特长（看似有利可图，实则刀尖之蜜）？各国的政治制度，可以采纳的有很多。唯独效法不严格区分男女界限的做法，以至于有私生子和堕胎的人与日俱增，刑律也无法制止，严重违背人道主义。近年来，法国因为人口减少而强迫人们结婚生子。日本因为女学生堕落而开始重视社会风气和法纪。究其原因，都是因为邪淫。我国的教化最早，妇女的名节，远远不是各国所能比的。如今应该采纳各国的长处，舍弃他们的短处，不应该放弃我们的长处，而效仿他们淫欲靡乱的风气啊！

　　孟子说："庠序学校，皆以明伦。"管子说："礼义廉耻，国之四维。"殷切地希望全国学术界，推行孔孟的教诲以化寰宇，以驳斥各种歪理邪说，达到文化统一万国，从而实现大同盛世。这必须从每个人明理明伦，崇尚礼义廉耻开始啊！

附录

寿康宝鉴

劝毁淫书说

三代而下,世多邪说,而邪说之最足以害人心世道者,莫如淫词小说为甚。盖圣贤经传,唯恐不能觉天下之愚迷;而淫词小说,唯恐不能丧斯民之廉耻。以故小说出而淫风炽,淫词兴而贞德衰。

然谁无羞恶之心,岂肯作禽兽之事?但以聪明子弟,灵敏妇女,一觏(同睹)此书,悉为所惑。初则艳其词章,以为佳妙;继则情随文转,不能自持。遂致竟以希圣希贤、宜家宜国之身,甘作钻穴踰(同逾)墙、偷香窃玉之事,而绝无顾惜者,皆此等邪书之所蛊惑也。其毒人也,烈于蜜饯砒霜;其陷人也,惨于雪覆坑坎。令人灭理而乱伦,折福而损寿,破家而杀身,辱先而绝后。及其死也,尚使神识堕于地狱,受诸极苦,久经长劫,莫由出离。可不哀哉?凡作此书及贩卖此书者,其罪甚于叛逆之首、乱贼之魁,当为国法所必诛,天律所不赦也。

奉劝当权诸名公伟人，及一切有心世道仁人君子，凡见此等人，务必劝令改业；凡见此等书及板，务必尽行焚毁。有力则独任其资，无力则劝众共举。又祈辗转化导，俾人各景（同影）从，必期于世间永无此书，人民各敦彝伦而后已。将见佛天云护，灾障冰消；身心安泰，家门迪吉。富寿康宁，现身获箕（jī）畴之五福；勋徽爵位，后裔纳伊训之百祥矣。

特将收藏小说四害，并焚毁淫书十法，详列于后，企有心世道者，采取而举行焉。

译　文

自从三代（夏商周）之后，世上出现许多邪说，而各种邪说最毒害世道人心的，莫过于淫词小说。圣贤传承经典，只是担心不能使天下的愚迷众生觉悟；而淫词小说的流传，却唯恐不能丧尽人们的廉耻。因此，色情小说的盛行会使淫欲的风气更加炽盛，污秽词作的兴起会使贞洁和道德更加衰败。

然而，谁没有羞耻之心，怎么会愿意做出像禽兽一样的事情呢？但天资聪明的子弟和心思细腻的妇女，一旦看到这些书，都会被迷惑。起初爱慕书中华丽的词章，认为是绝妙佳作；随着情节的发展，人的情感就会随色情描写所转变，无法自控。最后竟然以效法圣贤、齐家治国的身体，心甘情愿去做钻穴逾墙、偷香窃玉的事情而毫无顾忌，这都是受淫秽书籍的蛊惑所致！淫秽书籍对人的毒害，比蜜饯里的砒霜还要惨烈；它陷害人的命，比坠入坑坎被大雪活埋还要悲惨。它使人灭天理，乱人伦，折福折寿，家破人亡，羞辱祖先，斩绝后嗣。等到死亡以后，他们的神识还要堕入地狱，承受各种极端的痛苦，经历极其慢长的时间，也没有办法出离。难道不令人悲哀吗？那些创作淫秽书籍和贩卖淫秽书籍的人，他们的罪行比叛乱的首领、乱贼的头目还要严重，应当被国法所诛杀，天律所不赦啊！

奉劝各位当权的官员和名人，以及一切有心挽救世道的仁人君子，凡是见到这类人，一定要劝导他们改行；凡是见到这类书和书的刻板，一定要尽数焚毁。有能力的人可以独自出资，没有能力的人可以劝导众人共同出资购买销毁。又祈求大家相互劝导，务必使每个人都能努力去做，一定要让世间永远没有这类书，人们都能敦伦尽分才罢休。我们将会得到佛陀和诸天护法神祇的护佑，因业障而带来的灾难宛如春冰遇日，必会冰消雪融；身心安泰，家庭吉祥，富寿康宁，现世五福临门；受封功勋爵位，后代子孙将会得到焚毁淫书而带来的无数吉祥。

特别将"收藏小说四害"和"焚毁淫书十法"，详细附在后面，希望那些有心挽救世道的人能够采纳并奉行。

收藏小说四害

一玷品行 览此等书，必非正人佳士。昔时南海一县令，好观淫书，手抄小本，日玩之，不意乱入详册，上司怒其无行，参革而死。

二败闺门 凡好藏淫书，好唱弹词之家，妇女率多丑声。其秉性幽贞者，或以瘵疾死。余多不忍言矣，可胜痛哉！

三害子弟 藏此书者，子弟必然偷看。其佳者以此早知觉，早破身，或以疾死。即令不死，转而自悔，而元气一散，断不能成大器。世间尽有佳子弟，秀出一时，迄无成就，多由浑金璞玉，早年玷缺，皆乃父兄巾箱中密藏物所害也。若中下者，必好此破家矣。金陵一名家子，过目成诵，年十三，博通经史。一日偷看《西厢曲本》，忘餐废寝七日夜，而元阳一走，随即颓败。医曰："心肾绝矣。"遂死。

四多恶疾 好此种书，必多夭，必多异疾。杭州宋司马，人极丰伟，年甫五十，即乞归。谓家人曰："我幼时喜小说，风痰入肾，不久矣。"未几死。看淫书之害如此。呜呼！真可为痛哭者也。

再详十法，普告同人。

译 文

一玷污品行：阅览这类书籍的人，必定不是正派人士。从前南海有一个县令，喜欢阅读淫秽书籍，并亲自摘录做成手抄本，天天必看。一次无意中将手抄本夹入了要上呈的公文中，上司因此怒斥他毫无品行，后来他被弹劾革职而死。

二败坏闺门：凡是喜欢收藏淫秽书籍，好唱弹词的家庭，家中妇女大多会有丑闻。那些秉性贞洁的女性，可能会因此而患上难以治愈的痨病而死，我已不忍心再多说了，实在是让人痛心啊！

三坑害子弟：家中收藏淫秽书籍，子女必然偷看。天性聪慧的孩子因此提前知道这些事，必会早破身，导致身患疾病而死。即使不死，也会变得悔恨不已，然而人的元气一散，断然成不了大器。世上有很多聪慧的孩子，虽然才华横溢一时，但终身毫无成就。多数是因为这块尚未淬火的真金和尚未雕琢的玉石在早年因受到玷污而有缺陷，以致无法成器。这都是被父兄秘密藏在书箱中的淫秽书籍所害啊！如果是才智一般或者更差的孩子，必定会沉迷淫欲而破家亡身啊。金陵有一个名门世家的孩子，有过目不忘的本领，十三岁时就通晓经史。有一天，他偷看《西厢曲本》，沉迷其中，连续七天七夜不吃不睡，元阳之气耗散，随即颓败不堪。医生说："他的心肾已经衰竭。"后来这孩子就死了。

四多患恶疾：好观看淫秽书籍的人，必定多数夭折，必定多患各种怪病。杭州的宋司马，他身材魁梧而俊秀，刚满五十岁就乞求告老还乡。他对家人说："我小时候喜欢读淫秽小说，风痰已侵入肾脏，活不了多久。"不久之后，他就去世了。看淫秽书籍的祸害如此惨烈。唉！真令人为之痛哭啊！

下面再详细列出焚毁淫书的十种方法，普遍告知所有人。

焚毁淫书十法

第一法 奉劝执政名公、院会议士，疏陈其害，请令申明禁于天下，永远杜绝，著为条例，此斩草除根法也。淫书陷溺人心，大伤风化，显与治道相违，以致每年添出无数奸情命案，毒流天下。著此等书、售此等书、蓄此等书者，当服上刑；绝此等书、禁此等书、焚此等书者，必受上赏。(张君孟球，任河南按察司，居官廉洁，恩威并施。最喜刻印善书，广行善事。最恶淫书、淫画、春方，及堕胎、赌具等物，必严禁之，首获有厚赏。夫人闻公抄传善书，亦典衣饰相助。生五子，学庠、应造、绍贤、企龄、景祈，俱擢（zhuó）高科，登显仕。公无疾而终。)

第二法 奉劝各直省守土官长，下车伊始，即严行禁止，翻刻淫书者必究。禁人家毋许收藏淫书板，禁画师毋许描绘淫画，禁奸徒毋许售卖春药，禁书贾毋许发兑淫书，禁匪流毋许制造淫具，禁钞（同抄）胥毋许传播春方、编造淫集。有不遵者，酌置典刑，无稍姑息。[堕胎之恶，全由药术。每见郡邑乡镇，辄有匪人，于通衢狭巷遍布招帖（同贴），煽惑男女。服之者无不伤胎，兼且害母。且奸民恃此私奔苟合，愈长淫风。能禁止者，一可救婴儿之命，一可杜邪淫之心，功莫大焉。伏愿地方官长，经过所属街巷等处，一见市肆淫书小说，及春方媚药、墙壁招帖（同贴），实心认真，迅即飞饬妥役，根究着落，惩其店主伙党，毁其卷帙<zhì>方药，责令改业。再行密访有私行货卖者，科以重罪。必一一尽毁其书，焚其板而后已。此真居官第一快心事，亦真居官第一阴德事。更有奸民制造淫具，或角或铅，丑名不一，较之杀人，厥罪维均，不可不严为惩禁。]

第三法 奉劝胶庠吉士，不谈闺阃，不制艳曲，严戒生徒，毋许购藏淫书、淫画。凡笔墨有伤风化者，必投诸火。朋友有犯戒者，务须苦口良言，婉转劝止。（某生好撰艳曲，闻者无不动情，彼抚掌称快。一日他出，遗稿于案上,其妻妾颇解字义,窥见之,从此遂有外交。生闻知,詈<ǐ>其妻妾。妻妾反唇曰:"君好撰艳曲,谆谆以淫乐教人。今日之事,乃谨遵台命也,何足深怪?"生无言可答,长叹一声,无疾而死。)

第四法 奉劝富家大族,广收淫籍,随买随焚。有巨力者,尽劈其板。力稍逊者,多毁其书。每一举步一出外时,必买归而焚化焉,日积月累,功德无涯。倘贫穷亲友,不幸业此,务须出资劝其改业,买其所藏之书,尽付丙丁。凡一切弹唱小说,不许进门。(石琢堂殿撰,为诸生时,以扶翼名教为己任。家置一纸库,名曰"孽海",凡见淫词艳曲,坏人心术,及得罪名教之书,悉纳其中烧之,不徒惜字而已。)

第五法 奉劝寒素人家,无力买烧淫书及板,当手钞(同抄)烧毁淫书善报,各处分送。倘无暇钞(同抄)写,尽可逢人劝诫,以口代书,随缘指点,功亦不小。(手德、口德,均是功德。)

第六法 奉劝刻书店铺,议定行规,凡遇淫秽册籍,概不受镌(juān),有私刻者,公同议罚。如此则淫书不绝而自绝,阴功浩大,更不待言。(赚钱有限,造孽靡涯。)

第七法 奉劝各省书坊,概不发兑淫书,免使天下识字之人,同趋孽海。(江南书贾嵇留,积本三千金,每刻小说及淫画图像,人劝不听。以为卖古书,不如卖时文;印时文,不如印小说、淫画,以售多而利速也。其家财由此颇厚。不数年,目双瞽。所刻诸板,一火而烬。及死,棺敛无措,妻子有不忍言者。)

第八法 奉劝画家，不画淫画，照相馆不许代印，免使天下不识字之人，共沉孽海。（福建诸葛润善画彩色淫画，浪游都下，名重而价亦高，诸贵人子弟，日暱＜同昵＞近之，家遂富。一夜盗入旅邸，润大呼，盗先砍落其手，连挥数刃而绝，财帛席卷去。后广东李孝廉得其遗稿，叹曰："是物流传，害人子弟不少。"偿其值而悉火之。李于是年中式，子亦先后联捷南宫。世间造恶未有甚于画淫画者，无论识字不识字之人，一概心醉神驰，同驱入禽兽之域。吾见擅此技者，人人斩后。盖其画幅艳传，不知害了多少子弟，坏了多少闺门，恐绝嗣不足蔽其辜也。至其妻、其女、其媳，鲜不淫乱者，由其朝夕见闻，无非淫状，即有贞洁之性，亦化而为邪。且其人亦必早夭而不寿，盖其执笔摹拟，刻刻淫心摇荡，真精浮散，梦遗、滑精、脱阳等证＜同症＞，皆相继而作也。呜呼！惨矣！夫百工技艺，何事不可为，而乃为此？山水花鸟，何物不可画，而乃画此？处心积虑，将使天下无人不好淫而后快。吾恐技愈精而孽愈重，孽愈重而报愈酷矣。）

第九法 奉劝医家，不传春方，力辨其谬，免使淫徒矫揉造作，枉送性命。（医书中间有附载春方者，最为害事。愿医者弗传与人，并削去书中此一条可也。其余旁门外道诸书，坏人心术，丧人廉耻，最邪妄，最淫恶，罪入无间地狱，学道者决不可看。能烧其书，毁其板，功莫大焉。）

第十法 奉劝宾僚宴会，弗点淫戏，免使年少士女，荡心失魂，变生仓猝。且免暗中斲（zhuó，同斫）丧痨瘵夭亡。庶共跻仁寿云。（戏馆之中，少长咸集，彼优伶身为贱役，不惜丑态以献媚于人，固无足怪。而阅戏者，率皆良家子弟，年高者虽不为之动，而年少者视之，则心神俱荡，或斲＜zhuó，同斫＞丧其真元，或驰骛＜wù＞乎花柳，"钻穴踰＜同逾＞墙"之行无不为，偷期密约之事无不干。病从此生，身从此殒，伤风败俗，可胜言哉。故为高明者劝，嗣后凡入戏馆，切勿点及淫戏。酬愿敬神，尤宜痛戒。天下断未有聪明正直之神，而喜观淫戏者；亦未有聪明正直之神，而不恶淫戏者。盖敬神本欲求福，而淫戏适足贾祸。况庙中不能禁妇女不来，而蚩蚩＜chī＞者尤易蛊惑，甚或闺女看之而动情，孀妇看之而失节。人何苦以一时之意兴，造此无穷罪孽哉？愿与诸同志共戒之。）

以上十法，法法相通。遵而行之，便是天堂捷径，而种种福报在其中矣。逆而反之，便是地狱孽缘，而种种祸报在其中矣。人其知所自警哉！

译文

第一法 奉劝那些执政的官员和院会议士，应当上疏陈述淫秽书籍的危害，请求政府下令申明禁止这类书籍在全国范围内流通，永远杜绝，将其定为法律制度，这是从根本上解决问题的方法。淫秽书籍陷溺人心，严重败坏社会风气，明显与治国之道相违背，导致每年增加无数起奸情命案，毒害流遍全国。编写、销售、私藏淫秽书籍的人应当受到严厉的惩罚；而杜绝、禁止、焚毁淫秽书籍的人应当得到重赏。（例如张孟球，担任河南按察司时，为官清廉，恩威并施。

寿康宝鉴

他最喜欢印制和传播善书，广泛行善。他最痛恨淫秽书籍、淫画、春药方，以及堕胎、赌博工具等物品，必定严格禁止这些事物，对于首先查获这类物品的人给予重赏。他的妻子听说他抄传善书，也典当衣物首饰来帮助他。他们后来生了五个儿子，名为学庠、应造、绍贤、企龄、景祈，都在科举中高中，成为显赫的官员。张孟球最后无疾而终。）

第二法　奉劝各省的地方官员，一旦上任，立即开始禁止淫秽书籍的流通，对于翻刻淫秽书籍的人一定要追究责任。禁止家庭收藏淫秽书籍的刻板，禁止画家绘制淫秽图画，禁止奸佞之徒售卖春药，禁止书商发行淫秽书籍，禁止不法分子制造淫秽器具，禁止抄写员传播春药配方、编造淫秽文集。如果有不遵守这些规定的人，要根据法律给予相应的惩罚，不能有丝毫的宽容。（堕胎的恶行，完全是通过药物和手术。在城邑乡镇经常可以看到，不法分子在大街小巷张贴堕胎广告，煽动并蛊惑青年男女。服用这些药物不仅会伤害到胎儿，同时会伤害到母亲。而且奸邪之人仗恃药物私奔苟合，更加助长淫乱的风气。能够禁止这些行为的人，一方面可以拯救婴儿的生命，另一方面可以杜绝邪淫之心，功德无量。拜托地方官员在巡视所管辖的街道和巷子时，一旦发现市面上有淫秽书籍小说、春方媚药、墙上的不良广告，要从严处理，迅速派下属官员追查源头，惩罚店主和同伙，销毁这些书籍和药物，责令他们改行。还要秘密地访问调查私下销售这些物品的人，一律给予重罪。必须彻底销毁这些书籍，焚烧刻板才能罢休。这真是做官的第一快心事，也真是做官的第一阴德事。还有制造淫秽器具的奸佞之民，有的用兽角制作，有的用铅铸造，这些物品

附录

有着各种污秽名称。但相比杀人，其罪过相同，不可不严格惩处和禁止。）

第三法 奉劝学校的贤士，不要谈论男女之事，不要创作淫词艳曲，严格教导学生，不许学生购买或收藏淫书淫画。凡是内容有伤风化的作品，必须投于火中焚毁。朋友中有犯邪淫的人，一定要苦口良言，婉转地劝阻他们。（有一个书生喜欢创作艳曲，听到的人无不为之动情，拍手称快。一天他外出，将手稿遗留在桌上，他的妻妾认识文字，偷看这些作品，从此就有了外遇。书生得知后，责骂他的妻妾。妻妾反唇相讥说："你喜欢创作淫词艳曲，不停地以淫乐教唆他人。今天发生的事情，正是拜你所赐，何必大惊小怪呢？"书生无言以对，长叹一声，无疾而终。）

第四法 奉劝那些富裕的大家族，广泛收集淫秽书籍，随时购买焚毁。有大能力的人，要彻底破坏淫书的刻板；能力稍差的人，也要尽力多销毁淫书。每次出门时，就买下淫秽书籍带回焚毁，日积月累，所得到的功德无量啊。如果贫穷的亲友不幸从事这个行业，一定要出资劝说他们改行，买下他们所收藏的书籍，全部放到火中焚毁。凡是一切淫秽的小说、词曲，都不允许拿进家门。（石琢堂状元，他还是学生时，就以护持圣贤教育为己任。他在家中设置一个纸库，名叫"孽海"，凡是见到淫秽的词作、艳曲，以及那些败坏人心和违背圣贤教诲的书籍，全部放进去烧毁，这不仅是为了珍惜文字，更是为了维护道德教化。）

第五法 奉劝那些家境贫寒、没有财力购买并焚烧淫秽书籍和刻板的人家，应当亲手抄写烧毁淫书得善报的文章，随处赠送。如果实在没有时间抄写，尽可能地逢人劝诫，用言语代替书写，随缘指点，这样做的功德也不小。（无论是通过抄写，还是用言语来劝诫他人，都是在积累功德。）

第六法 奉劝刊刻书籍的店铺，共同议定行业内的规矩，凡是遇到淫秽的内容，一概不刻板印刷，如果有人私下刊刻印刷，大家共同商议对违规者进行惩罚。如此淫秽书籍就会越来越少，自然而然地消失，且阴德之大，更不用说了。（印刷淫秽书籍，赚取的钱有限，反而造下无边无际的罪孽。）

第七法 奉劝各省的书坊，一概不要发行淫秽书籍，以免让天下识字的人都陷入罪恶的深渊。（江南有个书商叫嵇留，积累的资本有三千两银子，常常刻印小说和淫秽图画，有人劝告他不可以做，他执意不听。他认为卖古书不如卖时文，印时文不如印小说和淫秽图画，不仅销量大，而且可以快速获利。他的家财因此颇为丰厚。可是，没过几年，他双目失明，刊刻的所有刻板都被一场大火化为灰烬。等到他死的时候，连棺材都买不起，妻子、儿女的情况不忍细说。）

第八法 奉劝画家不要绘制淫秽图画，照相馆不许冲印淫秽图片，以免让天下不识字的人一同陷入罪恶的深渊。（福建有个叫诸葛润的画家，擅长画彩色的淫秽图画，他游历京城后，名声大噪，画价也很高，许多富家子弟都争相与他亲近，因此他的家境变得富有。一天夜里，盗贼闯入他居住的旅店，诸葛润大声呼救，盗贼先砍掉他的手，又连砍数刀将他杀死，并将他的财物席卷一空。后来，广东的李孝廉得到诸葛润的遗稿，感叹道："这些作品流传出去，不知会误导多少年轻人。"于是他买下这些遗稿，并将这些画全部焚毁。那一年，李孝廉就考中科举，他的儿子也先后在科举中取得功名。在世间造作恶业没有比绘制淫秽图画更严重的了，无论是识字还是不识字的人，一概心醉神驰，做出禽兽不如的事情。我见过擅长画淫画的人，几乎每个人都断子绝孙。因为他们的画作流传开来，不知毒害了多少年轻人，损害了多少女子的贞洁，恐怕断子绝孙也不足以弥补他们的罪过。至于他们的妻子、女儿、儿媳，很少有不淫乱的，因为她们每天的所见所闻，无非是淫秽之事，即使有些本性贞洁，也会被逐渐染指成邪。而且这些人也往往夭折短命，不会长寿，因为他们提笔作画时，时时刻刻淫心动荡，真精浮散，梦遗、滑精、脱阳等症状都会相继出现。唉！太惨了！世间有各种技艺，什么事不可以做，为什么非要做这个呢？山水花鸟，有什么不能画，为什么非要画淫画呢？他们处心积虑，想要让天下人都沉迷于淫欲才感到满足。我担心他们的技艺越精，造的罪孽就越重，造的罪孽越重，受到的报应就越残酷啊！）

  第九法 奉劝从医的人家，不要传播春药的药方，要努力向人们说明春药的害处，以免让那些好色之徒矫揉造作而白白枉送性命。（医书中有时会附载春药的药方，这是最害人的。希望医生们不要将这些药方传给他人，并且从书中删减这条淫秽的内容。其他旁门左道的书籍，坏人心术，让人丧失廉耻，最邪妄，最淫恶，罪过当入无间地狱，学道的人绝对不可以阅读。能够焚烧这些书籍，毁掉刻板，功德非常大。）

  第十法 奉劝在宾客宴会中的人们，不要点淫秽的戏剧，以免让年轻的男女心神荡漾，失去理智，仓促中突发意外事故。避免在暗中损伤身体，得瘵病而夭亡。希望大家共登仁德长寿的境界。（在戏院里，各年龄段的人都聚集在一起，那些演淫戏的人身份卑下，不惜做出种种丑态来献媚于人，固然不足为怪。但是看戏的人，大多是良家子弟，年纪大的虽然不为所动，但年轻人看了，就会心神荡漾，或者丧失真元之气，或者沉迷于花柳之间，甚至"钻穴逾墙"这种偷偷摸摸的行为也无所不为，偷情私约的事无所不干。疾病由此而生，身体由此而亡，伤风败俗，难以言尽。因此，奉劝明智的人，以后凡是进入戏院，切记不要点淫秽的戏剧。在还愿敬神的时候，尤其更该痛戒。天下绝对没有聪明正直的神灵，会喜欢观看淫秽的戏剧；也没有聪明正直的神灵，会不厌恶淫秽的戏剧。因为敬神本来是为了求福，而淫秽戏剧却足以招致灾祸。何况庙里不能禁止妇女不来，而无知的人更容易被迷惑，甚至未婚的女子看了动情，寡妇看了因而失去节操。人们何苦因为一时的兴致，而造下无穷的罪孽呢？希望与所有志同道合的人共戒之。）

以上的十种方法，事理相通。遵循而实行，那就是通往天堂的捷径，种种福报好运都在其中。如果反其道而行之，那便是地狱的孽缘，种种灾祸恶报都在其中。人们要知道自我警醒啊！

格言

颜光衷曰：刻淫书，诱荡子，杀人不见血。有圣人者出，急应收毁一切淫污邪书及书板，有翻刻者，处以极刑。比于"五逆"，罪在不赦。庶乎风俗醇而士习可正也。

袁了凡曰：取淫秽邪书恶状及谤语焚化者，得子孙忠孝节义报。好阅淫词小说，将此等淫秽书与圣贤书并贮者,得子孙淫佚报。翻印淫词小说恶状,贩卖射利者,得子孙娼优下贱报。

东莱吕氏曰:教小儿当以正,不可使之情窦早开。

黄藜乙《蒙养篇》云:人家子弟已识字后,即禁看淫书小说,此种本属子虚乌有,少年误认为真,眩(同炫)目荡心,最为害事。常稽察其背后借看,搜出即投之于火。十一二岁后,父宜携之同寝,留心察其睡中动静。居常女婢、仆妇,不论美恶老少,不宜亲近。只此一关,能与牢守,功名寿算,终身受用不尽。

《务本丛谈》曰:家中父母,对于儿童,务须严厉教育监察。诸如小儿幼时,母亲常把吃物先在自己嘴内嚼碎,传过小儿嘴内吃下,最害卫生。或欢喜时候,用手常弄小儿阳物为戏,他从小已受此种感觉,将来成人时,恐就有手淫恶习(手淫害处最大,犯者必致伤身殒命)。或小儿在无事时,偶然自己扪弄阳物,亦须严禁,以免养成习惯。淫书、淫画、淫戏,小儿成童时万不可看。此等如蜜里砒霜,入口即死。或侥幸不死,亦必酿成梦遗、滑精等症,终身受害无穷。因看淫书等时,心性摇荡,元阳暗中走失,身体受大损伤。所以,一有遗精之病,一直到死,难望挽回。后来终身抱痛,追悔莫及。为父母者,务须认真监督,暗中时常察其举动,一见有淫书、淫画等,在背后偷看,立即搜出销毁,庶免遗祸。如此方能保全儿童性命。又凡夫妇交媾之际,切勿乳子。因小儿若食淫乳,长大定然生性淫邪,切须戒忌。

《西国立志编》曰:稗官小说,为破坏教养、博人嘲笑之书。今世撰著此书之人,以欲投时所好,往往不嫌俚俗，不避浪谑，破人伦，冒国法而为之，其罪实不容于死。陀格拉斯曰："人不可著戏文戏画，而毒痛世人。"阶斯打林曰："稗官小说，害遍羣（同群）生，而其害心志未坚之青年，更甚于疫疠。"

译文

颜光衷说：刻印淫秽书籍，诱导放荡的年轻人，是杀人不见血的行为。如果有品德高尚的人出现，应该紧急地收集并销毁所有淫秽邪说的书籍以及书板，对于翻刻这些书籍的人，应处以极刑。其罪等同于"五逆"罪，实在不可饶恕。这样可以使社会风气变得淳朴，人们的淫习就可以得到归正。

袁了凡说：购买、收集淫书淫画以及诽谤圣贤的邪书一并焚烧的人，会得子孙忠孝节义的回报。喜欢阅读淫词小说，并将这些淫秽书籍与圣贤书籍一同存放的人，会得子孙淫乱的报应。翻印淫词小说、淫画，贩卖获利的人，会得子孙沦落为娼妓和优伶的报应。

东莱吕氏说：应该用正善的方法教小孩子，不能使其情窦早开。

黄藜乙在《蒙养篇》中说：家中的孩子在学会识字后，即要禁止阅读淫秽书籍和小说。这些小说本身是胡编乱造的虚构故事，但年轻人会误以为真，产生迷惑而动摇心志，这是最害人的事。家长应该经常检查孩子是否偷偷阅读淫秽书籍，搜出后立即将其焚毁。十一二岁之后，父亲应该与儿子同睡，留心观察孩子睡眠中的行为。家中的婢女、仆妇，无论美丑老少，都不应该让孩子亲近。只要能够牢牢地守住这一关，孩子的功名寿禄，一生享受不尽。

《务本丛谈》中提到：家中的父母对儿童的教育和监督必须严格。例如，在孩子小时候，有些母亲常常先把食物在自己嘴里嚼碎，然后再给孩子吃，这种做法最不卫生。还有些母亲在高兴的时候，常常用手抚弄小孩的阳物为戏，孩子从小就有这种感觉，将来成人时，恐怕会有手淫的恶习（手淫害处最大，犯者必致伤身殒命）。或者孩子在闲暇时，自己触摸生殖器，也必须严格禁止，以防养成习惯。对淫秽书籍、图画、戏剧，在儿童的成长过程中绝不能接触和观看。这些东西就像蜜糖中的砒霜，一旦入口就会致命。即使侥幸不死，也必然会导致梦遗、滑精等症状，终身有无穷的祸害。因为观看淫秽书籍时，心性动摇，元阳在不知不觉中流失，身体受到极大损害。一旦有遗精的问题，直到死都很难恢复。将来终身痛苦，后悔莫及。作为父母，必须认真监督，暗中时常观察孩子的行为举动，一旦发现孩子在背后偷看淫秽书籍、图画，应立即搜出来并销毁，以免留下祸根。这样才能保全儿童的性命。另外，在夫妇同房时，切勿哺乳孩子。如果孩子吃下淫乳，长大后性情必然好淫，一定要切记并戒除这些忌讳。

《西国立志编》中提到：野史小说，是破坏他人教养、博取他人嘲笑的书籍。现在编撰这种书籍的人，为迎合时代的喜好，往往不嫌粗俗，不避轻浮，破坏人伦，冒犯国法而为之，其罪又岂止是死呢？陀格拉斯说："人不可以创作淫秽的戏剧和绘画来毒害世人。"阶斯打林说："野史小说害遍众生，特别是对于心志尚不坚定的青年人，其毒害比瘟疫还要严重。"

例证

张某禀异才，好编小说，刊板发卖。自谓笔底云烟，无伤阴德。一夕，梦其父诃之曰："尔所著诸刻，令阅者目眩神飞，因而败人行检者不少。冥司于此等案，降罚最酷。尔本前程远大，寿数绵长，今缘是折消矣。可惜祖先数世培植，一旦顿丧尔手，尚谓无伤耶？"张惊寤大悔。未几，全家溺死。

江南有书贾朱祥者，好刻淫书小说，租卖传观。友人皆劝其勿刻，朱笑以为迂。不数年，目双瞽。一日火起，生以两目不见，逃避不及，半身烧烂，哀号痛苦，三日而死。死时自悔曰："我刻淫书淫画，得发小财，害人不少，应该如此。愿天下同业人，早早劈板烧书，勿似我懊悔不及也。"后妻女流人娼家，嗣亦绝。

渤海全如玉，虽系贫人，却孳孳好善。见人作好事，则奖劝鼓舞，始终不倦。又尝力疾手录善书，普化世人。一日泛海，被飓风飘至一山。全登其绝顶，遥望海天一色，十分畅快。忽有一道者，黄袍棕屦，古貌长髯，从林中出，谓全曰："世人尚假，上帝喜真。尔生平劝善事，修善书，皆系真心，不求人知，功莫大焉！"全谦不敢当。道者又曰："儒者具有聪明，不为圣贤阐发义理，反编造淫词艳曲，流害天下万世。此等人堕地狱中，受无量苦，永无出期。尔试往观之，知彼之罪，则知尔之功矣。"乃携全手，行云雾中，须臾见一城，榜曰"酆（fēng）都"，守门军役皆奇形异状，见道者伏地叩首。又至一大署，侍卫林立，亦震慑拜伏。堂额曰"森罗之殿"，两柱联曰："尔既如斯，任尔奸，任尔诈，任尔作恶，少不得庭前勘问。我诚无奈，尽我法，尽我理，尽我奉公，又何须堂下哀求。"一王者冕旒（liú）出迎，尊礼备至。道者曰："淫词艳曲，最为人心之害。阴间受罚，阳世不知，犯者如故。可令人带此子往看明白，传语世人，倘得回心向道，亦大慈悲也！"即有二役，将全引至一处，见有数人，或受刀砍，或受犁泥，或受碓舂，或受油铛，每受毕，旋复原形。全问："此为何人？"鬼卒曰："此乃著作淫秽小说书籍者。"全又问："罪有尽期否？"卒曰："万劫沈（同沉）沦，求入蛆虫道，未可得也，焉有尽期？"全亦心惧欲回，役复引至殿。道者指王谓全曰："此明季杨忠愍公也，在世忠直，参严嵩五奸十罪，上帝深嘉，特接今职。尔回并为宣扬，庶见上天赏善罚恶，毫厘不爽也。"乃辞王，仍携全手，回至原山。值风顺，别道者挂帆而去。逢人道其所见，谆谆劝勉云。

寿康宝鉴

译 文

张某天生才华横溢，喜欢编写淫秽小说，并刊印出售。他自认为只是下笔挥洒而已，不会伤及阴德。一天晚上，他梦见已故的父亲呵斥他说："你所编写印刷的种种书籍，让读者眼花缭乱，心神荡漾，因此导致许多人败坏品行。冥司对这类案件的惩罚最为酷烈。你本来前程远大，寿命绵长，但现在因为创作淫秽小说受到折损与削减。可惜祖先数代人辛勤的培植，竟然在你手上毁于一旦，你还大言不惭地认为无伤阴德吗？"张某惊醒后深感悔恨。不久之后，全家溺死。

江南有一个名叫朱祥的书商，他喜欢刻印淫秽小说，通过出租和售卖给众人传播观看。朋友都劝他不要刻印，但朱祥嘲笑他们的想法太过迂腐。几年后，他双目失明。有一天，发生了火灾，朱祥因为看不见，没有及时逃生，结果半身被烧烂，痛苦哀号，三天后死去。临死前，他后悔地说："我刻印淫秽书籍和图画，虽然赚了一点小钱，但却害了不少人，我应该受到这样的报应。希望天下从事这个行业的人，早点毁掉刻板，烧毁淫书，不要像我一样等到已经来不及了才知道后悔。"后来，他的妻子和女儿沦落到妓院，后代从此断绝。

渤海有一个叫全如玉的人，虽然很贫穷，但总是孜孜不倦地做善事。他看到别人做好事，便嘉奖劝勉且鼓励对方，始终乐此不疲。他常常亲手抄写善书，广泛教化世人。一天，全如玉泛舟出海，在海上，船只被飓风吹到一座山边。他登上山顶，远眺海天一色，感到非常畅快。忽然，有一位道士从树林中走出来，身着黄袍，脚踏棕鞋，相貌古朴，还有长长的胡子，对全如玉说："世人崇尚虚假，而天帝喜欢真诚。你生平劝人行善，修善书，都是出于真心，不求人知，功德很大啊！"全如玉谦虚地说不敢当。道士又说："读书人都有聪明才智，他们不为圣贤经典阐释义理，反而去编造淫词艳曲，流毒贻害天下万世。这些人将会堕落到地狱中，受无尽的痛苦，永远没有出头之日。你不妨前去看看，便能清楚这些人的罪行以及你的功德了。"于是道士拉着全如玉的手，在云雾中行走，不一会儿就看到一座城市，城门上有"酆都"二字，守门的军役外貌奇形怪状，见到道士便跪在地上叩首。又来到一个大官署，侍卫林立，也都敬畏地跪在地上行礼。大堂的匾额上写着"森罗之殿",两边的柱子上有对联:"尔既如斯,任尔奸,任尔作,任尔作恶,少不得庭前勘问。我诚无奈,尽我法,尽我理,尽我奉公,又何须堂下哀求。"这时一位头戴礼冠的大王出来迎接,礼节非常周到。道士说:"淫词艳曲,对人心的毒害最大。在阴间要受到严酷的惩罚,阳世的人却不知道,犯戒的人依然如故。可以让人带此人前去看明白,让他把这些告诉世人,如果能够使世人回心向道,也是一大慈悲啊。"于是便让两个差役,带着全如玉到一个地方,看到一些人,有的被刀砍,有的被犁耕,有的被碓舂,有的被油炸,每次受完刑后,又恢复原形。全如玉问:"这是些什么人?"鬼卒说:"这些是编写淫秽书籍的人。"全如玉又问:"他们受罪有结束的时候吗?"鬼卒说:"他们将万劫沉沦,连想转生为蛆虫的机会都没有,哪里还会有结束的时候呢?"全如玉心里害怕,想要回去,差役便带他回到了大殿。道士指着大王对全如玉说:"这是明朝的杨继盛(谥号"忠愍"),在世时忠心正直,弹劾严嵩五大奸十大罪,深得天帝嘉赞,特授予他这个职位。你回去后也要宣扬此事,让世人深信上天赏善罚恶,丝毫不爽的道理。"于是他们辞别大王,道士仍然拉着全如玉的手,回到原来的山边。正好顺风,全如玉告别道士,挂帆离去。之后,他逢人便讲述自己的所见所闻,诚诚恳恳地劝勉他人。

诗歌
禁花鼓淫戏

(五首。此戏诲淫最甚,为第一伤风败俗事。官法谕禁,多为差役贿庇,愿贤明当道力挽之。)

阙名

是谁作俑长淫风，男女登台丑态同。
廉耻尽亡名教坏，狂澜孰障百川东。
（若能永禁，定卜俎豆千秋。）

译文

（这种戏剧最容易诱导人们淫欲，是第一败坏风俗的事情。官府虽然有法律明令禁止，但很多时候因为差役收受贿赂而包庇这些行为，希望有贤明的官员当道能够努力挽救这种状况。）

是谁带头掀起了这股淫秽之风，男女同台表演，丑态百出。廉耻心丧失殆尽，道德沦丧，谁能力挽狂澜止住这宛如百川东流的淫风。（如果能够永远禁止这种戏，一定能彪炳千秋。）

任尔乡村农事忙，一闻此戏便抛荒。
钱财耗尽摧科误，苦迫饥寒起盗肠。
（有戏必有大赌，故小民力耕所余，半为此辈引诱破家。即差役代领串银，多有从此倾囊者。）

译文

任凭乡村农事多么繁忙，一旦听到这种戏上演，人们就会抛弃耕种。钱财耗尽，交不起官府的赋税，最终在饥寒交迫下萌生偷盗的想法。（只要有这种戏，就会有大规模的赌博，因此小老百姓辛苦耕作所积攒的钱，多半被这些人引诱耗光而导致家破人亡。即使是代官府收税的差役，也会在此私拿税款导致公款亏空。）

大典频颁节孝坊，移风那及诲淫狂？

几多苦节清门女，从此灰心作未亡。

（俗语云：花鼓淫戏做十日，十个寡妇九改节。是国家岁旌节孝千百人，不敌淫戏数回之力也。）

译 文

尽管经常举行盛大的庆典来竖立节孝牌坊，但移风易俗的力量，哪里比得上淫秽戏剧的疯狂呢？因此，多少具有高尚情操而苦苦坚守贞节的女子，从此灰心消沉。（俗话说：花鼓淫戏演上十天，十个寡妇九个改节。国家每年表彰的千百个节孝之人，也不敌上演几回淫戏的力量。）

子弟休教入戏场，须知蜜里有砒霜。

元精暗丧成痨瘵，撇子抛妻泪万行。

（若要子弟多活几年，第一先禁他不许入滩簧戏场。）

译 文

不要让孩子进入淫秽剧场，必须知道甜蜜之中藏着砒霜。精气暗中早已损耗，最终顽疾难愈，撇下妻子和孩子，只留下无尽的泪水。（如果想要孩子多活几年，首先要做的就是禁止他们进入淫秽剧场。）

蒿目颓波第一端，伤风败俗万千般。
士林尚展回澜手，救世丰功莫小看。
（望眼将穿，谁为同调？）

译文

纵观世间，伤风败俗的事千千万万，而花鼓淫戏是世道衰败的开端。读书人要是能力挽狂澜，拯救世道人心的丰功伟绩不容小看。（望眼欲穿，谁能够与我志同道合？）

禁淫书淫画

（二首。淫为万恶之首，淫书淫画淫戏，为近世第一伤风败俗之事。）

淫书淫画害人多，偏是聪明易着魔。
暗丧元精成痼疾，如何苦学扑灯蛾？
（看之者，如蛾投火，自寻死路耳。）

译文

淫秽的书籍和图画害人不浅，偏偏是聪明的人更容易被蛊惑。让人在暗中损耗精气，最终顽疾难愈，为什么要学飞蛾扑火般自寻死路呢？（观看这些内容的人，就像飞蛾扑火，自寻死路。）

荒唐之说本空虚，误煞青年是此书。
莫以消闲轻入目，付之一炬祸根除。
（每年杀害青年不知其数，急须请禁，收买烧毁。）

译 文

这些淫秽书画所宣扬的荒谬之说本是子虚乌有，耽误和毒害年轻人的就是这种书。不要以为可以消磨时间，轻易翻看，最好的办法是一把火烧掉，断除祸根。（每年不知道有多少年轻人因此而丧命，迫切需要禁止，收购并烧毁这些书籍。）

戒点淫戏

（二首。近时又有花鼓滩簧、各种淫戏，更秽亵不堪，导淫伤化，莫此为甚，大可为世道之忧。）

阙名

粉面妖娆假若真，漫言贻害万千人。
窥帘我有亲生女，异日如何守节贞？
（家家有子女，扫除此毒害，益羣（同群）即益己。）

译 文

（最近又出现了花鼓滩簧和各种淫秽戏剧，内容更是下流不堪，诱导淫乱、败坏社会风气，没有比这更严重的了，这实在是社会上的一大忧虑。）

舞台上涂脂抹粉、妖艳动人的表演以假乱真，随便张口就贻害千千万万人。看着自己的亲生女儿，将来她该如何保持贞洁呢？（每个家庭都有子女，清除这种毒害，对大家都有益。）

敬神宴客意何隆？戏演宣淫罪莫穷。
父子师生皆在座，闺房何事笑谈中？
（想想看，岂非天下大可笑之事？愿当代仔肩世道大君子，力禁广劝、造福无量。）

译文

敬神和宴请客人，本来是很庄重的事情，但如果上演宣扬淫乱的戏剧，那罪过就太大了。当父子、师生都坐在一起观看时，闺房男女私事怎么可以成为笑谈呢？（想想看，这不是天下最可笑的事情吗？希望当代有责任感的君子们，能够努力禁止和广泛劝诫，造福天下，功德无量。）

纪实

苏城林阿秀，喜唱淫歌邪曲，喉生乳鹅，腐烂而死。（道光初年事）

【批】 为想开心，白送性命，看她临死时，尚作张口状。

淫词艳曲本荒唐，何事痴人习学忙？
病入咽喉能唱否？可怜张口痛夭亡。

249

译 文

苏州城有个叫林阿秀的人,喜欢唱那些淫秽的歌曲,结果喉咙里长出像小鹅一样的脓包,最终因为腐烂而死去。(这是发生在道光初年的事情。)

【批】 为了一时的开心,却白白送了性命。看她临死的时候,还保持着张口的样子。

淫词艳曲本荒唐,为什么还有那么多愚蠢的人忙着去学习和模仿呢?喉咙已病还能唱歌吗?真是可怜,因为唱淫词艳曲身患重病夭折而死。

阳湖东乡某村,演花鼓戏十日,一月内寡妇改嫁者九人,闺女因奸逃逸者三人,为首者未几患绞痧肠死。
一曲淫词变化神,几多贞节尽怀春。
即看现报抽肠死,已害乡村千万人。

译 文

在阳湖东乡的一个村庄,上演了十天的花鼓戏,结果在一个月内,有九个寡妇改嫁,还有三个未婚的女子因为通奸而逃跑,而那个带头的人,不久之后因为绞肠痧(一种剧烈的腹痛)而死。

一首淫秽的歌曲就能让人心神荡漾,多少原本贞洁的女性都因此而动了春心。看看那些因为淫戏而遭受抽肠之痛死去的人,已经贻害乡村中成千上万的人。

常熟西乡某，开赌，演花鼓淫戏，其子忽因梦遗精脱而死，女随奸夫逃逸，某气忿（同愤）死，死后被火。

陷人坑阱孰为开？奸盗邪淫此作媒。

到底害人原自害，一家出丑理应该。

译 文

在常熟西乡，某人开设赌场和演出花鼓戏。他的儿子突然因为梦遗精脱而死，女儿则跟随奸夫逃跑。这个人因愤怒而死，死后又被烈火焚烧。

是谁在开赌场和戏院，这犹如害人的陷阱，奸盗邪淫在这个场所中传播，害他人最终是害自己，家里出丑就是理所当然。

宁波某观剧，点淫戏取乐。是日其妻其女，俱因奸逃逸。某忽患异疾，死时口呼城隍爷拿我云。（道光二十九年四月事。）

一曲梨园乐趣生，自家妻女早移情。

明神赫赫亲行罚，听罢歌声听哭声。

译 文

宁波有个人去看戏，点了一出淫秽的戏剧来取乐。就在那一天，他的妻子和女儿都因为通奸而逃跑。不久之后，这个人突然患上奇怪的疾病死去，临死前他大呼城隍爷来抓他了。（这是发生在道光二十九年四月的事情。）

附录

点一场淫秽的戏剧来取乐，却不知自己的妻女早已移情别恋。神明威严地亲自施行惩罚，听完歌声之后，又听哭泣声。

常州某好刻淫书唱本，被火烧死。
祸胎毒种是淫书，回禄临门尽扫除。
烧得心肝焦似炭，一生射利竟何如？

译 文

常州有个人喜欢刻印淫秽书籍和唱本，最终被火烧死。淫秽书籍是灾祸的根源，火灾临门就将家中的东西化为灰烬。烧得心肝如同焦炭，一生苦苦追求利益，到头来又有何用？

淫书自悔词

（潮州王生，年少负美才，因喜看淫书，成怯症，病笃自悔，此其绝笔也。年仅二十一，同人皆为惋惜。）

梦里犹呼才子词，一编曾此误情痴。而今病骨支离甚，十载栽培负父师。

手笔伊谁种毒深？枣梨传布坏人心。寄声同学诸兄弟，好鉴前车惜寸阴。

译 文

（潮州的王生，年少时才貌双全，因为喜欢看淫秽书籍，得了虚劳病，后来病重时深感懊悔，这是他最后的遗作。他死时只有二十一岁，大家都为他感到惋惜。）

梦中还在呼唤着才子的词句，一本淫书曾让他如此痴迷。现在他病得骨瘦如柴，辜负了父母和老师十来年的培养和教育。是谁的手笔种下了这么深的毒害？通过书籍传播，毒害了人们的心智。在此向诸位同学和兄弟传递心声，要好好汲取前车之鉴，不要辜负了光阴。

《不可录》纪验

友人季邦采，为吴兴知名士，住南浔镇。方予初印《不可录》，适季掌教镇海，札致二百本，嘱其分给生童。比接来信，责予迂阔，且云已将此录，置之高阁矣。未两日，差人来言，愿刷五百本。予理前说以却之，旋复专足持札坚恳，始知梦伊父谆嘱云："尔不印送《不可录》，尔子乌能入泮？"因嘱刷印一千本，广为流布。后据云，接到伊子采芹之信，正发愿印书之日也。其灵验如此。

杭城新桥，积翠庵僧静缘，向好善。一日大雪叩门，余以为募缘，曰："我家贫寒，无力相助。"僧曰："愿借《不可录》板，刷印几千本施送。"余欣诺之，而诘其何以陡发此念，冒雪而来。僧曰："昨夜梦土地神告曰：'印送《不可录》，可免大灾。'今早遍访施主，知板系潭府所藏，故特来借取耳。"僧印送后，次年居民失火，左右均遭回禄，独僧庵无恙。益信神明劝善，冥冥不爽。

陈海曙 记

庚午初夏，夜梦两童子来，语予曰："文昌帝君召尔有话。"因同往。引至中翠亭一院，见其额曰"大洞阁"。随童子至大殿，见帝君中坐。予叩头起侍。帝君言曰："世间刊送善书甚多，惟《不可录》久已不行，尔当为我布散。"即命两童抬出一箱，内皆剥蚀字纸，检阅即《不可录》之残帙也。正在想念，此书未经见过，从何办起。帝君又谕曰："乡试将近，当速为之。"命两童送予出而醒。

次日，各坊寻觅，均称不知。焦思月余，突有人将《不可录》书板来售，序文首张已失，阅尾张，知系万九沙先生所刻，甚喜，买之。即刷印三千本，于七月初一早，虔送至院。甫到大门，一僧便启口问曰："可是陈居士送《不可录》来耶？"予惟唯唯，却甚骇异。趋诣大殿焚香，叩呈帝座之前。其僧延至客座待茶，叩其法名，为"元本"。问其何以知予送书来，且知书名？僧曰："昨夜得梦，帝君谕我候门接书，故早起相候。"予深为肃然。可知善书行世，上格苍穹，能身体力行者，其功德尤不可量。所愿共体帝君救世苦心，同登宝筏，望广为流传，俾举世力惩其不可，以勉为其所可，庶不负神明之付讬（同托）云尔。

清嘉庆庚午六月，古盐官陈海曙 自记

丙戌岁，余妹于归后，忽起痰痫之证（同症），时常啼哭，饮食不纳。或云冲犯花粉煞所致。延师巫百方禳（ráng）解，迄无效验。而且不肯服药，竭数人之力，药竟涓滴难入，以致半载之后，身瘦如柴。堂上深为忧虑，万分焦灼。生因在酆都帝及城隍神前，具疏许愿，印送《不可录》五千本。许愿后，竟即转机，便肯服药，因连进消痰之剂。一月后，即平复如常，业已痊愈。将届一载，且身体较前反健。因即用活字板，如数排印，以答神庥（xiū）。拜志灵验于右。

清光绪戊子三月，娄东下郡悔过生 谨记

译文

友人季邦采是吴兴地区的知名人士，住在南浔镇。当我最初印刷《不可录》这本书时，季邦采正好在镇海县负责教育工作，因此，我写信给他并附送二百本书，希望他能将这些书分发给县内的学生。但他回信责备我过于迂腐，并且说他已经把这些书束之高阁。没过两天，他却派人来说愿意印刷五百本书。我以他之前的回信为由拒绝了。不久后，他再次派人送来信函，态度非常恳切。这时我才知道，他梦见他的父亲嘱咐他说："如果你不印刷和分发《不可录》，你的儿子怎么能升学呢？"因此他决定印刷一千本，并广泛传播。后来据说他接到儿子升学的消息时，正是他发愿印刷书籍的那一天。这件事如此灵验。

杭州新桥的积翠庵有一位名叫静缘的僧人，他一向喜欢做善事。有一天，天降大雪，他来敲门，我以为他是来化缘的，就说："我家贫寒，无力相助。"僧人说："我希望借《不可录》的刻板，印刷几千本施送。"我欣然应允，并问他为什么突然有这个想法，冒着雪来到这里。僧人说："昨晚我梦见土地神告诉我说：'印送《不可录》，可以避免大灾难。'今天早上我四处询问施主，才知道刻板是贵府所藏，所以特意来借取。"僧人印送《不可录》后的第二年，积翠庵附近发生火灾，周围的房屋都受到灾殃，只有积翠庵无恙。这让我更加相信神明劝善，冥冥之中自有天意。

陈海曙 记

在庚午年的初夏，一天晚上我梦见两个仙童来到我的面前，告诉我说："文昌帝君要召见你，有话要对你说。"于是我便同往。童子将我带到中翠亭的一个院子，院门匾额上写着"大洞阁"。然后我跟随两个仙童进入大殿，看到文昌帝君端坐在宝殿之中。我叩头行礼后站在一旁。帝君对我说："世间传播善书的人很多，只有《不可录》这本书很久没有流传了，你应该替我传播它。"随即命令两个仙童抬出一个箱子，里面都是些被侵蚀损坏的字纸，我检查后发现就是《不可录》的残本。我正在想，这本书我从未见过，该如何着手？帝君又指示说："乡试快到了，你要快点行动。"然后命令两个仙童送我出来，我就从梦中醒来。

第二天，我在各个书坊寻找这本书，但人们都说不知道。我焦急思虑一个多月后，突然有人拿着《不可录》的刻板来卖，序言的第一页已经丢失，我翻看最后一页，才知道这是万九沙先生所刻，非常高兴，就买了下来。立刻印刷三千本，在七月初一的早上，虔诚地送到中翠亭院。刚到大门口，一个僧人就开口问我："可是陈居士送《不可录》来了吗？"

我恭敬地应了一声，但心里非常惊讶。我赶紧去大殿焚香，将书呈放在帝君的宝座前。那个僧人邀请我到客堂喝茶，我请教他法名，他告诉我为"元本"。我又问他怎么知道我送书来，并且还知道书名。僧人说："昨晚做了一个梦，梦见帝君谕令我在门口等候接书，因此，我早早就起来等待。"我听了肃然起敬。由此可知，善书流传于世，可以感动上天，能够亲自实践的人，其功德更是无法估量。希望我们都能体会到帝君救世的苦心，共同阅读《不可录》这本书，广泛传播，使全世界都能努力戒除不可之事，努力去做那些应该做的事，这样才不辜负神明的嘱托。

清嘉庆庚午年六月，古盐官陈海曙 自记

丙戌年间，我的妹妹出嫁后，突然患上痰痫病，经常哭泣，不吃东西。有人推测这可能是因为冲犯花粉煞，为此请来巫师驱邪解煞，但依然无效，而且妹妹还拒绝服药，即使几个人一起努力，也无法让她服用一滴汤药。半年后，妹妹身体瘦弱如柴。父母深感忧虑，万分焦灼。于是，我在酆都大帝及城隍神像前上疏许愿，发愿印送《不可录》五千本。许愿后，妹妹的病情竟然发生明显的好转，她开始愿意服药，并连续服用消痰药剂。一个月后，妹妹的身体和精神都恢复正常，病情已逐渐痊愈。不到一年的时间，她的身体甚至比之前更加健康。为感谢神明的护佑，我便用活字版如数印刷五千本《不可录》，并将这感应灵验的经历记录下来。

清光绪戊子年三月，娄东下郡悔过生 谨记

惜字近证

书契之治，古以汗简，一变而用楮墨，再变而为剞劂（jī jué），浸趋巧便，而文字之流行益广矣。剞劂之法，先以纸书之，覆而糊之于板，复摩擦其纸背，俾纸去而字存，此擦去之纸，仍有字形，不可亵汙（同污）。

嘉庆己丑之秋，杭城保佑桥，锲工金姓，病中见两鬼隶摄去，拜谒堂皇，所见神如贵官像。神曰："汝秽亵字纸，法当刑责。"金诉以术业在是，不得不尔。神曰："不然，汝当摩擦之际，所落纸屑，宜置积净处，随时焚送。汝乃洒弃阶除，甚至倾泼垃圾之中，无处不有，非秽亵而何？"金无词，竟受责。迨醒，臀股痛楚殊甚。

噫！神之示诫深切，而复为职是业者，开一消孽法门，人亦何惮而不遵奉哉？爰记是事，殿于末页。愿业刻字者，以此为前车之鉴，而谨循神教，则幸矣！

陈海曙 记

译文

文字的刻印制作，古代最初是用竹简，称为汗简。后来变革为纸和墨，再进一步变为使用雕版刻印，越来越巧妙方便，使得文字的流传更加广泛。刻板的方法是：先用纸写好文字，然后覆盖并贴在板上，反复摩擦纸背，纸被揭掉后，字就得以留在板上。但是经过摩擦的纸仍然带有字形，依旧不可亵渎污损。

在清朝嘉庆乙丑年的秋天，杭州保佑桥有一位姓金的刻字工人，在病中梦见自己被两个鬼差捉去，带到大殿叩拜，见到的神明如同帝王一样庄严。神对他说："你经常亵渎污损字纸，按照律令应当受到刑罚。"金某辩解说，因为自己的职业就是刻字，不得不这么做。神说："不对，你在摩擦的时候，那些掉落的带有字迹的纸屑，应该收集起来放在干净的地方，随时焚烧送走。你却随意丢弃，甚至倒入垃圾之中，到处都是，这不是亵渎是什么？"金某无言以对，结果受到责罚。当他醒来后，发现自己的臀部和大腿非常疼痛。

唉！神明给人的警示真是深刻，同时也为从事这个行业的人提供了一个消除罪孽的方法。人们为什么怕麻烦而不遵从呢？因此，我记录下这件事，放在《不可录》的最后一页。衷心希望从事印刷行业的人，能够以此为前车之鉴，遵守神明的教导，不要亵渎字纸，则是大幸了！

陈海曙 记

跋

人生的享受，用哲学方法去透视，本来皆是苦的，若能防避着苦不来临，就算是康乐了。人的身心，若能常得康乐，自能祛病延寿，再能得到地位、名誉、资财，平平安安的度过几十年，这便是幸福了。

细看得到这样幸福的，世上能有几人？要追问为什么得到这几件事，还这样犯难？大多数是受了淫欲的害。好淫的人，多病，容易衰老，不能长寿，这是显然得到的苦。因此丧失了地位，败坏了名誉，耗散了资财，这是无形招到的苦。更影响到家庭不和，妻子离散，社会唾骂，怨仇深结，为人走到这等地步，还有什么生趣可言。

再说到因果上，更觉得可怕了。佛典上说，造淫业的人，他得到的报应，是妻女不贞，断子绝孙，死后要变畜生入地狱，百千万劫，不易转身。所以佛教制戒，出家弟子第一就是淫戒。世俗公论也说万恶淫为首，只是淫欲这件事，真是大祸根，它是多生习气积成的，不学自会。出世的圣人，世间的圣人，及那些明道的贤达，早就看出它的原本，有的主张断除，有的主张节制，有的限定范围，善说恶劝，无非希望人打破迷关，脱离痛苦，得到康乐。

现在潮流变了，从征逐物质享受，渐趋向到放纵淫欲，本来这件事，不学自会，防止甚难的，反而大肆提倡，什么歌曲、跳舞、电影、戏剧，无不是这件事的宣传队，诱惑得一般青年男女，迷乱颠倒，造了多少伤风败俗的丑事，破产的、败家的、吃官司的、自杀的，安静的社会，变成了烧滚的油鼎。谁无家庭，谁无妻女，这样下去，何堪设想。

这回台中顾藏拙居士，悲心流露，发起翻印这本书，希望人人看了，发大觉悟，个个能得到身体健康，寿数增长，恶因断净，一切殃祸自然不生，将来命终，可免堕落三途。个人的家庭，定会和祥平安，就是社会风俗，也能渐渐地入了正规，恢复淳厚。这本书实在是救世的验方新编，若把它看成老生常谈，那就是人心不转变，恐怕天心也不悔祸，人类前途，就不忍再说了。

癸巳季秋 炳南 谨跋

印光大师回向颂

普为印施《寿康宝鉴》及转展流通赞扬劝阅诸善士回向颂

一切事业，以身为本，身若受亏，事俱消陨。
伤身之事，种种不一，最酷烈者，莫过淫欲。
是以君子，持身如玉，闲邪存诚，夙夜兢惕。
如是制心，欲念不起，何况邪淫，蔑伦越理。
世有愚夫，不知此义，每致纵欲，不遵礼制。
贪暂时乐，受长劫苦，减算折福，尚其小耳。
以故前贤，敬辑此编，冀诸同伦，共乐性天。
不慧有感，增订流传，高悬殷鉴，以拯青年。
德广居士，捐洋千六，印送各界，期登寿域。
又有善士，随缘附印，欲令此编，遍布远近。
愿诸阅者，扩充此心，辗转流布，普令见闻。
庶可同伦，悉获寿康，子嗣贤善，长发其祥。
凡出资者，及赞助人，灾障消灭，福寿孔殷。
先亡祖祢，超生净土，后嗣子孙，吉庆无已。
世运日隆，风俗日美，先贤懿范，人各继武。
爰书俚语，用表芹忱，祈发大慈，自利利人。

民国十六年丁卯孟夏，古莘常惭愧僧 释印光 谨撰

译 文

为所有印刷和传播《寿康宝鉴》以及赞叹、推荐阅读这本书的善士们，我写下这篇回向颂：

所有的事业都以身体为基础，如果身体受损，那么所有的事业都会随之消失。伤害身体的事情有很多，每一种都不一样，其中报应最惨烈的莫过于淫欲。因此，君子持身如玉，远离邪恶，保持真诚，日夜警惕自己。这样控制自己的心，就不会产生欲望，更不用说做出违背伦理道德的邪淫了。世上有些愚蠢的人不懂得这个道理，常常放纵自己的欲望，不遵守礼制。他们贪图一时的快乐，却要遭受长久的痛苦，减损寿命和福报，这还算是小事。因此，从前的贤能人士恭敬地编纂了这本书，希望所有的人都能享受天伦之乐。不慧（印光大师的谦称）深受感动，因此增订并流通这本书，高悬警示，以拯救广大年轻人。德广居士捐赠了一千六百大洋，印刷并分发给各界，希望所有人都能长寿。还有其他善士，也随缘协助印刷，希望这本书能广泛传播。

愿所有读者都能发大愿心，辗转流通，让所有人都能见到听到。这样，所有志同道合的人都能获得健康长寿，子孙贤明善良，长久地享受幸福。所有出资和赞助的人，消灾免难，增福添寿。已故的祖先将往生到净土，后代子孙将永远吉祥安乐。世运将越来越昌隆，风俗将越来越美好，先贤们的美德，每个人都能继承。于是，用这些简单的话语，表达我诚挚之热情，祈求大家发出大慈大悲的心愿，既利益自己，也利益他人。

民国十六年丁卯孟夏，古莘常惭愧僧 释印光 谨撰

流通有益于世道人心之经书十六法

（民国影印版）

一 全施流通 慨捐巨款，刷印多部施送，不取分文，此种功德甚溥，无力者或附印少分，或代为校字，或代为募劝，亦有莫大之功德在。

二 半施流通 或助纸价，或助印资装订之费，随便发心。以己微愿，助成胜举，皆名为施，亦名为半施。能出至诚欢欣为之，不矜不怯，功德殊胜。

三 祈福流通 求名，求利，求子，求寿，苟能随力印施，所愿必遂。或因亲病而求速愈，许愿印施，惟至诚可以动天地，此愿甫发，灵应立见。

四 忏罪流通 人非圣贤，谁能无过，但天道祸淫，不罪悔过之人。人须知过，及早悔罪，即以流通经典，为赎罪之方，毅然立行，夙障自消。

五 报恩流通 子女受父母之深恩，劬（qú）劳未报，一旦亲殁，悲痛何如。但印送经书，可资冥福，可尽孝思。望举世子女之抱恨终天者，力以图之。

六 悯殇流通 无缘无怨，不成父子，缘尽便离，怨消即去，早岁夭殇所在都有。与其掷金钱于无谓之举，不如印送经典，以助超拔，祈贤父母，为结法缘。

七 吉庆流通 遇成名获利，开业建造，就职升迁，婚嫁育子，寿诞等事。当戒杀生以免造孽，刊经典以绵福泽，既能自他俱利，将见吉庆益臻。

八 馈送流通 贺礼、赆礼、贽礼等，往来表情，须用敬物，可竟以经书代之。普愿海内贤达，示范当来，收移风

附录

易俗之效，于不动声色之间。

九 宣讲流通 逢朔望，星期，休息日，在家则集家人，在乡则集里人，方便宣说，使失学之人，同沾法益，使先圣大化，普及齐民，此先觉者应尽之天职也。

十 函牍流通 朋辈尺素往还，减除无益虚文，时引先哲立身处世金言，互相勉勖（xù）尽他山攻错之诚。就各人程度，各人弱点，规劝而裨益之。

十一 缮写流通 善写之士，凡遇求书法者，必选经书中至言法言写之，籍（同借）以正人心，维世道，厥功甚巨。能写全全部，付梓行世，其功德更无量。

十二 翻印流通 裨益人心世道之经典，例无版权，大宜集资翻印，以广流布。使举世渐仁摩义，免致荡检踰（同逾）闲，空天下之牢，弥百世之劫，胥基于此。

十三 贸易流通 书坊刷印善书，取流动消行法，推广贸易。或发兑于举行盛会之场，或买贩至各大都会之中，方便读者，不惟造福，兼可益资。

十四 旅行流通 年来交通日便，千里之远，日暮可达，旅行既便，旅客日多，抱道之士，若一路开发或携经典善书于沿途散布，为羣（同群）为法，两多裨益。

十五 广告流通 卖买商人利用广告，则贸易日昌。宏法之士，大宜用此新式宣传法，为流通之助，随时以研究所得，登佛学报，及各报，以期普利。

十六 公阅流通 得经典而束之高阁者，有罪过，闲置案头，不能公之大众者，有罪过。乐为多众宣说，广行化导，莫善于各地方设立公阅经书处。

以上十六种流通法，依据先贤定则，参酌时代情势，拟之。

求子

礼念观世音菩萨求子疏

伏以观音大士,誓愿洪深,法界有情,等蒙摄受。善根未种未熟未脱者,令其即种即熟即脱。应以何身得度者,即现何身而为说法。良由大士无心,以众生之心为心。大士无念,以众生之念为念。故得慈起无缘,悲运同体。如皓月之普印千江,若阳春之遍育万卉。遍尘刹感,遍尘刹应,无求不遂,有愿皆从也。

弟子___同室人___痛世道之危岌,愍人心之陷溺,愈趋愈下,了无底止。仰冀大士赐我福德智慧之子,以期将来穷则独善,以倡导于一乡。达则兼善,挽狂澜于既倒。特立三约,以为先容。一保身节欲,二敦伦积德,三胎幼善教。勉行此三,以期无负大士之洪慈也。

又祈四海内外,一切同人,咸息恶心,咸发善念。咸生福德智慧之子,咸体普覆并载之仁。视邻邦如手足,以天下为一家。互相维持,不相侵暴。以期上慰乾父坤母之洪恩，下符与天地并称三才之人名。转大乱为大治，普天同庆。畅佛化于两间，万国咸宁。

唯愿菩萨，普施无畏，愍我愚诚，满我所愿。

___年___月___日

弟子_____百拜上呈

求子三要

第一保身节欲，以培先天。第二敦伦积德，以立福基。第三胎幼善教，以免随流。此三要事，务期实行。再以至诚，礼念观世音，求赐福德智慧、光宗华国之子，必能所求如愿，不负圣恩矣。

第一保身节欲，以培先天者。若不节欲，则精气薄弱，必难受孕。即或受孕，必难成人。即或成人，以先天不足，决定孱弱。既无强健勇壮之身力，亦无聪敏记忆之心力，未老先衰，无所树立。如是求子，纵菩萨满人之愿，人实深负菩萨之恩矣。

第二敦伦积德，以立福基者。欲生福德智慧、光宗华国之子，必须敦伦尽分，孝亲敬长，善待眷属，愍恤仆使，此行之家庭者。至于乡党亲朋，俱宜和睦劝导。俾老者善教儿女，幼者善事亲长。常以"敦伦尽分，闲邪存诚（去除邪知、邪见，保存诚意正心），诸恶莫作，众善奉行，戒杀护生，吃素念佛，愿生西方，永出苦轮"普为同人恳切演说，令培出世之胜因，咸作守道之良民。能如是者，一举一动，悉益自他，一言一行，堪为模范。

所生之子，必能超群拔萃，大有树立。菩萨固能满人之愿，人亦可慰菩萨之心矣。

第三胎幼善教，以免随流者。古昔圣人，皆由贤父母之善教而成，况凡人乎？若求子者，肯用胎教之法，其子必定贤善。从受孕后，其形容必须端庄诚静，其语言必须忠厚和平，其行事必须孝友恭顺。行、住、坐、卧，常念观音圣号。无论出声念、默念，皆须摄耳而听，听则心归于一，功德更大。若衣冠整齐，手口洗漱，出声念、默念，均可。若未洗漱，及至不洁净处（卫生间、浴室等），并睡眠时，均须默念。默念功德一样，出声于仪式不合。若至临产，不可默念。以临产用力送子出，若闭口念，必受气窒之病。产妇自念，家属皆为助念，决定不会难产，亦无产后各种危险。果能如此谨身、口、意，虔念观音，俾胎儿禀此淳善正气，则其生也，定非凡品。

及儿初开知识，即与彼说因果报应，利人利物者必昌，害人害物者必亡。须知利人利物，乃真利己。害人害物，甚于害己。作善必得善报，作恶必得恶报。及说做人，必须遵行孝、悌、忠、信、礼、义、廉、耻之八德，方可不愧为人。否则形虽为人，心同禽兽矣。不许说谎，不许撒颠（同癫），不许拿人什物，不许打人骂人，不许遭践虫蚁、字纸、五谷、东西。举动行为，必期于亲于己有益，于人于物无损。又须令其常念观音圣号，以期消除恶业，增长善根。幼时习惯，大必淳笃，不至矜己慢人，成狂妄之流类。如此善教，于祖宗则为大孝，于儿女则为大慈，于国家、社会则为大忠。余常谓治国平天下之权，女人家操得一大半者，其在斯乎。其懿德堪追周之三太，庶不负称为"太太"云。愿求子者，咸取法焉，则家国幸甚！

译 文

第一要保护身体和节制淫欲，以此来培育先天根本。第二要敦伦尽分，各自尽好本身的责任，积累德行，给后代建立厚福的基础。第三要重视胎儿和幼儿的教育，以免他们随波逐流，不明善恶，这三件重要的事，一定要切实遵行。再以至诚心礼拜、敬念观世音菩萨，祈求赐予福德智慧、光宗耀祖、利国利民的贤良儿女，一定能够所求如愿，不辜负观世音菩萨的圣恩。

第一要懂得保护身体和节制淫欲，以此来培育先天根本。如果不节制性欲，那么精气就会变得薄弱，必定很难受孕。即使受孕，胎儿也难以长大成人。即使孩子成人，因为先天条件不足，必定身体羸弱。这样的孩子既没有强健的身体和勇敢的魄力，也没有聪明过人和记忆超群的心智，必定会未老先衰，无所作为。如果以这样的方式求子，纵然观音菩萨慈悲满足你的心愿，你也着实太辜负菩萨的大恩大德了！

第二要敦伦尽分，各自尽好本身的责任，积累德行，给后代建立厚福的根基。如果想要生育有福德智慧、能够光宗耀祖、能为国家建功立业的孩子，就必须敦睦伦常，尽到自己的本分，孝顺父母，尊敬长辈，善待家人，怜悯并体恤仆人，这些是在家庭中应该做到的。至于对邻里乡党、亲朋好友，都应该和睦相处，互相劝导，使老年人能够教育好子女，年轻人能够尊敬和侍奉长辈。常常把"敦伦尽分，闲邪存诚，诸恶莫作，众善奉行，戒杀护生，吃素念佛，愿生西方，永出苦轮"的道理，恳切地向一切同仁宣说，使大众培植出世的胜因，都成为遵守道德的良好公民。能够这样做的人，不仅对自己和他人有益，他的一举一动，一言一行都堪称榜样。那么他所生的孩子，必定能够出类拔萃，大有作为。观音菩萨固然能满足我们的心愿，我们也可以教养出德才兼备的贤良子女，来宽慰观音菩萨大慈大悲的苦心。

第三是胎儿、幼儿时期要有良善的教育，以避免孩子随波逐流。古代的圣人都是由贤良的父母通过良好的教育培养出来的，更何况普通人呢？如果求子的人肯采用正确的胎教方法，那么孩子日后必定会贤良。从怀孕开始，孕妇的举止必须端庄诚静，言语必须忠厚温和，行为必须孝顺恭敬。无论是行、住、坐、卧，都要常常念观音菩萨的圣号。无论是出声念还是默念，都需要集中精神去听，心神专一，功德更大。只要衣冠整齐，净手刷牙，洗漱干净，那么出声念或默念都可以。如果没有洗漱干净，或者在不洁净的地方，以及睡觉时，都应该默念。默念的功德是一样的，此时此地出声念不合时宜。如果到了临产的时候，就不可以默念。因为临产时需要用力将胎儿送出，如果闭口默念，可能会因为气息不畅而生病。此时不仅产妇自己念，家人也要帮助念，这样就肯定不会难产，也没有产后的各种危险。如果能够这样谨慎遵行，善护身、口、意三业，虔诚恳切地念观音菩萨圣号，使胎儿禀受这种淳善之正气，那么孩子出生后，必定不会是平凡之辈。

等到孩子开始懂事的时候，就要告诉他们因果报应，以及利物利人者必定会昌盛，而害人害物者必定会灭亡的道理。必须让孩子知道，利人利物才是对自己真正的有利。害人害物，比害自己还要严重。做善事一定会得到善报，做恶事一定会得到恶报。还要告诉他们做人必须遵守孝、悌、忠、信、礼、义、廉、耻这八种德行，这样才能无愧于做人。否则，虽然外表是人，内心却和禽兽一样。教育孩子不许说谎，不许行为疯狂，不许拿别人的东西，不许打人骂人，不许践踏虫蚁、字纸、五谷等东西。自己的一举一动，都必须对自己和亲人有益，对他人和一切事物无害。还必须让孩子常念观音菩萨的圣号，以祈求能消除宿世恶业，增长善根福德。小时候养成这样的习惯，长大后必定会淳朴笃实，不至于骄傲自满，目中无人，成为无耻下流的狂妄之徒。这样的良好教育，对于祖宗来说是大孝，对于儿女来说是大慈，对于国家和社会来说是大忠。我常说，治国平天下的大权，女人家掌握了一大半，其原因就在于此。女人若能依教遵行，那么她们的美德可以媲美周朝三太，这样才不辜负"太太"的尊贵之名。希望那些祈求子女的人，都能效仿这种做法，那么家庭和国家就非常幸运了。

附记禁忌，免致祸害：

凡求子者，必须夫妇订约，断欲半年，以培子之先天。待妇天癸尽后一交，必定受孕。天癸未尽，切不可交，交必停经，致成带病，颇有危险。又须吉日良夜，天气清明。大风大雨，雷电震闪，亟宜切戒。《礼记·月令》："仲春，先雷三日，道人以木铎巡于道路曰：'雷将发声，有不戒其容止者，生子不备，必有凶灾。'"古圣王痛念民生,特派官宣布此令,又复著之于经,其天地父母之心乎!(道人,宣令之官。木铎,即铃,振铃俾众咸听也。巡,行也。道路,城市街巷及乡村也。容止,谓房事。不备,谓五官、四肢不全,或生怪物。凶灾,谓其夫妇或得恶疾,或致死亡。)

既受孕后,永断房事,所生儿女,必定身心强健,福寿深长。孕后交一次,胎毒重一次,胞衣厚一次,生产难一次。孕久若交,或致堕胎,及与伤胎。

兹因浙江永嘉张德田居士,慜(同悯)念世道人心,愈趋愈下。于去秋,函祈光作《礼念观音求子疏》,并说其保身、积德、善教等法,以期所生之子,皆为贤善,庶可渐臻太平。光屡以老辞,彼屡次恳求,情难再却,为作简疏,及与三要,以塞其责。

求子

译文

凡是求子的人,夫妻之间必须订立条约,断绝房事半年,为孩子培育好先天条件。等到妻子月经结束干净后,同房一次,必定能怀孕。月经没有结束干净,千万不可以同房,否则会停经,导致妇科疾病,非常危险。同房必须选择天气晴朗的良辰吉日。大风大雨,雷电交加的日子,切忌同房。《礼记·月令》说:"仲春之时,春雷响起的前三天,官府会派人摇动木铎(铃铛),巡回街巷中告知百姓说:'雷即将发出巨响,如果不戒房事者,生下的儿女五官不完整,夫妻一定会有灾祸。'"古代的圣王关心百姓的生死,如此深切,特意派官员宣布这个政令,又把它写在经典里,这真是天地父母之心啊!(遒人是宣告政令的官员。木铎就是铃,摇铃让大家都听到。巡是巡行。道路就是城市街巷和乡村。容止是指夫妻房事。不备是指五官、四肢不全，或生怪物。凶灾是指夫妇或得恶疾，或者死亡。）

等受孕后，应当断绝房事，那么所生的儿女一定身心健康，福寿绵长。怀孕后同房一次，胎毒就重一次，胞衣厚一次，生产难一次。怀孕久了如果同房，可能会导致流产，或者伤到胎儿。

浙江永嘉的张德田居士，怜悯当今世道人心越来越堕落。去年秋天，他写信请求我作《礼念观音求子疏》，并且讲述保身积德、教育儿女等的方法，希望人们所生的孩子都是贤善的人，只有这样才能逐渐达到天下太平。我多次以年老为由推辞，但他再三恳求，情难再拒，就为他作了《礼念观音求子简疏》，以及《求子三要》，以满足他的请求。

保身立命戒期及天地人忌

序文

福善祸淫之理，言之详矣。若夫夫妇之际，人所易忽。不知一岁之中，有断宜斋戒之日。如《月令》："先雷三日（乃春分前三日）奋木铎以令兆民曰：'雷将发声，有不戒其容止者，生子不备，必有凶灾。'"是也。况人身气血流行，原与天地节气相应。倘非时走泄，则气血不能合度，其伤精损气，百倍他时。至于神明降鉴之期，而淫污冒渎，有阴被谴责而不觉者。故世有循谨之人，而阳受疾病夭札之伤，阴遭削禄减年之祸，往往皆由于此。与其追悔而莫挽，何如遵戒以自新。敬录戒期，及天地人忌，冀自爱者，咸遵守焉。

译文

　　福善祸淫的道理，已经说得十分详细。至于夫妻之间的事，人们很容易忽视，不知道在一年之中，有要断除房事的日子，有适宜同房的日子，还有要斋戒的日子。比如《月令》中说："先雷三日（春分前三天），官府会派人摇动木铎（一种铃铛）告知广大百姓说：'雷声即将响起，如果有人不戒房事，生下的孩子会残疾，夫妻必定有灾祸。'"这是古人的告诫。何况人身体的气血运行，原本就与天地的节气相应，如果在不适当的时候精气外泄，那么气血就不能与天地节气的运行协调，这样伤精损气的程度，是其他时候的百倍。至于神明降临监察或者圣贤诞辰的日子，因淫乱冒犯、亵渎神明，暗中受到谴责而不自知。因此，世上有些安分守法的人，却承受疾病和夭折的伤害，暗地里还要遭受福禄被削和寿命被减的祸殃，都是由于这个原因（非时不淫，非处不淫，恭敬神明，当有所回避和忌讳。）与其等到报应临头而追悔莫及，为什么不遵守戒期，以图自新呢？因此，恭敬地记录下应该戒备的日期，以及天地人忌的事项，希望每一个自爱的人，都能够遵守。

保身立命戒期

	戒期	戒由	犯者报应
正月	初一	天腊	-
		玉帝校世人神气禄命	削禄夺纪 （一纪十二年）

(续表)

戒期		戒由	犯者报应
正月		月朔（农历初一，每月同）	夺纪
	初三	万神都会-斗降（每月同）	夺纪
	初五	五虚忌（五虚：脉细、皮寒、泄利前后、饮食不入、气少）	-
	初六	六耗忌（阴、阳、晦、明、风、雨所导致的六种病）	-
		雷斋日	减寿
	初七	上会日	损寿
	初八	五殿阎罗天子诞	夺纪
		四天王巡行（每月同）	-
	初九	玉皇上帝诞	夺纪
	十三	杨公忌	-
	十四	三元降	减寿
		四天王巡行（每月同）	-
	十五	三元降	损寿
		上元神会-月望（每月同）	夺纪
		四天王巡行（每月同）	-
	十六	三元降	减寿
	十九	长春真人（丘处机）诞	-
	廿三	三尸神奏事	-
		四天王巡行（每月同）	-
	廿五	月晦日（每月同）民国原书为"月晦"，疑有误。晦，农历每月的最后一日	减寿
		天地仓开日	损寿，子带疾
	廿七	斗降（每月同）	夺纪
	廿八	人神在阴（宜先一日即戒，每月同）	得病
	廿九	四天王巡行（每月同）	-
	三十	司命奏事（月小即戒廿九，每月同）	减寿
		月晦-四天王巡行（每月同）	-

保身立命戒期及天地人忌

275

(续表)

二月

戒期	戒由	犯者报应
初一	月朔	-
	一殿秦广王诞	夺纪
初二	万神都会	夺纪
	福德土地正神诞	得祸
初三	斗降	-
	文昌帝君诞	削禄夺纪
初六	雷斋日	减寿
	东华帝君诞	-
初八	释迦牟尼佛出家	-
	三殿宋帝王诞	夺纪
	张大帝诞	-
	四天王巡行	-
十一	杨公忌	-
十四	四天王巡行	-
十五	释迦牟尼佛般涅槃	-
	太上老君诞	削禄夺纪
	月望-四天王巡行	-
十七	东方杜将军诞	-
十八	四殿五官王诞	-
	至圣先师孔子讳辰	削禄夺纪
十九	观音大士诞	夺纪
廿一	普贤菩萨诞	-
廿三	四天王巡行	-
廿五	月晦日	减寿
廿七	斗降	夺纪
廿八	人神在阴	得病
廿九	四天王巡行	-
三十	司命奏事（月小即戒廿九）	减寿
	月晦-四天王巡行（每月同）	-

(续表)

戒期		戒由	犯者报应
	初一	月朔	-
		二殿楚江王诞	夺纪
	初三	斗降	-
		玄天上帝诞	夺纪
	初六	雷斋日	减寿
	初八	六殿卞城王诞	夺纪
		四天王巡行	-
	初九	牛鬼神出	产恶胎
		杨公忌	-
	十二	中央五道诞	-
三月	十四	四天王巡行	-
	十五	月望	-
		昊天上帝诞-玄坛诞	夺纪
		四天王巡行	-
	十六	准提菩萨诞	夺纪
	十八	中岳大帝诞	-
		后土娘娘诞	-
		三茅降（修仙得道的茅盈、茅固、茅衷三兄弟）	-
	二十	天地仓开日	损寿
		子孙娘娘诞	-
	廿三	四天王巡行	-
	廿五	月晦日	减寿
	廿七	斗降	-
		七殿泰山王诞	夺纪
	廿八	人神在阴	得病
		苍颉至圣先师诞	削禄夺纪
		东岳大帝诞	-
	廿九	四天王巡行	-
	三十	月晦	-
		司命奏事（月小即戒廿九）	减寿
		四天王巡行	-

保身立命戒期及天地人忌

277

(续表)

戒期	戒由	犯者报应
初一	月朔	-
	八殿都市王诞	夺纪
初三	斗降	夺纪
初四	万神善化	失瘖夭胎
	文殊菩萨诞	-
初六	雷斋日	减寿
初七	南斗、北斗、西斗同降	减寿
	杨公忌	-
初八	释迦牟尼佛诞	夺纪
	万神善化	失瘖夭胎
	善恶童子降	血死
	九殿平等王诞	-
	四天王巡行	-
十四	纯阳祖师诞	减寿
	四天王巡行	-
十五	月望	夺纪
	四天王巡行－钟离祖师诞	-
十六	天地仓开日	损寿
十七	十殿转轮王诞	夺纪
十八	天地仓开日	-
	紫微大帝诞	减寿
二十	眼光圣母诞	-
廿三	四天王巡行	-
廿五	月晦	减寿
廿七	斗降	夺纪
廿八	人神在阴	得病
廿九	四天王巡行	-
三十	司命奏事（逢月小即成廿九）	减寿
	月晦－四天王巡行	-

寿康宝鉴

四月

(续表)

戒期	戒由	犯者报应
初一	月朔	—
	南极长生大帝诞	夺纪
初三	斗降	夺纪
初五	地腊（道家五斋祭日之一）	—
	五帝校定生人官爵	削禄夺纪
	九毒日	夭亡，奇祸不测
	杨公忌	
初六	九毒日	夭亡，奇祸不测
	雷斋日	—
初七	九毒日	夭亡，奇祸不测
初八	南方五道诞	—
	四天王巡行	—
十一	天仓开日	损寿
	天下都城隍诞	—
十二	炳灵公（泰山三郎，东岳大帝第三子）诞	—
十三	关圣降神	削禄夺纪
十四	四天王巡行	
	夜子时为天地交泰	三年内夫妇俱亡
十五	月望	
	九毒日	夭亡，奇祸不测
	四天王巡行	
十六	九毒日	
	天地元气造化万物之辰	三年内夫妇俱亡
十七	九毒日	夭亡，奇祸不测
十八	张天师诞	—
廿二	孝娥神诞	夺纪
廿三	四天王巡行	—
廿五	九毒日	夭亡，奇祸不测
	月晦日	
廿六	九毒日	夭亡，奇祸不测
廿七	九毒日	夭亡，奇祸不测

五月

保身立命戒期及天地人忌

(续表)

戒期		戒由	犯者报应
五月		斗降	-
	廿八	人神在阴	得病
	廿九	四天王巡行	-
	三十	司命奏事（月小即戒廿九）	减寿
		月晦 - 四天王巡行	-
	※ 按此月宜全戒为是		

戒期		戒由	犯者报应
六月	初一	月朔	夺纪
	初三	斗降	夺纪
		杨公忌	-
	初四	南赡部洲转大法轮	损寿
	初六	天仓开日	-
		雷斋日	损寿
	初八	四天王巡行	-
	初十	金粟如来诞	-
	十三	井泉龙王诞	-
	十四	四天王巡行	-
	十五	月望	夺纪
		四天王巡行	-
	十九	观音大士涅槃	夺纪
	廿三	南方火神诞	遭回禄（火灾）
		四天王巡行	-
	廿四	雷祖诞	-
		关帝诞	削禄夺纪
	廿五	月晦日	减寿
	廿七	斗降	夺纪
	廿八	人神在阴	得病
	廿九	四天王巡行	-
	三十	月晦	-
		司命奏事（月小即戒廿九）	减寿
		四天王巡行	-

寿康宝鉴

(续表)

戒期	戒由	犯者报应
初一	月朔	夺纪
	杨公忌	-
初三	斗降	夺纪
初五	中会日（一作初七）	损寿
初六	雷斋日	减寿
初七	道德腊（道教五斋祭日之一）	-
	五帝校生人善恶	-
	魁星诞	削禄夺纪
初八	四天王巡行	-
初十	阴毒日大忌	-
十二	长真谭真人诞	-
十三	大势至菩萨诞	减寿
十四	三元降	减寿
	四天王巡行	-
十五	月望-三元降	-
	地官校籍	夺纪
	四天王巡行	-
十六	三元降	减寿
十八	西王母诞	夺纪
十九	太岁诞	夺纪
廿二	增福财神诞	削禄夺纪
廿三	四天王巡行	-
廿五	月晦	减寿
廿七	斗降	夺纪
廿八	人神在阴	得病
廿九	杨公忌	-
	四天王巡行	-
三十	地藏菩萨诞	夺纪
	司命奏事（月小即戒廿九）	减寿
	月晦-四天王巡行	-

七月

保身立命戒期及天地人忌

(续表)

八月

戒期	戒由	犯者报应
初一	月朔	夺纪
	许真君诞	-
初三	斗降	-
	北斗诞	削禄夺纪
	司命灶君诞	遭回禄（火灾）
初五	雷声大帝诞	夺纪
初六	雷斋	减寿
初八	四天王巡行	-
初十	北斗大帝诞	-
十二	西方五道诞	-
十四	四天王巡行	-
十五	月望	-
	太阴朝元，宜焚香守夜	暴亡
	四天王巡行	-
十六	天曹掠刷真君降	贫夭
十八	天人兴福之辰（宜斋戒-存想吉事）	-
廿三	四天王巡行	-
	汉桓侯张显王诞	-
廿四	灶君夫人诞	-
廿五	月晦日	减寿
廿七	斗降	-
	至圣先师孔子诞	削禄夺纪
	杨公忌	-
廿八	人神在阴	得病
	四天会事	-
廿九	四天王巡行	-
三十	司命奏事（月小即戒廿九）	减寿
	诸神考校	夺算
	月晦-四天王巡行	-

(续表)

戒期		戒由	犯者报应
九月	初一	月朔	-
		南斗诞	削禄夺纪
		自初一至初九北斗九星降（此九日俱宜斋戒）	夺纪
	初三	五瘟神诞	-
	初八	四天王巡行	-
	初九	斗母诞	削禄夺纪
		酆都大帝诞	-
		玄天上帝飞升	-
	初十	斗母降	夺纪
	十一	宜戒	-
	十三	孟婆尊神诞	-
	十四	四天王巡行	-
	十五	月望	夺纪
		四天王巡行	-
	十七	金龙四大王诞	水厄
	十九	日宫月宫会合	-
		观世音菩萨出家日	减寿
	廿三	四天王巡行	-
	廿五	月晦日	减寿
		杨公忌	-
	廿七	斗降	夺纪
	廿八	人神在阴	得病
	廿九	四天王巡行	-
	三十	药师琉璃光佛诞	危疾
		司命奏事（月小即戒廿九）	减寿
		月晦日 - 四天王巡行	-

保身立命戒期及天地人忌

283

(续表)

十月

戒期	戒由	犯者报应
初一	月朔	-
	民岁腊	夺纪
	四天王降	一年内死
初三	斗降	夺纪
	三茅诞	-
初五	下会日	损寿
	达摩祖师诞	-
初六	天曹考察	夺纪
初八	佛涅槃日，大忌色欲	-
	四天王巡行	-
初十	四天王降	一年内死
十一	宜戒	-
十四	三元降	减寿
	四天王巡行	-
十五	月望-三元降	-
	下元水府校籍	夺纪
	四天王巡行	-
十六	三元降	减寿
廿三	杨公忌	-
	四天王巡行	-
廿五	月晦日	减寿
廿七	斗降	夺纪
	北极紫微大帝降	-
廿八	人神在阴	得病
廿九	四天王巡行	-
三十	司命奏事（月小即戒廿九）	减寿
	月晦-四天王巡行	-

(续表)

戒期	戒由	犯者报应
初一	月朔	夺纪
初三	斗降	夺纪
初四	至圣先师孔子诞	削禄夺纪
初六	西岳大帝诞	-
初八	四天王巡行	-
十一	天仓开日	-
十一	太乙救苦天尊诞	夺纪
十四	四天王巡行	-
十五	月望	-
十五	四天王巡行	-
十五	上半夜犯	男死
十五	下半夜犯	女死
十七	阿弥陀佛诞	-
十九	太阳日宫诞	奇祸
廿一	杨公忌	-
廿三	张仙诞	绝嗣
廿三	四天王巡行	-
廿五	掠刷大夫降	大凶
廿五	月晦日	-
廿六	北方五道诞	-
廿七	斗降	夺纪
廿八	人神在阴	得病
廿九	四天王巡行	-
三十	司命奏事（月小即戒廿九）	减寿
三十	月晦-四天王巡行	-

十一月

保身立命戒期及天地人忌

(续表)

十二月

戒期	戒由	犯者报应
初一	月朔	夺纪
初三	斗降	夺纪
初六	天仓开日	-
初六	雷斋日	减寿
初七	掠刷大夫降	恶疾
初八	王侯腊	夺纪
初八	释迦如来成道日	-
初八	四天王巡行	-
十二	太素三元君朝真	-
十四	四天王巡行	-
十五	月望	夺纪
十五	四天王巡行	-
十六	南岳大帝诞	-
十九	杨公忌	-
二十	天地交道	促寿
廿一	天猷上帝诞	-
廿三	五岳神降	-
廿三	四天王巡行	-
廿四	司命朝天奏人善恶	大祸
廿五	三清玉帝同降考察善恶	奇祸
廿七	斗降	夺纪
廿八	人神在阴	得病
廿九	华严菩萨诞	-
廿九	四天王巡行	-
三十	诸神下降察访善恶	男女俱亡
【按】自二十后十日俱宜戒		

批：以上戒期每年通共二百二十五日，闰月照前，皆系每月中之一定者。此外更有：

○ 二分之月

春分	雷将发声	犯者生子五官四肢不全,父母有灾	宜从惊蛰节禁起,戒过一月
秋分	杀气浸盛,阳气日衰		宜从白露节禁起,戒过一月
※ 此二节之前三后三共七日,犯之必得危疾,尤宜切戒			

○ 二至之月

夏至	阴阳相争,死生分判之时。宜从芒种节禁起,戒过一月
冬至	阴阳相争,死生分判之时。宜从大雪节禁起,戒过一月
※ 此二节乃阴阳绝续之交,最宜禁忌 　此二至节之前三后三共七日,犯之必得急疾,尤宜切戒	

○ 冬至

半夜子时	犯之皆主在一年内亡
冬至后庚辛日,及第三戌日	

○ 三元日,犯之减寿五年(农历正月十五、七月十五、十月十五为上中下三元)。

○ 四立(立春、立夏、立秋、立冬),四离(春分、夏至、秋分、冬至的前一日),四绝日(四立日的前一日),二社日(立春后的第五个戊日为春社日,立秋后的第五个戊日为秋社日,社日受胎者,毛发皆白),犯之皆减寿五年。

○ 三伏日,弦日(上弦为初七、初八,下弦为二十二、二十三),晦日(每月最后一天)。每月三辛日,犯之皆减寿一年。

○甲子日，庚申日，值年太岁日，拈香持斋供谢佛日，犯之皆减寿一年。

○祖先亡忌日，父母诞日，忌日，犯之皆减寿一年。

○己身夫妇本命诞日，犯之皆减寿。

○丙丁日，天地仓开日，犯之皆得病。

○毁败日：大月十八日，小月十七日，犯之得病。

○十恶大败日：

甲、己年：三月戊戌日，七月癸亥日，十月丙申日，十一月丁亥日。

乙、庚年：四月壬申日，九月乙巳日。

丙、辛年：三月辛巳日，九月庚辰日，十月甲辰日。

丁、壬年：无忌。

戊、癸年：六月己丑日，此皆大不吉之日，宜戒。

○阴错日

正月 庚戌日	二月 辛酉日	三月 庚申日	四月 丁未日	此阴不足之日，俱宜戒。
五月 丙午日	六月 丁巳日	七月 甲辰日	八月 乙卯日	
九月 甲寅日	十月 癸丑日	十一月 壬子日	十二月 癸亥日	

○阳错日

正月 甲寅日	二月 乙卯日	三月 甲辰日	四月 丁巳日	此阳不足之日，俱宜戒。
五月 丙午日	六月 丁未日	七月 庚申日	八月 辛酉日	
九月 庚戌日	十月 癸亥日	十一月 壬子日	十二月 癸丑日	

批：以上戒期，每年俱宜按照时宪书，逐月查明录出，夹在此本，遵依禁戒。

天地人忌

● 天忌切宜禁戒

酷暑严寒	犯之得重疾不救
烈风雷雨，天地晦冥，日月薄蚀，虹现地动	犯之产怪物身死
白昼，星月之下，灯光之前	犯之皆减寿

● 地忌切宜禁戒

庙宇寺观庵堂之内	犯之大减禄寿
井灶圊厕之侧，荒园冢墓尸柩之旁	犯之恶神降胎，并产怪物身死

● 人忌切宜禁戒

郁怒	大怒伤肝，犯之必病
远行	行房百里者病，百里行房者死
醉饱	醉饱行房，五脏反复
空腹	犯之伤元神
病后	犯之变证复发
胎前	犯之伤胎，故凡有孕后，即宜分床绝欲，一则恪遵胎训，一则无堕胎之患，及小儿胎毒胎瘵，凶险瘄痘（疹子），游风惊痫（受惊发作），牙疳（牙龈溃疡）等病，二则所生之儿，男必端严方正，女必贞静幽闲，自然不犯淫佚

(续表)

产后	十余日内犯之妇必死，百日内犯之妇必病
天癸（经期）来时	犯之成血瘷证（过敏性疾病，证同"症"），男女俱病
竹席	竹性寒凉，犯之易感寒气
薄衾（薄被子）	犯之寒气入骨
窗隙有风宜避，夜深就枕宜戒	
交合才毕，婴儿在旁啼哭，勿即与乳	
交罢勿即挥扇，及饮冷茶水，以若过受凉，或至即死	
一夕勿两度	
勿服春方邪药	
勿蓄缩不泄	
生病生疮出痘	非十分复原。万不可犯，犯则多半必死
目疾	未愈或始愈，犯之必瞎
虚劳证	虽养好强健，犹须断欲一年，若以为复原而犯，多半必死。（虚劳：病久体弱则为虚，久虚不复则为损，虚损日久则成劳）
伤损筋骨	好后犹须戒百七八十日，若未过百日，犯之必死，纵过百日，亦必致成残废
过辛苦，过操心，过热，过惊恐，过忧愁后，皆不可犯，犯之轻则痼疾（难以治愈的疾病），重则即死亡	

　　按以上逐月戒期，及天忌人忌等日外，每月尚有六七日毫无忌犯之日。若论保身之士，每月本属至多三四次，故能疾病不侵，精神强固。而且寡欲者必多男，